国家社科基金项目（14BTY058）

中外幼儿体育制度研究

郝晓岑　著

北京体育大学出版社

策划编辑　李志诚
责任编辑　李志诚
责任校对　孙运娟
版式设计　李沙沙

图书在版编目（CIP）数据

中外幼儿体育制度研究/郝晓岑著. --北京：北京体育大学出版社，2020.11
ISBN 978-7-5644-3006-1

Ⅰ.①中… Ⅱ.①郝… Ⅲ.①儿童体育-体育教育-教育制度-研究-世界 Ⅳ.①G811.4

中国版本图书馆 CIP 数据核字（2018）第 178195 号

中外幼儿体育制度研究
ZHONGWAI YOUER TIYU ZHIDU YANJIU
郝晓岑　著

出版发行：北京体育大学出版社
地　　址：北京市海淀区农大南路 1 号院 2 号楼 4 层办公 B-421
邮　　编：100084
网　　址：http：//cbs.bsu.edu.cn
发 行 部：010-62989320
邮 购 部：北京体育大学出版社读者服务部 010-62989432
印　　刷：北京建宏印刷有限公司
开　　本：710mm×1000mm　1/16
成品尺寸：170mm×240mm
印　　张：14
字　　数：234 千字
版　　次：2020 年 11 月第 1 版
印　　次：2020 年 11 月第 1 次印刷
定　　价：65.00 元

前　言

身体活动不足是在全世界范围内、全年龄段发生的世界性公共卫生问题。我国作为发展中国家，身体活动不足持续上升的趋势晚于发达国家，但随着经济、社会的高速发展，身体活动不足也将成为中国政府面临的重要命题。

幼儿时期是人生发展的基点，是国民身体健康发展的关键期，而促进幼儿健康和体质发展是提升国民健康的首要问题。作为一项国家公共事务，幼儿保育、幼儿健康并不能完全依靠家庭或者市场来实现，政府必须在其中起关键作用，由此，从制度层面研究探讨幼儿体育是促进幼儿健康的重要突破口。

从制度体系构建层面全面获取国际上不同国家和地区幼儿体育的发展概貌和制度建设进行研究，寻找促进幼儿体质改善、提高幼儿健康水平的良方，这是对我国幼儿体育研究的一个理论拓展。同时，幼儿生活在一个复杂的社会生态环境中，公共政策、生活空间对幼儿的身体活动产生直接或间接的影响，社会生态系统各要素对幼儿体育的影响是有差异的，只有选择相应类型的干预才能有效地促进幼儿健康和体质提升，这是对我国幼儿体育的实践探索。本研究是从制度和社会系统要素方面来探究国内外在幼儿体育领域所做的努力及其原理，可以更好地为我国幼儿体质健康研究提供理论借鉴和思想启示。

本书是国家社科基金项目“中外幼儿体育制度研究”（14BTY058）的成果之一。从立项到结项的几年间，幼儿体育经历了从不被认可、被质疑到逐步被接纳再到幼儿体育理论和实践快速成长的发展时期。2018 年 3 月 30 日，国家体育总局赵勇副局长在全国青少年体育工作电视电话会议上指出：“广大青少年身心健康、体魄强健、意志坚强、充满活力，是一个民族生命力的重要体现，是社会文明进步的显著标志，也是综合国力的本质象征。”针对当前青少年体质不佳的问题，他指出，青少年体育水平不高是制约群众体育、竞技体育和体育产业发展的根本性和深层次原因。青少年体育要“从娃娃抓起”，通过拓展体育空间、遵循体育规律、培训幼儿体育教师等方式，把幼儿体育搞起来 ，这是关于幼儿体育发展的首次官方表达。可以说，幼儿体育经过了寒冬，已迎来了发展的春天。我们也期待有更多的专家学者参与到幼儿体育的研究和实践中。

本项目在研究过程中，各领域专家学者都积极提供了大量全面翔实的研究资料、各类学术研究成果和研究方法，并提供多样研究视角，还有从国外海量的政策文本中获取的幼儿身体活动和健康促进的相关资料，以及从前人的研究中汲取的大量养分。但研究在理论构架和学术观点上不免会有稚嫩的地方，在理论深度和广度上还存在不足的地方，作者将在未来的理论研究和实践中做进一步的探讨和弥补，也诚恳地接受各位读者的批评和指正。

CONTENTS 目录

第 1 章　研究背景与研究意义

一、问题的提出

幼儿时期是人类学习健康生活方式和行为方式的关键时期，国际教育领域普遍认为幼儿教育是人整个教育阶段中投资获益最多的一个阶段，因此各国通过政府干预、制度体系构建加强对幼儿身心、智力、品格等方面的培育，而身体教育是幼儿教育的首要内容，如美国不仅发布了指导幼儿体育课程设置的《美国 3 ~ 5 岁幼儿体育运动适宜性实践方案》（*Appropriate Practices in Movement Programs for Children Ages* 3 – 5，Ⅲ）、《美国 0 ~ 8 岁幼儿适宜性教育实践方案》（*Developmentally Appropriate Practice in Early Childhood Programs Serving Children from Birth through Age* 8）等，而且发布了美国儿童身体活动计划，建立了身体活动报告卡评估制度。在英国，《儿童法案》中有专门的条文提及“儿童游戏权”，《开始活动，保持活动》（*Start Active*，*Stay Active*）中明确提出：“5 ~ 19 岁的儿童和青少年每天应参加 60 分钟中等强度的体育锻炼。”不仅美国、英国如此，加拿大、澳大利亚、德国、法国、芬兰、日本、中国台湾等不同国家和地区都出台了相应的幼儿体育政策或指南，建立了学前幼儿体育课程和体质健康、体质评估体系，形成了以政策为指导的幼儿体育制度，为幼儿体育权利的获得、幼儿身体健康的促进提供了制度上的保障。可以说，各国幼儿体育的发展和进步是建立在本国幼儿体育制度的发展与完善上的。

我国幼儿体育经过多年的推动与促进，取得了很大的发展，但与西方国家相比，幼儿身体活动在幼儿发展中仍处于不利地位，表现在幼儿体育缺乏制度性保障和教学课程指导，有关幼儿体育发展的理论研究严重滞后。本研究通过文献资料法、专家访谈法、对比研究法、问卷调查法、数理统计法等研究方法获得国内外幼儿体育制度、幼儿体育理论和实践的第一手资料，研究国外不同体制下幼儿体育制度的构建和实践，为我国幼儿体育发展提供制度构建和实践指导，推动幼儿健康与身体活动的基础性发展，从而全面提升我国国民的整体身体素质。

二、研究背景

（一）全球人口身体活动水平不足

在我国，青少年体质连续 20 年下降，青少年学生的身高、体重有所增加，但身体素质、耐力显著下降，近视、肥胖、高血压、高血脂等疾病低龄化明显〔1〕。这一问题的严重性已经引起了国家的高度重视。当然，青少年体质下降并不是中国一个国家面临的问题，在电子游戏大行其道、少子化、课业负担重的今天，世界各国均面临着本国青少年体质下降的问题，呈现出来的仅仅是严重程度不同罢了，与之直接相关的就是体力活动水平。有学者系统评价了美国、苏格兰、芬兰、澳大利亚、智利、爱沙尼亚和比利时 7 个国家与地区的 10 316 名幼儿的体力活动水平，指出有近一半的学龄前儿童体力活动水平达不到世界卫生组织推荐的身体活动量标准〔2〕。

在日本，山梨大学教育人类科学部的中村和彦教授甚至做出“日本的儿童是世界上运动量最少的”判断。在美国，孩子在户外的时间远远少于他们的父母，美国有 1/3 的孩子超重或者肥胖，一半以上的孩子缺乏维生素 D，压力、焦虑和抑郁等症状在年轻人群中逐步增长。在我国台湾，少子化带来了幼儿玩伴的减少和游戏活动的单一。

可见，幼儿身体活动不足是在全世界范围内、全年龄段发生的世界性公共卫生问题。我国作为发展中国家，幼儿身体活动不足的发生率持续上升趋势晚于发达国家，但随着经济、社会的高速发展，身体活动不足将成为中国政府面临的重

〔1〕 方士敏，孙俊涛．我国青少年学生体质健康现状综述［J］．运动，2013（9）：7－8，24.
〔2〕 乔玉成，王卫军．全球人口体力活动不足的概况及特征［J］．体育科学，2015（8）：8－15.

要命题，2016 年 10 月中共中央国务院发布的《“健康中国 2030”规划纲要》即是对这一发展趋势的政策回应。

（二）肥胖问题是全世界人民面临的普遍问题

肥胖年龄的下移、青少年体质的下降，是当前全球各国共同面临的健康问题。身体活动减少、久坐不动时间增加，是导致儿童和青少年肥胖、体质下降的主要原因。2012 年世界卫生组织研究报告指出全球超重或肥胖的儿童已经超过 4 400 万[1]。根据英国医学杂志《柳叶刀》调查数据，2014 年，全球 1/3 的人超重或者肥胖，儿童肥胖问题尤其严重。在过去的 33 年间，成年人的肥胖增长率为 28%，而儿童的肥胖增长率却为 47%。2009 年英国国家心脏病基金会调查数据显示，每 3 个成人中就有 2 人、每 3 个儿童中就有 1 人超重或者肥胖。研究表明，如果没有适当的干预，预计到 2050 年，英国每 10 个成人中就有 9 人、每 3 个儿童中就有 2 人超重或者肥胖。2014 年英国儿科及儿童健康皇家学会调查数据显示，英国 29% 的女孩和 26% 的男孩处于肥胖状态。根据澳大利亚统计局的数据，澳大利亚有 26% 的青少年超重或者肥胖。而根据 2014 年《儿科》杂志的调查，肥胖儿童的医疗成本比正常体重儿童高 19 000 美元[2]。面对这一严峻的健康问题，世界各国纷纷围绕着儿童、青少年健康问题进行政策制定和实践指导。例如，世界卫生组织建议青少年每天至少参加 1 小时的中等至高等强度的身体活动。美国儿科学会针对儿童和青少年肥胖问题，提出倡导身体活动和健康饮食的“5 -2 -1 -0 计划”，即每天吃 5 种以上的水果和蔬菜；每天观看电视或看电子屏幕的时间不超过 2 小时；每天进行至少 1 小时的中等强度的身体活动；不喝苏打水和含糖饮料，以此抑制肥胖的发生。加拿大早在 2005 年便制定了包括幼儿在内的不同人群的身体活动指导手册等。

（三）幼儿健康是投资获益比最高的一项国家公共事务

幼儿期之所以重要，在于它的不可复制性和高投资获益比。

21 世纪以来联合国教科文组织先后以 3 个全球性的规范文件《儿童权利公约》

〔1〕 王磊，司虎克，张业安，蔡玉军．国外关于体育空间和设施特征与少年儿童体育活动关系研究进展［J］．体育学刊，2016（1）：80 -86.

〔2〕 汪颖．西方主要发达国家青少年体育政策规划研究［J］．青少年体育，2015（2）：18 -21.

（1989 年）、《世界全民教育宣言》（1990 年）和《达喀尔行动纲领》（2000 年）为依据，对世界幼儿保育和教育状况进行监测评估。教科文组织总干事伊琳娜·博科娃认为："投资幼儿保育和教育比投资任何其他阶段的教育都拥有更大的回报。"美国经济学家杰弗里·萨克斯（Jeffery Sachs）从投资与产出的角度介绍了国际社会关于幼儿保育和教育的效能研究，研究证实了早期教育投入对于社会具有极高的回报价值，特别是在提高国家人口素质、减少贫困、犯罪等社会问题等方面，起到社会发展问题早期预防的效果，并为国家未来人力资源的开发奠定基础[1]。

美国"高瞻—佩里计划"研究同样指出，接受过早期教育的儿童与未接受过早期教育的儿童相比，前者的学业完成率高、就业率高、成婚率高，而犯罪率低，每在学前教育上投资 1 美元，可获得 17.07 美元的回报，其中 4.17 美元是对个体成长的回报，12.9 美元是对社会公共事业的回报，体现在社会福利、补救教育、预防犯罪方面投入的降低以及纳税的增加[2]。卡内罗和赫克曼认为，儿童早期发展和教育投资的回报率之所以最高，是因为早期学习的生产率和成本效益远远高于后期补救性的教育，而且儿童在早年学习到的社会和行为技能为他们以后学习积极的生活技能设定了基本模式[3]。

同时，作为一项国家公共事务，幼儿保育、幼儿健康并不能完全依靠家庭或者市场来实现。东伦敦大学 Helen Penn 教授认为，"早期保育和教育的市场调控并不可行"，政府必须在其中起到关键性作用：必须提供强大而清晰的政策来保证早期保育、教育在数量和质量上的公平性；必须建立稳固的法律体系来保证儿童接受早期教育的权利和连续性；必须保证早期教育得到合理而可靠的资金支持[4]。

---

〔1〕 冯晓霞，周兢．筑建国家财富：联合国教科文首届世界学前教育大会情况报告［EB/OL］．http//www. yojochina. comxinwenyouer2010111969540_ 4. html.

〔2〕 庞丽娟，韩小雨．中国学前教育立法：思考与进程［J］．北京师范大学学报：社会科学版，2010（5）：14－20.

〔3〕 世界银行东亚及太平洋地区人类发展部，国家人口计生委交流培训中心．中国的儿童早期发展与教育：打破贫穷的代际传递与改善未来竞争力［R］．2011：14.

〔4〕 冯晓霞，周兢．筑建国家财富：联合国教科文首届世界学前教育大会情况报告［EB/OL］．http//www. yojochina. comxinwenyouer2010111969540_ 4. html.

（四）幼儿体育权利的全面获得与发展

中世纪以前，无论是东方国家还是西方国家，人们几乎是不承认儿童的独立性的，儿童被认为是成人的雏形或者是成人的私有财产，成人有权对儿童进行任何形式的处置，包括生命的终结。17—19 世纪的文艺复兴与宗教改革，唤醒了人们关于“儿童权利”观念的萌芽：每一个儿童，都有享受美好生活的权利。这个时期，人类进入“发现儿童”的时代，这是儿童自由与权利观的历史转折点[1]。

第一次世界大战结束后，随着人权观念的发展，儿童权利保护进入黄金期。1924 年，由国际联盟成员国一致通过的《日内瓦儿童权利宣言》成为国际社会上第一部保护儿童权利的法律文书，此后儿童权利保护立法进程加快，从 1948 年的《世界人权宣言》、1959 年的《儿童权利宣言》、1966 年的《公民权利和政治权利国际公约》、1966 年的《经济、社会及文化权利国际公约》到被称为“儿童权利保护大宪章”的 1989 年的《儿童权利公约》，儿童的权利经历了历史性的发展与嬗变。

儿童权利内容丰富，包括人身权、受教育权、游戏权等。21 世纪以后，幼儿体育权利的保障和救济逐渐成为教育、体育、法学理论界关注的一个世界性命题，幼儿体育权利进入全面获得和发展时期。

三、研究意义

本研究的理论意义在于通过文献资料法、专家访谈法、对比研究法、问卷调查法、数理统计法等研究方法获得国内外幼儿体育制度和实践的第一手资料，研究国外不同体制下幼儿体育制度的构建和实践，为我国幼儿体育发展提供制度构建和教育实践指导，推动我国幼儿健康与身体活动的基础性发展，从而全面提升我国国民的整体身体素质。

---

〔1〕 郝晓岑．中国幼儿体育政策研究：权利保障与权利救济［M］．北京：北京体育大学出版社，2013：40.

（一）理论意义

幼儿时期是人生发展的基点，是国民身体健康发展的关键期，而促进幼儿健康和体质发展是提升国民健康的首要问题。制度分析是研究政治、经济、社会、教育、社会关系等问题切实可行的理论研究手段，本研究从制度体系构建层面全面获取国际上不同国家和地区幼儿体育的发展概貌和制度建设，寻找促进幼儿体质改善、提高幼儿健康水平的良方，是对我国幼儿体育研究的一个理论拓展。同时，幼儿生活于一个复杂的社会生态环境中，公共政策、生活空间对幼儿的身体活动产生直接或间接的影响，它们在整个生态系统中干预影响着幼儿的身体活动。社会生态系统各要素对幼儿体育的影响是有差异的，只有选择相应类型的干预才能有效地促进幼儿健康和体质提升。本研究是从制度和社会系统要素方面来探究国内外在幼儿体育中所做的努力及其原理，可以更好地为幼儿体质健康提供理论借鉴和思想启示。

（二）实践意义

当前，在互联网、屏幕时代，青少年身体活动能力弱、体质下降等问题已经成为各国普遍面临和迫在眉睫的需要解决的问题。在我国，中共中央国务院、国家体育总局和教育部等多个部门出台多项政策以加强青少年体育锻炼、增强青少年体质。制度建设包括静态建设和动态实施两个层面，政府、家庭、学校和社区任何一个系统层面都无法完成这一艰巨的任务。因此，全面了解国际上不同国家与地区促进幼儿体育发展的途径和方法，结合我国实际情况，从制度建设入手，从生态系统的各个层面明确微观系统针对性措施与方法，切实提高幼儿体质健康水平，促进幼儿体育发展，具有重要的实践意义。

四、研究技术路线

制度影响行为。新制度主义理论认为，制度是社会的某种结构化因素，它可能是正式规则和法律，也可能是规范、习俗或认知文化意义上的非正式因素，还可能是组织结构。研究制度就是研究制度的内部要素，本研究通过不同制度要素的比较寻求我国幼儿体育制度构建、发展和完善的思路和途径。研究遵循两条技术路线（图 1 – 1）：一是中外幼儿体育制度的研究是在全球人口身体活动水平不足、肥胖问题是全世界人民面临的普遍问题、幼儿健康是投资获益比最高的一项国家公共事务，以及幼儿体育权利的全面获得与发展的背景下进行的。研究采用文献资料法、专家访谈法、对比研究法、问卷调查法和数理统计法等研究方法，获得幼儿体育概述、世界各国幼儿体育制度演进和发展现状剖析、中国幼儿体育制度的基本内容、中国幼儿体育实施现状，分析中外幼儿体育发展脉络和制度异同，获得构建我国幼儿体育制度的基本思路。这是研究的宏观技术路线。二是各国幼儿体育发展是涵盖幼儿个体、微观生态系统、中观生态系统和宏观生态系统四部分的相互协调统一的系统，这一生态系统综合微观和宏观系统为幼儿个体提供有效机会，幼儿家长和看护者在各项政策指引下，与周围环境积极互动，构建出幼儿体育生态系统的范式。研究在微观上将各国/地区幼儿体育管理制度、幼儿健康环境、幼儿体育政策保障措施，以及其对我国幼儿体育的基本启示四大部分进行阐述和分析。这是研究的微观技术路线。

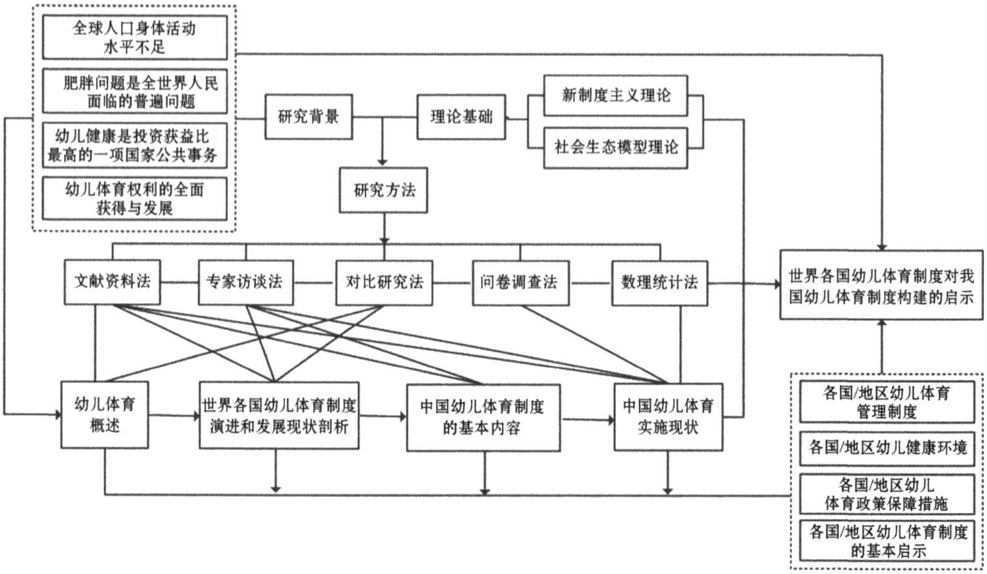

图 1－1 研究技术路线图

五、研究方法

（一）文献资料法

本研究为尽可能充分利用文献资料，从国家图书馆、北京体育大学图书馆、首都体育学院图书馆以及中国知网（www. cnki. com）等获取了大量幼儿体育理论研究资料；从北京大学图书馆搜集到中国、日本、韩国等与幼儿身体活动相关的学术与实践文献。此外，本研究在一年一届的亚洲幼儿体育大会上还获取了亚洲各国（地区）学者的前沿研究成果。同时，本研究通过网络查阅到美国、加拿大、澳大利亚、欧盟等国大量的幼儿体育外文文献，并对文献进行翻译、梳理，整理为翔实系统的文献资料。

以上文献为本研究提供了全面翔实的研究资料，各类学术研究成果和研究方法为本研究提供了多样的研究视角。本研究在3年的研究过程中，一方面站在巨人的肩膀上，从前人的研究中汲取了大量的养分，从国外海量的政策文本中获取了幼儿身体活动和健康促进的相关资料，为本研究的顺利实施储备了丰硕的资源；另一方面，本研究在实施过程中，形成了阶段性成果，如《我国幼儿体育政策分析》[1]《中国幼儿体育权利研究》[2]《中日韩幼儿体育概览》[3]《幼儿体育概念辨析》[4]《积极生态系统下美国幼儿体育政策研究》[5]等，这些成果与思想也将在本研究中全面呈现。

（二）专家访谈法

研究团队对来自美国、日本、韩国、中国、新加坡5个国家以及中国台湾、中国香港地区共12位幼儿体育专家进行不同国家和地区幼儿体育发展和研究成果两方面内容的非结构化深度访谈（表1－1），最终对数次访谈结果进行内容整合和思想精髓撷取，访谈前后历时5年之久，是研究各国幼儿体育制度最为宝贵的学术资料。

---

〔1〕 郝晓岑．我国幼儿体育政策分析［J］．体育文化导刊，2013（4）：9－12.

〔2〕 郝晓岑．中国幼儿体育权利研究［J］．体育文化导刊，2016（2）：11－16.

〔3〕 郝晓岑．中日韩幼儿体育概览［J］．体育文化导刊，2016（7）：153－158.

〔4〕 郝晓岑．幼儿体育概念辨析［J］．首都体育学院学报，2017（1）：26－30.

〔5〕 郝晓岑，王凯珍，毛阳涛．积极生态系统下美国幼儿体育政策研究［J］．中国体育科技，2017（5）：26－40.

表 1－1 中外幼儿体育制度本研究主要访谈专家及访谈内容

序号	国家或地区	专家姓名	职称	单位	访谈内容
1	美国	殷泽农	教授	美国得克萨斯州大学圣安东尼奥分校	美国幼儿体育发展现状，美国幼儿体育的理念和实践前沿
2	日本	前桥明	教授	日本早稻田大学	日本幼儿体育学术前沿
3	日本	米谷光弘	教授	日本西南学院大学	日本幼儿体育发展路径
4	韩国	李俊熙	教授	韩国中央大学	韩国幼儿体育发展现状，韩国新体育发展状况
5	新加坡	G. Balasekaran	教授	新加坡南洋大学	新加坡幼儿体育发展现状
6	中国	王凯珍	教授 副校长	首都体育学院	中国幼儿体育发展政策的解读与理论分析
7	中国	陈捷	教授 系主任	湖南长沙师范学院	幼儿体育课程设置
8	中国台湾	周宏室	教授	台湾体育大学	中国台湾幼儿体育发展的理论成果
9	中国台湾	黄永宽	教授 系主任	台湾体育大学	中国台湾幼儿体育发展的理论成果
10	中国台湾	张凤菊	助教	台湾体育大学	中国台湾幼儿体育实践
11	中国台湾	林晋荣	教授	台湾中正大学	中国台湾幼儿体育学术研究构架和成果
12	中国香港	刘永松	教授	香港浸会大学	中国香港幼儿肥胖研究及进展

（三）对比研究法

研究对美国、加拿大、澳大利亚、英国、德国、法国、瑞典、芬兰、日本、韩国、中国等 14 个国家和地区的幼儿体育管理制度、幼儿健康环境、幼儿体育政策及保障措施，以及幼儿体育实践进行全面系统的梳理和比较，从而获得促进我国幼儿体育发展的启示性研究。运用对比研究法，一方面寻求各国、各地区关于幼儿体育制度构建的共性问题，另一方面关注不同国家、不同地区的个性问题，考虑可比性。在分列不同国家的研究内容时，研究尽量采用主题内容和研究结构上的一致性，以便于同类问题在比较上的一目了然。但囿于非英文文献获取和阅读的有限性，在对比研究中，并不能严丝合缝地环环相扣、一一对应，在此特别说明。

（四）问卷调查法

目前已有幼儿体育现状的调查范围小、人数少，并且调查对象大多集中在一、二、三线城市。为有效呈现我国幼儿体育发展的基本状况，本研究选取北京 16 个区县 48 所幼儿园的幼儿为调查对象，发放 5 097 份问卷进行调查。

发放问卷时间总长度为 5 个月，具体为 2015 年 6 月—10 月 25 日，问卷数据录入完成时间为 2015 年 12 月。调查问卷之所以选择在北京发放，原因在于北京是全国教育文化中心，最先吸收先进教育思想，幼儿教育走在全国前列，幼儿体育开展相对全面和完整。

1. 问卷的基本内容

问卷共 40 题，由 3 部分组成：第一部分是幼儿和家长（或抚养人）基本信息，包括幼儿就读机构、幼儿年龄、幼儿性别、家长学历、家长婚姻状况、家庭子女情况、幼儿参加培训班情况、幼儿喜欢的身体活动情况、幼儿平日和周末参加身体活动的时间和次数、幼儿参加身体活动的主要陪同人等，共 17 个问题；第二部分采用李克特量表调查幼儿家长对幼儿所在幼儿园开展身体活动的基本认识，这一部分涉及幼儿园场地、教师、管理制度、体育课程内容、体育参与方式等，共 16 个问题；第三部分采用李克特量表调查幼儿家长对幼儿参加身体活动的基本认识，这一部分主要对幼儿身体活动的功能、价值以及幼儿体育权利进行探讨，共 7 个问题。

2. 问卷的设计与发放

大量国内外文献的收集和梳理，为本项目的实证研究提供了思考的方向和分析的维度。本研究的问卷设计和发放分 4 个阶段。

第一阶段：本研究根据幼儿体育的操作性概念提出了需要描述的基本问题与需要预测和分析的变量，并结合专家访谈形成初始问卷。问卷由经常照看幼儿的一位家长填答。

第二阶段：征询北京市、区县学前体育处（科）的主管领导、幼儿园园长和教师，以及学校体育、教育政策、管理学等领域的专家就问卷的概念、行文内容和问题维度提出意见和建议，在此基础上修正和完善问卷。

第三阶段：对问卷进行预测试，根据预测试的结果对问卷进行修正。

第四阶段：根据北京市 16 个区县幼儿园数量、幼儿人数以及专任教师人数，分托班、小班、中班、大班和学前班 5 个年龄阶段进行整层分层抽样，抽样按照 1.5‰的比例进行。为保证问卷作答的真实性，全部使用纸版问卷；为保证问卷的回收率，由幼儿园园长或教师组织家长进行作答。为保证问卷的效度，所有问卷统一在 5 个月内全部收集完成并集体录入数据。

3. 问卷的分配

本调查对北京市 16 个区县的幼儿进行抽取（表 1－2），选择在家看护、托班、幼儿园、学前班 4 种看护形式的幼儿家长填答问卷，共获得 5 097 份幼儿家长问卷（表 1－3）。

表 1－2　北京市幼儿家长问卷发放区县分配表

区县	频率	百分比/%	有效百分比/%	累计百分比/%
怀柔区	395	7.7	7.7	7.7
丰台区	374	7.3	7.3	15.1
朝阳区	300	5.9	5.9	21.0
昌平区	79	1.5	1.5	22.5
海淀区	449	8.8	8.8	31.3

续表

区县	频率	百分比/%	有效百分比/%	累计百分比/%
房山区	182	3.6	3.6	34.9
西城区	518	10.2	10.2	45.1
东城区	300	5.9	5.9	51.0
门头沟区	211	4.1	4.1	55.1
石景山区	264	5.2	5.2	60.3
顺义区	348	6.8	6.8	67.1
大兴区	395	7.7	7.7	74.8
延庆区	191	3.7	3.7	78.6
密云区	310	6.1	6.1	84.7
通州区	395	7.7	7.7	92.4
平谷区	386	7.6	7.6	100.0
总计	5 097	100.0	100.0	

表 1-3 被调查幼儿园列表

幼儿园	频率	百分比/%	有效百分比/%	累计百分比/%
安贞中心幼儿园	68	1.3	1.3	1.3
北房镇中心幼儿园	82	1.6	1.6	2.9
北京大学附属幼儿园	211	4.1	4.1	7.1
北京六一幼儿园西三旗分院	36	0.7	0.7	7.8
北师大石景山附属幼儿园	87	1.7	1.7	9.5
昌平区工业幼儿园	79	1.5	1.5	11.0
城子幼儿园	211	4.1	4.1	15.2
大兴区民族幼儿园	40	0.8	0.8	16.0
大兴区第二幼儿园	40	0.8	0.8	16.8
大兴区第九幼儿园	40	0.8	0.8	17.5

续表

幼儿园	频率	百分比/%	有效百分比/%	累计百分比/%
大兴区第三幼儿园	39	0.8	0.8	18.3
大兴区第十幼儿园	40	0.8	0.8	19.1
大兴区第四幼儿园	40	0.8	0.8	19.9
大兴区第五幼儿园	36	0.7	0.7	20.6
大兴区黄村镇第三幼儿园	40	0.8	0.8	21.4
大兴区庞各庄中心幼儿园	40	0.8	0.8	22.2
大兴区西红门双语幼儿园	40	0.8	0.8	22.9
东城区华丰幼儿园	152	3.0	3.0	25.9
东城区卫生局第三幼儿园	148	2.9	2.9	28.8
广电银河艺术幼儿园	208	4.1	4.1	32.9
航天第二幼儿园	34	0.7	0.7	33.6
航天第三幼儿园	115	2.3	2.3	35.8
航天幼儿园	225	4.4	4.4	40.2
后沙峪幼儿园	115	2.3	2.3	42.5
金色童年幼儿园	182	3.6	3.6	46.1
密云区第三幼儿园	164	3.2	3.2	49.3
密云区第四幼儿园	146	2.9	2.9	52.1
庙城镇中心幼儿园	95	1.9	1.9	54.0
木林幼儿园	124	2.4	2.4	56.4
南独乐河幼儿园	109	2.1	2.1	58.6
平谷区第四幼儿园	148	2.9	2.9	61.5
平谷区第一幼儿园	129	2.5	2.5	64.0
亲育代双语幼儿园	30	0.6	0.6	64.6
清华大学洁华幼儿园	171	3.4	3.4	68.0
如意幼儿园	130	2.6	2.6	70.5

续表

幼儿园	频率	百分比/%	有效百分比/%	累计百分比/%
三里屯幼儿园	232	4.6	4.6	75.1
石景山区第一幼儿园	131	2.6	2.6	77.6
石景山区实验幼儿园	46	0.9	0.9	78.5
太阳花幼儿园	31	0.6	0.6	79.1
新城东里幼儿园	116	2.3	2.3	81.4
新通幼儿园	102	2.0	2.0	83.4
徐辛庄幼儿园	47	0.9	0.9	84.3
延庆区第二幼儿园	191	3.7	3.7	88.1
杨宋镇仙台幼儿园	4	0.1	0.1	88.2
杨宋镇中心幼儿园	214	4.2	4.2	92.4
怡馨幼儿园	109	2.1	2.1	94.5
中国儿童活动中心学前班	158	3.1	3.1	97.6
中国儿童中心实验幼儿园	122	2.4	2.4	100.0
总计	5 097	100.0	100.0	

4. 基本信息分析

(1) 年龄分布

问卷发放对象为托班、小班、中班、大班和学前班的幼儿（表1－4）。

表1－4　被调查幼儿年龄分布情况频率表

序号	年龄/岁	频率	百分比/%	累计百分比/%
1	2.5以下（包括2.5）	12	0.2	0.2
2	2.5～3.0（不包括2.5）	280	5.5	5.7
3	3.0～3.5（不包括3.0）	124	2.4	8.2
4	3.5～4.0（不包括3.5）	1169	22.9	31.1

续表

序号	年龄/岁	频率	百分比/%	累计百分比/%
5	4.0 ~ 4.5（不包括 4.0）	257	5.0	36.1
6	4.5 ~ 5.0（不包括 4.5）	1555	30.5	66.6
7	5.0 ~ 5.5（不包括 5.0）	246	4.8	71.5
8	5.5 ~ 6.0（不包括 5.5）	1213	23.8	95.3
9	6.0 ~ 6.5（不包括 6.0）	140	2.7	98.0
10	6.5 以上（不包括 6.5）	101	2.0	100.0
	总计	5 097	100.0	

（2）性别分布

通过统计分析，参加调研的幼儿中，女生有 2 492 人，男生有 2 605 人（表 1 -5）。卡方值是 2.505，自由度是 1，渐进显著性水平为 0.113，远大于 5%（表 1 -6），这说明问卷统计中男、女生的比例没有显著性差异。这一比例非常有利于调研。

表 1 -5　性别卡方检验频数表

性别	实测个案数	期望个案数	残差
女	2 492	2 548.5	-56.5
男	2 605	2 548.5	56.5
总数	5 097		

注：0.0 个单元格（0.0%）的期望频率低于 5。期望的最低单元格频率为 2 548.5。

表 1 -6　检验统计量表

	幼儿性别
卡方值	2.505
自由度	1
渐近显著性	0.113

（3）被调查幼儿的阶段分布情况

根据表1－7，被调查对象的年级分布呈正态分布。

表1－7　被调查幼儿的阶段分布情况

序号	就学阶段	频率	百分比/%	有效百分比/%	累计百分比/%
1	托班	41	0.8	0.8	0.8
2	小班	1 553	30.5	30.5	31.3
3	中班	1 851	36.3	36.3	67.6
4	大班	1 471	28.9	28.9	96.4
5	学前班	181	3.6	3.6	100.0
	总计	5 097	100.0	100.0	

（4）班额总体情况分析

《幼儿园工作规程》[1]规定，幼儿园规模应当有利于幼儿身心健康，便于管理，一般不超过360人。幼儿园每班幼儿人数一般标准为：小班（3～4周岁）25人，中班（4～5周岁）30人，大班（5～6周岁）35人，混合班30人。寄宿制幼儿园每班幼儿人数酌减。本次调查结果被调查的幼儿所在幼儿园班级班额人数大部分集中在20～40人/班（表1－8）。

表1－8　班额总体情况分析

序号	班额人数/人	频率	百分比/%	累计百分比/%
1	10以下	22	0.4	0.4
2	11～15	20	0.4	0.8
3	16～20	261	5.1	5.9
4	21～25	689	13.5	19.5
5	26～30	1 721	33.8	53.2

〔1〕幼儿园工作规程［EB/OL］. http://baike.baidu.com/link? url = qX302ydlF8.

续表

序号	年龄/月	频率	百分比/%	累计百分比/%
6	31 ~ 35	1 526	29.9	83.2
7	36 ~ 40	783	15.4	98.5
8	41 ~ 45	53	1.0	99.6
9	45 以上（不包括 45）	22	0.4	100.0
	总计	5 097	100.0	

（5）幼儿看护情况

本次调查幼儿的看护方式有在家看护、托班、幼儿园和学前班 4 种方式（表 1 – 9）。

表 1 – 9　幼儿看护情况

序号	看护方式	频率	百分比/%	累计百分比/%
1	在家看护	30	0.6	0.6
2	托班	16	0.3	0.9
3	幼儿园	4 873	95.6	96.5
4	学前班	178	3.5	100.0
	总计	5 097	100.0	

（6）幼儿就读机构的性质分析

调查的幼儿大部分就读公立幼儿园，占调查总数的 90.8%（表 1 – 10）。

表 1 – 10　幼儿就读机构的性质分析

序号	幼儿园	频率	百分比/%	累计百分比/%
1	公立幼儿园	4 628	90.8	90.8
2	私立幼儿园	469	9.2	100.0
	总计	5 097	100.0	

（7）幼儿主要抚养人情况分析

调查显示，承担养育幼儿任务的依次为妈妈、爸爸、奶奶、姥姥、爷爷、姥爷、保姆。调查发现，25.4%的爸爸在养育幼儿职责中占有重要角色，妈妈在幼儿养育中承担的职责远远高于爸爸，占到总调查人数的67.4%。这说明女性家长是幼儿教育和养育的主要承担者（表1－11）。

表1－11　幼儿主要抚养人情况分析

序号	幼儿主要抚养人	频率	百分比/%	累计百分比/%
1	爸爸	1 296	25.4	25.4
2	妈妈	3 436	67.4	92.8
3	爷爷	92	1.8	94.6
4	奶奶	109	2.1	96.8
5	姥姥	109	2.1	98.9
6	姥爷	35	0.7	99.6
7	保姆	4	0.1	99.7
8	其他	16	0.3	100.0
	总计	5 097	100.0	

（8）主要抚养人的学历情况分析

被调查的幼儿家长，有37.8%家长拥有本科学历，其次是大专，占25.2%，大专以下占22.1%，硕士研究生占10.9%，博士研究生占4.0%（表1－12）。

表1－12　主要抚养人的学历情况分析

序号	学历	频率	百分比/%	累计百分比/%
1	大专以下	1 128	22.1	22.1
2	大专	1 285	25.2	47.3
3	本科	1 926	37.8	85.1

续表

序号	学历	频率	百分比/%	累计百分比/%
4	硕士研究生	556	10.9	96.0
5	博士研究生	202	4.0	100.0
	总计	5 097	100.0	

(9) 主要抚养人的婚姻状况分析

根据调查，98.1%的幼儿生活在健全家庭中，只有1.2%的幼儿生活在单亲或重组家庭（表1－13）。

表1－13　主要抚养人的婚姻状况分析

序号	婚姻状况	频率	百分比/%	累计百分比/%
1	健全家庭	5 001	98.1	98.8
2	单亲或重组家庭	63	1.2	100.0
	总计	5 064	99.3	
	缺失值	33	0.6	
	总计	5 097	100.0	

(10) 幼儿家长的子女情况

问卷调查是在2015年10月以前进行的，以下是被调查幼儿家庭子女情况，82.8%的幼儿是独生子女（表1－14）。可以预期，随着2015年11月16日“二孩政策”的放开，这一比例将会大大下降。

表1－14　幼儿家长的子女情况

序号	子女	频率	百分比/%	累计百分比/%
1	1子	2 235	43.8	43.8
2	1女	1 983	38.9	82.8
3	1子1女	458	9.0	91.7

续表

序号	子女	频率	百分比/%	累计百分比/%
4	2 子	211	4.1	95.9
5	2 女	185	3.6	99.5
6	其他	25	0.5	100.0
	总计	5 097	100.0	

（五）数理统计法

对问卷调查的结果，运用 Excel 2007 和 SPSS 23.0 版本，采用因素分析、相关性分析、独立样本 t 检验、单因素方差分析、多重比较分析以及线性回归等数理统计方法对 5 097 份幼儿家长问卷数据进行统计分析，获得实证论据，从微观层面服务于中国幼儿体育制度的现状分析和制度讨论。

第 2 章 研究的理论基础

中外幼儿体育制度的研究是一个全新的论题，整个研究是在新制度主义理论和社会生态模型理论两大理论基础之上进行的。新制度主义理论是研究制度的经典理论，它从理论上指出了制度的产生、价值、内涵以及发展变迁。社会生态模型理论是研究环境对个体发展影响因素的重要理论，它从理论上解释了个人与社会各系统之间在环境中的相互作用。

一、新制度主义理论

制度是对人们行为产生规范与约束作用的规则[1]。

制度分析是当前社会科学领域重要的理论分析工具，它的重要价值在于为社会问题的研究提供了全新而独特的视角。制度分析着重解释理论研究，把制度变量纳入理论框架，强调制度对个人以及群体行为的影响，并在此基础上进行更深层的考察，权衡路径依赖的因素[2]。制度分析可以溯源到亚当·斯密、约翰·斯图亚特·穆勒等古典政治经济学家。20 世纪七八十年代，制度分析在西方复兴，T. W. 舒尔茨、道格拉斯·C. 诺斯以及罗纳德·H. 斯科等重新发现了制度对理论和现实问题的重要性，从而形成了新制度主义的制度分析范式。新制度主义的制

〔1〕 苏君阳，王珊，阚维. 非正式教育制度与正式教育制度的冲突——基于我国当前教育改革实践的思考［J］. 北京师范大学学报：社会科学版，2015（4）：42－50.

〔2〕 黄新华，于正伟. 新制度主义的制度分析范式：一个归纳性述评［J］. 财经问题研究，2010（3）：17－25.

度分析范式拓宽了研究对象，其研究领域推及经济学、政治学、社会学、法学、教育学、心理学以及体育学等学科。

（一）制度的概念——制度分析的逻辑起点

制度是制度分析的逻辑起点。制度在英文中翻译为 institution。诺贝尔经济学奖获得者道格拉斯·C. 诺斯在其重要论著《制度、制度变迁与经济绩效》中这样定义制度："制度是一个社会的博弈规则，是一些人为设计的、型塑人们互动关系的约束。"[1]黄少安认为，制度就是规则，并得出"制度是至少在特定社会范围内统一的、对单个社会成员的各种行为起约束作用的一系列规则。这些约束人的规则可以是正式的，如法律制度，也可以是非正式的社会规范，如习俗等"这一定义[2]。

关于制度，我国古代历史上对其就有非常经典的论述，《商君书》中："凡将立国，制度不可不察也，治法不可不慎也，国务不可不谨也，事本不可不抟也。制度时，则国俗可化，而民从制；治法明，则官无邪；国务壹，则民应用……"[3]这一经典论述传递了这样一些信息：制度对一个国家而言非常重要。制定国家制度的根本目的就是引导"国俗"，这样国民才能知道什么是需要遵守的。国家制定的制度需要合于时势，只有制定符合时势发展的规则，才能得到民众的支持。这一论述与现代社会对制度的理解已经非常接近。我们构建幼儿体育制度、制定幼儿体育政策、践行幼儿体育课程，其实质就是"察"幼儿体育之制度、"慎"幼儿体育之法治、"谨"幼儿体育之国务的过程。

《现代汉语词典》这样定义制度，制度是"要求大家共同遵守的办事规程或行动准则"，同时制度也指"在一定历史条件下形成的政治、经济、文化等方面的体系"[4]。将定义延伸，可以进一步这样理解制度，制度是建立在一定社会生产力发展水平基础上，反映该社会的价值判断和价值取向，由行为主体（国家或国家机关）所建立的调整交往活动主体之间以及社会关系的具有正式形式和强制性的

---

〔1〕 道格拉斯·C. 诺斯. 制度、制度变迁与经济绩效［M］. 杭行，译. 上海：格致出版社，2014：4.

〔2〕 黄少安. 制度经济学［M］. 北京：高等教育出版社，2008：6.

〔3〕 巫宝三. 中国经济思想史资料选辑：先秦部分（下册）［M］. 北京：中国社会科学出版社，1985：322.

〔4〕 中国社会科学院语言研究所词典编辑室. 现代汉语词典［M］. 北京：商务印书馆，2016：1689.

规范体系，即正式约束及其实施机制[1]。

道格拉斯·C. 诺斯也同样指出，制度是由非正式制度（包括道德约束、禁忌、习惯、传统和行为准则）与正式制度（包括宪法、法令、产权）组成。同时，他认为虽然制度包括正式的法令也包括非正式的道德规范，但总体上来说是一系列的规则和规范，用以制约人们的相互关系。在制度的构成中，正式制度是重要组成部分，这一部分制度的形成与国家理论密切相关。

因此，需要特别说明的是，为保证各国幼儿体育制度的可比较性和比较的对等性，本研究所论述的幼儿体育制度均是关于各国、各地区正式幼儿体育制度的研究。

（二）新制度主义的理论体系

新制度主义产生于 20 世纪七八十年代，区别于“以自然科学中的进化论方法作为理论的出发点，用风俗和习惯说明经济和社会制度的形成”的旧制度主义。新制度主义对公共政策的研究有 3 个方向，彼得·霍尔和罗斯玛丽·泰勒将这 3 个方向概括为历史制度主义、理性选择制度主义和社会学制度主义，研究者们称之为三个流派（图 2－1）。这三大流派对研究幼儿体育制度这一研究对象具有重要的指导意义。

1. 历史制度主义

历史制度主义是在对结构功能主义的批判和整合基础上形成的，它的特征是：在承认制度塑造行为者策略的同时，强调制度对行为者的偏好形成产生重大影响。同时，历史制度主义强调历史的偶然性和过去对现在的影响，它认为制度的变迁和巩固存在着路径依赖，即前一阶段的政策选择会决定影响着后一阶段的政治方案。历史制度主义主张以“制度”为核心考察历史，以国家、政治制度为中心分析历史[2]。

2. 理性选择制度主义

理性选择制度主义起源于对美国国会的研究，它认为制度是行为者之间的事先约定，它能够推动个人之间的合作，保证合约的履行，它的核心概念是“制度

〔1〕 赵卓．中国近代体育制度发展研究［D］．北京：北京体育大学，2011：10.

〔2〕 陈家刚．全球化时代的新制度主义［J］．马克思主义与现实，2003（6）：15－21.

的有意设计”。理性选择制度主义认为要对政治现象充分解释，就必须对制度进行分析，因为所有的政治行为都发生在一定的制度背景下。制度就是某种规则，其结果取决于制度内部设计的激励和约束。

3. 社会学制度主义

社会学制度主义关注更多的是规范、文化、象征体系、意义等非正式因素，尤其是理所当然的信念和认知结构。这一流派认为，制度是一种意义系统，制度内的个人行为以及组织行为均依赖于意义的注入和符号的运用。

3 个流派的主张各有侧重点，但存在 5 项基本共识：第一，制度意味着社会的某种结构化因素，解释社会现象时有必要将焦点放在这些结构化因素上。第二，制度约束个体行为，在制度背景下产生的个体行为具有一定的规律性。因此，在制度背景中产生个体行为。第三，制度约束个体行为，但个体之间活动的结果有可能导致制度变迁。因此，制度既是自变量又是因变量。第四，制度有可能是正式规则和法律，也有可能是规范、习俗或认知文化意义上的非正式因素。第五，制度具有稳定性，制度一旦形成就不会轻易因情境或目的的更改而发生变化。

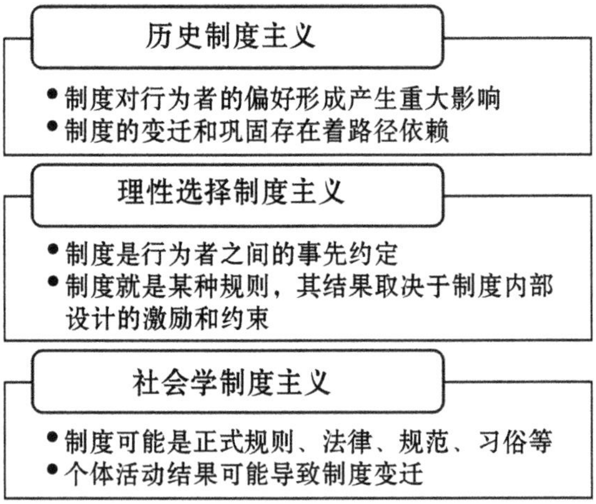

图 2－1　新制度主义理论流派基本观点框图

（三）幼儿体育制度的分析途径和分析步骤

1. 分析途径

（1）嵌入性制度分析

嵌入性制度分析认为应该从政治、经济、社会、历史以及文化、宗教信仰、社会关系、人际关系等广阔的时间和空间中把握制度的演化及其内在规律。美国前总统林登·贝恩斯·约翰逊曾经说过："解决我们国家所有社会问题的答案归根到底可以概括为两个字——教育。"[1]教育承载着"神圣而光荣"的任务，历史上各种致力于提高和改善教育的制度变革从未停止过，但真正发生实质性进展的改变并不多。研究幼儿体育制度，需要将幼儿体育置于国家政治、经济、社会等大的时空环境中，还需要将幼儿体育置于国家和民族文化、历史变迁、健康卫生、教育体育等宏观和微观时空环境中。

（2）立宪制度分析

立宪制度分析是由布坎南创立的，它的主要研究对象是各种规则，考察对约束条件的选择，而不是约束内的选择[2]。立宪制度分析认为制度是最重要的，不同的制度安排将导致不同的资源配置效率。制度表现为层次性，其中最高层就是宪法，宪法是产生其他制度的基础。我们研究幼儿体育制度，不可避免地要研究幼儿的体育权利，研究宪法和其他法律、法规赋予幼儿参与身体活动的基本权利，进而在此基础上探讨促进幼儿健康成长的有效资源配置问题。

（3）比较制度分析

日本青木昌彦是比较制度分析的代表人物，博弈论是比较制度分析的重要手段。博弈论认为，人类社会就是一个庞大的博弈空间，制度在这一空间中调整着人与人之间的关系。运用博弈的方法分析制度及其制度变迁是新制度主义区别于旧制度主义的一个标志。而现有的新制度与已有的制度相互关联，就是"路径依赖"，即制度变迁不能脱离历史。幼儿体育制度的研究，不仅要对各国、各地区幼儿体育制度进行横向比较研究，更要对本国、本地区幼儿体育制度进行纵向比较

[1] 柯政．学校变革困难的新制度主义解释［J］．北京大学教育评论，2007（1）：42－54，189.

[2] 黄新华，于正伟．新制度主义的制度分析范式：一个归纳性述评［J］．财经问题研究，2010（3）：17－25.

研究，寻找其制度变迁的基本脉络，解析现有制度的必然性。

（4）历史制度分析

历史制度分析的主要代表人物是格雷夫。历史制度分析认为，制度不是单一的、独立的整体，而是由相互联系但又互不相同的要素构成的复合体，这些要素包括规则、信念、规范等。历史制度分析注重从历史性的制度中寻求资料分析现有制度，揭示历史在制度产生、发展和变迁过程中的作用。为了更好地阐释历史的价值，历史制度分析引入博弈论研究历史与现实中的制度选择和制度变迁。幼儿体育制度的研究，通过对本国、本地区制度的纵向比较研究，揭示现有幼儿制度产生的历史、文化、认知根源，为幼儿体育制度研究注入新的活力。

2. 分析步骤

迪厄梅尔和科勒比尔认为，制度分析的步骤分为5步：研究对象、基本假设、制度需求、制度供给和经验检验[1]。

步骤一：研究对象（即研究问题）。

步骤二：基本假设（制度是解释变量，制度可以选择）。

步骤三：制度需求（环境对制度的要求）。

步骤四：制度供给（根据制度需要进行制度安排）。

步骤五：经验检验（运用现有资料检验制度分析方法的优劣，并加以修正）。

本研究将在以上5步骤的指导下对幼儿体育制度进行供给和需求的分析与讨论，并根据现实需要随时调整制度分析方法，以便全面了解各国、各地区规制幼儿体育发展的制度安排。

研究将在新制度主义理论的基础上研究中外不同国家和地区的幼儿体育制度以及这些制度变迁的历史、文化等背景，并在此基础上探求我国幼儿体育制度构建的历史和文化基础，构建适合中国幼儿健康促进的制度安排。

二、社会生态模型理论

生态就是生命物质与其环境所形成的结构，以及这种结构表现出来的功能关

〔1〕黄新华，于正伟．新制度主义的制度分析范式：一个归纳性述评［J］．财经问题研究，2010（3）：17－25.

系[1]。人类与其环境组成的生态关系，既表现为自然的关系，也表现为社会的关系，也就是既具有自然生态属性，也具有社会生态属性。体育作为人类社会文化活动，有其历史和自然的发生、发展、变化规律及存在的价值，因此也必然受制于社会其他要素的制约和影响，这是世界万物发展变化的辩证法[2]。我们研究幼儿体育的发展和进步，不能忽视幼儿在整个社会生态系统中的地位、作用和互动关系。只有这样，我们才有可能对幼儿体育甚至是体育的可持续发展做出符合社会发展和规律的认识与构建。

（一）社会生态学

生态学是研究人类社会的生态科学，最早由德国生物学家海克尔（Haeckel）提出，随着人们对其内涵的丰富和外延的扩大，逐渐出现了自然生态学、社会生态学、经济生态学、文化生态学、教育生态学等学科。美国弗吉尼亚大学大石茂弘（Shigehiro Oishi）指出，社会生态包括经济系统等宏观结构（比如自由市场资本主义、以农业为基础的经济）、政治制度（比如民主）、教育系统（比如精英主义）、社会和组织的奖励系统（比如精英）、人口结构（比如种族多样性、人口密度）、地理位置（比如多山以及城市）、气候（比如湿度）和宗教系统（比如东正教）等，同时它还包括一些中间结构，如城市、城镇和社区的特征（比如平均收入）、住房以及家庭和亲属关系等[3]。

关于社会生态学，苏联学者提出，它是综合生物方法和社会方法研究人类与其居住的自然环境、人工环境相互作用规律的科学。B. C. 皮尔茨基认为社会生态学就是“人类社会与自然环境相互作用的一般理论”。我国学者叶峻认为，社会生态学就是研究人类社会与环境之间相互关系和作用规律，以便优化其社会、生态、经济系统结构与功能的一门新兴学科[4]。

（二）社会生态模型理论

社会生态模型借鉴了社会生态学的关系，强调人与社会各系统之间在环境中

---

〔1〕 叶峻，李梁美．社会生态学与生态文明论［M］．上海：上海三联书店，2016：4.

〔2〕 于可红，李建设．体育进步与发展的社会生态学思考［J］．中国体育科技，2000，36（1）：27－29.

〔3〕 OISHI S，GRAHAM J. Social Ecology［J］. Perspectives on Psychological Science，2010，5（4）：356－377.

〔4〕 叶峻，李梁美．社会生态学与生态文明论［M］．上海：上海三联书店，2016：64.

的相互作用。

20 世纪 70 年代，美国心理学家尤瑞·布朗芬布伦纳（Urie Bronfenbrenner）指出，自然环境是人类发展的主要影响源。2005 年，他进一步从发展心理学的角度阐述了社会生态系统理论，这一理论是研究儿童发展的全新理论，他认为，环境是人类发展的主要影响源，发展的个体位于系统中心，镶嵌在几个环境系统中，从直接环境到间接环境。每一个系统都与其他系统以及个体交互作用，在许多方面影响着儿童的发展[1]。

在这一社会生态模型中（图 2－2），幼儿作为个体处于模型中心。

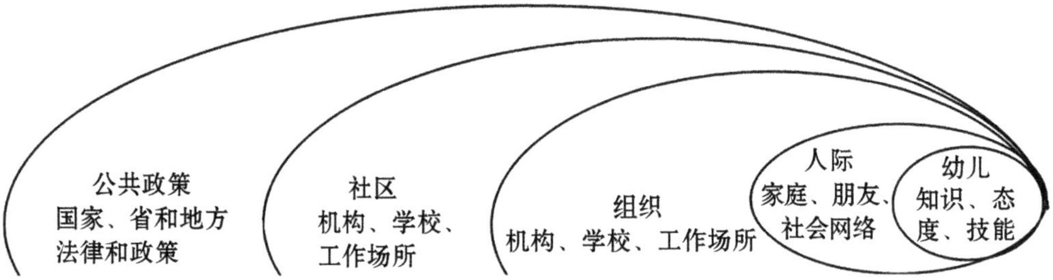

图 2－2　社会生态模型图[2]

与幼儿个体活动和交往的直接环境是模型的第二层，是幼儿成长的微观系统。微观系统最初仅限于家庭，随着幼儿的不断成长，幼儿园、学校、社区、同伴等进入到这一微观系统中。在微观系统中，与幼儿相关的所有关系都是双向的，成人影响着幼儿的行为，同时幼儿的行为也影响着成人的行为。

模型的第三层是中间系统，中间系统是指各微观系统之间的联系和相互作用。随着幼儿的成长，幼儿在微观系统中的行为会迁移到更广阔的系统中，如幼儿在家庭中与家庭成员的相处模式会影响到他与同伴、同学的相处模式。

模型的第四层是外层系统，在这一层中，幼儿并未直接参与，但这一系统对

［1］ DAVID R. SHAFFER，KATHERINE KIPP. 发展心理学：儿童与青少年［M］. 邹泓，译. 9 版. 北京：中国轻工业出版社，2016：536.

［2］ Social Ecology and Diabetes Self－Management among Pacific Islanders in Arkansas［EB/OL］. https：//www. researchgate. net/publication/313292452_ Social_ Ecology_ and_ Diabetes_ Self－Management_ among_ Pacific_ Islanders_ in_ Arkansas.

幼儿的发展产生重大影响，如父母的工作环境是幼儿生长发育的外层系统。反之，幼儿的家庭情感关系可能受到父母工作态度的影响。

模型的第五层是宏观系统，这是一个广阔的意识形态，包括幼儿所处的文化环境。

幼儿健康与身体活动息息相关。美国研究者 Land 于 2005 年指出，在过去的 30 年美国儿童的肥胖限制或者抵消了儿童福利的改善。儿童超重或者肥胖的一个重要原因就是日常能量消耗不足，交通方面增加了对汽车的依赖，电视、电子游戏和互联网方面增加了对屏幕的依赖，城市扩张、社区邻里安全的缺乏造成了建筑环境的约束[1]。如果没有教育等干预措施，超重或肥胖成年人的患病率可能会随着超重幼儿、青少年进入成年期的比例增加而增加。据此，美国提出了“积极生活四领域社会生态模型”[2]，整个生态模型呼应了美国“使身体活动成为一个孩子生命的一部分（Making Physical Activity Part of Child's Life）”的理念。这一模型随之被加拿大、澳大利亚等国家所认同和引用（图2-3）。在美国这一“积极生活四领域社会生态模型”中，政策具有自上而下的影响作用，处于社会生态模型的最高层，对其他层次具有强烈的影响作用。

美国幼儿体育社会生态系统是建立在社会生态模型理论基础之上的积极生态模型，它是跨越了幼儿个体、微观生态系统、中观生态系统和宏观生态系统四部分的相互促进、不断完善的和谐系统，这一生态系统综合微观和宏观系统为幼儿个体提供有效机会，幼儿家长和看护者在各项政策指引下，与周围环境积极互动，构建出幼儿体育生态系统的范式。具体而言，在美国多项幼儿体育政策的指导下，幼儿个体与环境、政策进行交互组合和相互干预，促进身体活动增加，实现幼儿健康的实质性提高。

---

〔1〕 Top 10 Reasons for Quality Physical Education [EB/OL]. http://coahperd.publishpath.com/Websites/coahperd/images/Advocacy/top10reasonsforQualityPE.pdf.

〔2〕 The 2014 United States Report Card on Physical Activity for Children and Youth [EB/OL]. http://119.90.25.43/www.physicalactivityplan.org/reportcard/NationalReportCard_longform_final%20for%20web.pdf.

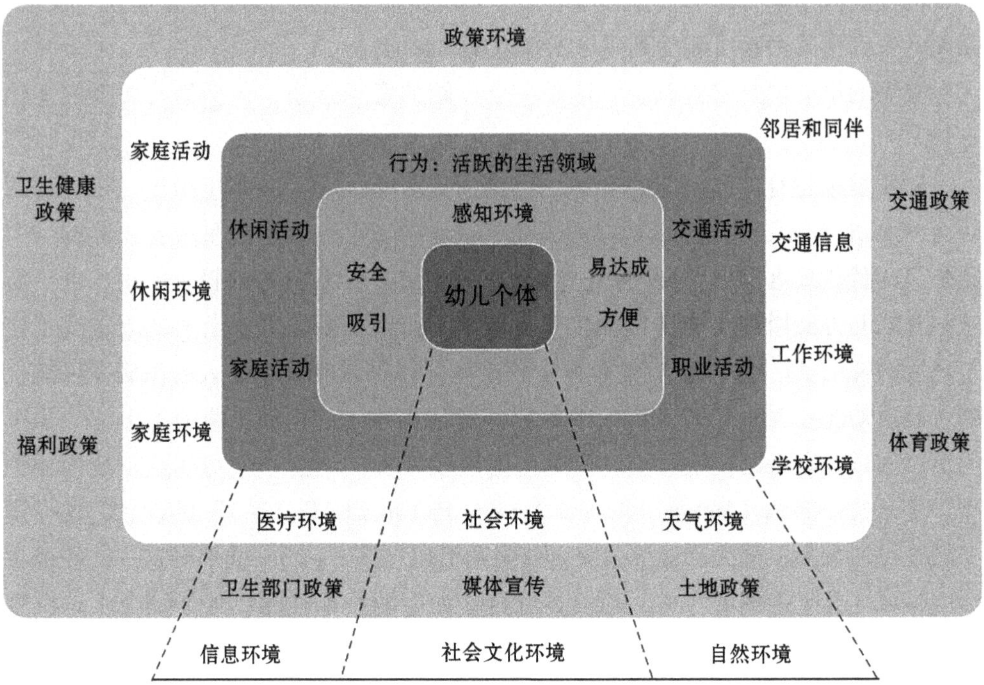

图 2－3　美国幼儿体育发展的积极生态模型[1]

本研究即是在新制度主义理论和社会生态模型理论两个理论的基础上讨论幼儿体育制度问题，通过幼儿个体发展影响的社会环境、文化环境、教育环境等，从制度层面探讨各国幼儿体育政策的背景、内涵、价值以及发展变迁。这样既有利于从宏观和微观视角审视与把握各国、各地区幼儿健康促进的管理与实践工作，又有利于从不同层面研究把握各国、各地区促进幼儿身体活动的针对性措施，为促进我国幼儿健康、增强幼儿体质提供重要的理论支撑和实践指导。

〔1〕 The 2014 United States Report Card on Physical Activity for Children and Youth ［EB/OL］. http：//119. 90. 25. 43/www. physicalactivityplan. org/reportcard/NationalReportCard_ longform_ final%20for%20web. pdf.

第 3 章　幼儿体育的现状和前景

一、幼儿体育学术研究现状

人类的哪一年龄阶段是幼儿？哪一时期是幼儿期？关于这一问题，国内外有不同的认识。在国内，关于“幼儿”的权威定义主要体现在 1999 年林崇德教授的《发展心理学》中。林崇德教授在《发展心理学》中这样定义幼儿期：幼儿期指儿童从 3 岁到 6 岁、7 岁这一时期。这是儿童进入幼儿园的时期，所以叫作幼儿期；又因为这是儿童正式进入学校以前的时期，所以又称学前期[1]。

本研究的研究对象——“幼儿”，主要指 3 岁到 6 岁、7 岁的儿童。但随着学前教育的普遍前移和 0 ~ 3 岁幼儿体育的开发和实践，幼儿体育逐渐开始包括 0 ~ 3 岁儿童的身体游戏活动，本研究在研究过程中会对这一年龄阶段儿童的游戏活动有所涉及。幼儿体育实践和研究逐渐向前延伸到 0 岁，这是当前幼儿教育发展的必然。

幼儿体育是幼儿教育的下位概念，幼儿体育的研究常常涵纳于幼儿教育中。20 世纪 90 年代之后，研究者们开始将视线转向幼儿体育领域，除了公开发表的学术论文以外，有关幼儿体育的书籍也相继出版，比较有代表性的有汪超著《学前儿童体育》[2]、刘焱著《儿童游戏通论》[3]等。同时，本研究分别以“幼儿体育”

---

〔1〕 林崇德．发展心理学［M］．北京：人民教育出版社，1995：195.

〔2〕 汪超．学前儿童体育［M］．上海：复旦大学出版社，2015.

〔3〕 刘焱．儿童游戏通论［M］．北京：北京师范大学出版社，2004.

“幼儿园体育”“学前体育”“少儿体育”“婴幼儿体育”为主题，通过中国期刊全文数据库进行文献检索，获得1979—2017年（截至2017年4月10日）相关的研究文献共853篇。通过对以上文献的分类，本研究发现当前有关幼儿体育的基础性研究主要集中于八大主题。

（一）幼儿体育的价值研究

已有研究对幼儿体育的价值认识主要基于两个维度，一是体育在促进幼儿全面发展中的价值，二是体育对促进幼儿身心和谐发展的价值和意义。Russell R. Pate等学者2015年在《北京体育大学学报》发表了题为《学龄前儿童体力活动研究的10大问题》，文章认为身体活动对幼儿的健康非常重要，可以“提高心肺耐力、增加肌肉力量、降低脂肪含量、改善血管和代谢健康、增加骨矿物质含量和骨密度以及减轻抑郁和焦虑症状”，幼儿需要“一定水平的身体活动以保证正常的生长发育和基本工作技能的发展”〔1〕。

白涛从婴幼儿体育的社会价值入手，分析了我国婴幼儿体育的现状及形成婴幼儿体育盲点的社会根源和所面临的问题，认为婴幼儿体育在提高民族体质、促进个体健全、形成完整的性格和个性、减少犯罪、提高征兵质量、提高劳动者素质以及增强国家综合国力等方面承担着重要的社会历史价值〔2〕。学者李长征、陶建认为，体育不仅能有效促进幼儿身体、智力的发展，而且为幼儿理性行为的发展提供了良好的教育环境，因此体育是幼儿时期全面发展的根本保证〔3〕。

（二）有关幼儿肥胖的学术研究

关于身体活动与肥胖和疾病的关系，郭强、汪晓赞研究认为身体活动不足是导致肥胖的一种高危因素，肥胖增加了2型糖尿病、高胆固醇、高血压疾病的风险，而社会环境所构成的“肥胖易感环境”又增加了儿童青少年发生超重和肥胖的风险。身体活动不足与久坐行为呈现出此消彼长的相互影响关系〔4〕。预防肥胖

---

〔1〕 RUSSELL R. PATE，JENNIFER R. O'NEILL，WILLIAM H. BROWN，等．学龄前儿童体力活动研究的10大问题［J］．北京体育大学学报，2015（6）：48－64.

〔2〕 白涛．中国婴幼儿体育问题探讨［J］．河南教育学院学报：自然科学版，2003（1）：43－45.

〔3〕 李长征，陶建．体育是幼儿时期全面发展的根本保证［J］．教育探索，1997（4）：58－60.

〔4〕 郭强，汪晓赞．儿童青少年身体活动研究的国际发展趋势与热点解析——基于流行病学的视角［J］．体育科学，2015（7）：58－73.

的最佳时机是儿童期，增加身体活动又间接地降低了健康保健费用[1]。梅慧娴通过对国外相关数据的梳理，得出结论：家中电子媒体设备容易导致儿童静坐不动，但家中的运动设备和房屋空间大小与儿童的运动状况并没有显著性相关；父母通过控制家中物质环境因素并给予儿童正确的引导，可以改善儿童生活方式[2]。

（三）有关幼儿体育制度的学术研究

1. 体育制度研究

制度就是一种正式的行为规范，它涵盖政治、经济、文化等领域，是社会关系和社会活动全面的或部分的规定。那么，体育制度也概莫能外。

杨志康认为，体育制度是在一定的历史条件下形成的体育社会关系和与此有联系的体育社会活动的规范体系。体育这一文化现象不仅因为统一于社会有机体而存在，而且还因为它独立于社会有机体的其他部分而存在。它有自己的发生发展过程、规律。因而，伴随它产生的体育制度也就独立于其他制度而存在。就分类而言，体育制度可分为体育经济制度、体育组织制度、体育政治制度、体育法律制度和体育竞技制度[3]。概念、规则、组织和设备构成了体育制度的四大要素。赵卓认为体育制度是国家或负责管理体育事业的政府领导机构和组织（体育决策层）为应对组织面临的问题和任务，所制定和实施的关于各种身体活动的准则和规范[4]。

根据以上观点，体育制度简言之，即是指负责管理体育事业的领导机构和组织，以及由它们制定和实施的各种体育法规制度和措施的总和[5]。体育制度具有阶级性、相对稳定性和普遍性三大特征。

体育制度和其他制度一样，具有一定的阶级性，是不同历史时期，管理者根据当时社会条件下国家的意志和大众的需要而制定的具有阶段性和相对稳定性的正式的准则和规范，以及与此相关联的组织和设备。在历史的不同阶段，体育制

---

〔1〕 韩丹．世界体育发展趋势的启示与借鉴——评价《世界体育教育峰会主报告论文》［J］．体育与科学，2005（3）：52－56，62.

〔2〕 梅慧娴．儿童，运动还是静坐［J］．体育文化导刊，2014（10）：56－59.

〔3〕 杨志康．论体育制度［J］．武汉体育学院学报，1986（4）：1－5.

〔4〕 赵卓．中国近代体育制度发展研究［D］．北京：北京体育大学，2011：10.

〔5〕 全国体育学院教材委员会．体育概论［M］．北京：人民体育出版社，2005：5.

度会发生变更，直接反映管理者或者当权者的意志，呈现出管理阶段对体育问题的认识、态度、判断以及在实践中对体育事业的推动。古今中外，体育制度普遍存在于不同时期、不同国家的管理决策中，构成了上层建筑的一部分，如斯巴达的法律明确规定禁止奴隶参加古希腊的竞技运动。

2. 幼儿体育制度研究

对幼儿体育制度的研究离不开幼儿教育政策大背景，在制度保障方面，蔡迎旗、冯晓霞两位学者认为，政府必须成为促进幼儿教育公平的主体；要鼓励社会的参与，并建立自由平等的竞争机制；针对弱势幼儿，政府应建立补偿救助制度；完善幼儿教师的培训和聘用制度[1]。洪秀敏、庞丽娟在《学前教育事业发展的制度保障与政府责任》一文中，从学前教育的行政管理、学前教育经费、幼儿园办园体制、社会力量办园政策保障以及学前教育立法五个方面对我国学前教育进行制度性分析，指出政府对学前教育事业发展负有主要责任：中央政府负责全国学前教育事业的宏观规划、政策制定、财政投入以及督导评估；省市县各级政府明确并承担不同层级的责任。各级政府是学前教育的首要责任者和最终保障者[2]。

在我国台湾，也有学者将研究视角聚焦于幼儿体育制度，我国台湾地区学者黄绣婷在其硕士学位论文《台湾幼儿教育制度之发展（1945—2005）》中对台湾地区幼儿教育制度的发展进行了研究，分析每一时期台湾的社会政治、经济及教育政策，研究内容涉及台湾地区不同时期的政治、经济、社会背景以及幼儿教育思想、幼儿教育政策、幼教课程与教学、幼教师资培育等 5 个方面的内容，资料详尽。

（四）有关幼儿体育政策的学术研究

1. 幼儿体育政策的制定以及阶段性发展研究

我国没有有关幼儿体育的专项法律政策，有关幼儿体育的政策内容全部囊括在学前教育政策中，彭海蕾、王楠、姚国辉在《不同历史时期的中国学前教育政

---

〔1〕 蔡迎旗，冯晓霞．论我国幼儿教育政策的公平取向及其实现［J］．教育与经济，2004（2）：33－36.

〔2〕 洪秀敏，庞丽娟．学前教育事业发展的制度保障与政府责任［J］．学前教育研究，2009（1）：3－6.

策初探》中将百年来中国学前教育政策进行了阶段划分，这为我们进行幼儿体育政策研究提供了方法参考和文献参考[1]。

就幼儿体育政策的研究，目前最具有标杆性的是陈莹、王凯珍等学者的《建国以来我国幼儿体育教育的发展历程》一文，研究将我国幼儿体育教育发展分为4个阶段，指出中华人民共和国成立以来，我国幼儿体育教育经历了稳步发展阶段、曲折发展阶段、严重破坏阶段和恢复与快速发展阶段 4 个阶段[2]。由于每个阶段的背景不同，幼儿体育发展的政策导向各异，因此表现出来的特征也各有不同，文章进行了一一梳理和解读。

2. 幼儿体育政策的现状和问题研究

当前有关体育政策的研究大多属于对现有政策的解释和说明，导致政策研究侧重于现象形态的静态描述，政策研究变成了政策“阐述”。对体育政策的研究缺乏整体构建。

就学术研究成果来看，有关幼儿体育政策的研究并不多，比较成型的研究主要有《建国以来我国幼儿体育教育的发展历程》《幼儿体育的制度保障研究》[3]《体育权利保障视角下我国幼儿体育政策现状与问题研究》[4]《中国幼儿体育权利研究》[5]《我国幼儿体育政策分析》[6]等。学者郝晓岑就当前我国幼儿教育政策中的幼儿体育权利保障取得的成就做了文本的梳理，这是目前有关幼儿体育政策比较全面的文本梳理。

（五）幼儿体育的组织和教学研究

幼儿体育的组织形式主要包括幼儿园幼儿体育和家庭亲子体育两种形式，此外随着体育课程向课外活动的延伸、民间资本向儿童体育培训市场的涌入，少儿体育俱乐部、培训班也成为我国幼儿体育的一种组织形式。

---

〔1〕 彭海蕾，王楠，姚国辉．不同历史时期的中国学前教育政策初探［J］．徐特立研究，2010（1）：15－19.

〔2〕 陈莹，王凯珍，王沂．建国以来我国幼儿体育教育的发展历程［J］．运动，2011（5）：3－6.

〔3〕 孙小岳．幼儿体育的制度保障研究［D］．上海：上海体育学院，2010.

〔4〕 郝晓岑．体育权利保障视角下我国幼儿体育政策现状与问题研究［C］．全国体育科学大会，2011.

〔5〕 郝晓岑．中国幼儿体育权利研究［J］．体育文化导刊，2016（2）：11－16.

〔6〕 郝晓岑．我国幼儿体育政策分析［J］．体育文化导刊，2013（4）：9－12.

我国幼儿教育发展有着明显的不平衡性，这些在幼儿体育方面同样存在，甚至更甚。白涛认为，当前家庭幼儿体育思想、知识、技能、方法不足；幼儿园幼儿体育教师缺乏；幼儿体育教育内容简单、随意，缺乏科学性、系统性和针对性；幼儿体育教学形式、方法、手段单一，运动量和运动强度缺乏科学的评估手段；幼儿人均运动场地有限，幼儿体育器材、设备不足；社会、政府、家庭还未深刻认识到幼儿体育的社会价值和国家战略价值[1]。本部分将从幼儿园、家庭和社会三方面综述当前幼儿体育的组织和教学的学术研究成果。

1. 幼儿园体育的组织和教学研究

幼儿参加体育活动的主要场所集中在幼儿园，幼儿园里体育活动的主要组织形式包括早操活动、体育课、户外身体活动以及运动会 4 种形式，学者们对以上 4 种形式的幼儿体育活动做了大量理论和实践研究。李晔认为幼儿体育课程应从幼儿自身以及社会和文化中汲取养分，幼儿体育的目标应是适宜而多样的。应打破固有的幼儿体育教育组织形式，建立体育特色教学课程，以体育特色教学为基础，发展以单项为主的体育教学。在幼儿体育工作管理方面，李晔认为应制定幼儿体育教学评价指标体系，做到幼儿体育教育评估的制度化、动态化和随机化[2]。

身体教育是幼儿教育的关键，体操是体育的本源。艾洋志在其硕士论文《幼儿园户外操类活动研究》中对幼儿园户外操类活动的理论基础、缘起以及发展阶段进行了理论的研究，文章同时就我国幼儿园户外操类活动开展的内容和形式进行了现状的描述，并在此基础上提出我国幼儿园操类活动的改进建议[3]。吕晓昌对中国和美国幼儿体育的教学目标、教学组织、教材、师生关系以及教学评价进行了比较，同时也指出两国幼儿体育教学均相对稳定，在总目标上总体趋同，且都具有注重培养幼儿终身体育的意识[4]。彭海蕾在其博士学位论文《幼儿园游戏教学研究》中指出，心理学理论、学习理论、脑科学、马克思主义活动学说是幼儿园游戏教学的立论基点，研究探讨了幼儿园游戏教学的时间设计和质量评价标

[1] 白涛. 中国婴幼儿体育问题探讨 [J]. 河南教育学院学报：自然科学版，2003 (1)：43 -45.
[2] 李晔. 从后现代主义的视角审视当代幼儿体育教育 [J]. 山东体育科技，2005 (8)：93 -95.
[3] 艾洋志. 幼儿园户外操类活动研究 [D]. 武汉：华中师范大学，2011.
[4] 吕晓昌. 中、美幼儿体育教学比较研究 [J]. 天津体育学院学报，2004 (4)：96 -98.

准以及评价方法[1]。齐春霞通过实践教学，认为当前课程教学的结构化设计和完整动作被拆分，活动过程出现条块分割，影响了幼儿的自我建构[2]。赵星等研究了性别和年龄对幼儿参与早操、自由活动以及集体游戏的活动强度水平的影响差异问题，指出目前幼儿园户外身体活动时间尚未满足国内、国外相关幼儿身体活动推荐量[3]。李彦锐、刘璐认为影响幼儿园开展体育活动的主要要素包括管理制度、安全隐患、活动时间、活动形式以及家长认识[4]。

课程是幼儿园教育的内容载体，张娜认为幼儿园课程的开发和设计是幼儿园课程组织和教学的重要内容，包括课程目标设置、课程内容选择、课程实施过程设计以及课程评价标准研制[5]。张文波从专业建设的角度做了关于高校学前教育专业幼儿体育课程开设的研究，文章指出高校学前教育专业开设幼儿体育教育课程有其必要性和可行性，研究同时就幼儿体育课程开设的具体方案做了探讨[6]。张立燕、吕昌民等出版了《学前教育专业体育与幼儿体育活动指导》一书，此书作为专科及以上层次学前教育专业的体育教材，缓解了这一阶段学前教育专业体育教材缺乏的问题，成为学前教育教师的职前教育和职后技能培训的重要教材[7]。

中国香港学者黄树诚在《幼儿体育的真谛：反思与前瞻》中指出，确定科学教育理念、深化教学改革和完善质量保障机制是提高幼儿体育质量的三大途径[8]。随着幼儿体育课程的深入，国内有研究者将视角聚焦于幼儿体育课程教具、学具的研发和运用上，如宁波大学教师教育学院学前教育系汪超教授出版的《幼儿园体育材料设计与运用150例》，为幼儿体育的理论研究和实践运用提供了丰富的素材[9]。

---

〔1〕 彭海蕾．幼儿园游戏教学研究［D］．兰州：西北师范大学，2002.

〔2〕 齐春霞．幼儿体育教学中存在的几个问题［J］．山东教育：幼教刊，2003（12）：28.

〔3〕 赵星，赵斯龙，罗冬梅，等．幼儿园不同类型户外体育活动的强度水平及相关影响因素［J］．体育科学，2016（8）：34－41.

〔4〕 李彦锐，刘璐．幼儿园开展体育活动的现状及对策［J］．新课程（教师），2010（8）：99.

〔5〕 张娜．学前教育课程模式设计研究［J］．武汉：华中师范大学，2013.

〔6〕 张文波．高校学前教育专业幼儿体育课程开设的研究［D］．济南：山东体育学院，2012.

〔7〕 张立燕，吕昌民，田志升．学前教育专业体育与幼儿体育活动指导［M］．济南：山东人民出版社，2014.

〔8〕 黄树诚．幼儿体育的真谛：反思与前瞻［J］．香港教育，2010（7）：115－116.

〔9〕 汪超．幼儿园体育材料设计与运用150例［M］．北京：中国轻工业出版社，2015.

2. 家庭亲子体育的组织研究

近年来学者们逐渐开始关注幼儿家庭体育。王凯珍、周志雄、任弘等学者认为，家庭亲子体育活动是“为了增进幼儿身心健康和促进家庭和睦发展，以父母和亲子为活动主体进行的身体活动游戏”。家庭亲子体育活动时间应不少于10分钟；活动形式表现为走、跑、跳、掷、爬等；活动地点为家中或者户外，但不包括其他智力或生活性游戏[1]。王凯珍、周志雄、桑凤英等学者通过向北京市16所一级一类幼儿家长发放问卷，结果统计发现北京市3～6岁幼儿家庭体育活动地点主要在社区体育场地、家庭客厅、附近公园以及主卧室等；活动频次为每周2～3次，平均每次为36.27分钟，但活动内容相对单一，主要原因是家长缺乏科学的指导、工作或家务忙而没有时间[2]。辽宁师范大学的张烨通过实验组和对照组比较了隔代抚养幼儿和非隔代抚养幼儿在体育游戏参与行为方面的差异[3]。

3. 少儿体育培训市场研究

为增强青少年体质，自2000年起国家体育总局利用公益彩票的收入在全国各地创办了不少少儿体育培训机构。2005年出现了第一篇有关儿童体育培训的学术综述研究论文[4]。此后，相关研究逐渐多了起来，主要涉及培训发展现状和对策、培训市场的营销策略、少儿参加体育培训的动机以及培训机制与市场规范等研究。

（六）有关幼儿身体活动和动作发展的学术研究

“physical activity”是世界卫生组织和世界大多数国家使用的一个名词，我国学者将其翻译为“体育活动”或者“身体活动”。世界卫生组织将“physical activity”定义为骨骼肌消耗能量而产生的肢体运动。我国学者进一步将其明确为：身体活动是指中等及以上强度的促进身体健康的活动，即所有与健身有关的活动[5]。

---

〔1〕 王凯珍，周志雄，任弘，等．影响3～6岁幼儿家庭体育活动行为和活动量的因素及路径分析［J］．西安体育学院学报，2011（3）：257－263.

〔2〕 王凯珍，周志雄，桑凤英，等．北京市3～6岁幼儿家庭亲子体育游戏的现状［J］．体育学刊，2010（10）：56－58.

〔3〕 张烨．体育游戏促进隔代抚养幼儿体育参与行为的实验研究——基于不同抚养模式下幼儿体育参与行为的差异［D］．大连：辽宁师范大学，2014.

〔4〕 王倩．我国儿童体育培训研究综述——基于CNKI文本分析［J］．青少年体育，2014（11）：8－10.

〔5〕 岳建军．美国《国民体力活动计划》研究及启示［J］．中国体育科技，2015（2）：126－134.

Russell R. Pate 等人从三个方面提出了体育活动对幼儿健康的影响、幼儿体育活动行为特点以及以美国为首的加拿大、英国、澳大利亚4国幼儿体育活动的干预和政策。研究指出，这4个国家权威机构均提出了3～5岁幼儿的体育活动指南，虽然语言表述有所不同，但是这些机构都建议幼儿每天至少需要进行3小时的体育活动。同时，这4个国家的幼儿身体活动指南均提出了轻身体活动、中等强度活动和较大强度活动的体育活动建议[1]。韩慧、郑家鲲从社会生态学的视角全面呈现了西方国家青少年身体活动的相关研究，研究分别综述了个体、人际、机构、社区、政策5大要素与青少年体育活动关系的相关学术研究成果[2]，虽然直接涉及幼儿体育活动的内容不多，但在学理研究中研究对象和研究方法都具有重合的部分。学者王超等引相关数据指出，2～10岁儿童中，身体活动少的孩子比身体活动多的孩子风险因子评分高。同时引用相关数据指出，3岁体育活动水平高于同龄者的幼儿，在4～7岁时其体育活动水平同样高于同龄者，因此早期养成体育活动习惯对幼儿未来的健康具有重要作用[3]。岳建军在《美国〈国民体力活动计划〉研究及启示》一文中对美国《国民体力活动计划》的制订、执行、评估以及成功案例进行了详细的介绍，并将其与中国《全民健身计划》的制订、执行、评估3个方面进行比较[4]。

研究幼儿身体活动离不开对幼儿动作发展的研究，幼儿的动作发展是评价、诊断、监测幼儿个体发展状况的重要指标。孟祥芝、谢利苹两位学者运用《儿童动作评估检查表》和停止信号任务，对40名4～6岁幼儿进行动作研究，指出幼儿的动作反应抑制能力存在年龄差异，动作反应抑制能力与一般动作发展水平之间存在显著性关系[5]。大肌肉动作发展是动作发展的重要内容之一，幼儿期是大肌肉运动行为建立的主要阶段[6]。大肌肉动作发展包括空间内移动身体的技能（位

〔1〕 RUSSELL R. PATE，JENNIFER R. O'NEILL，WILLIAMH. BROWN，等. 学龄前儿童体力活动研究的10大问题［J］. 北京体育大学学报，2015（6）：50－54.

〔2〕 韩慧，郑家鲲. 西方国家青少年体力活动相关研究述评——基于社会生态学视角的分析［J］. 体育科学，2016（5）：62－70.

〔3〕 王超，陈佩杰. 体力活动研究的现状及趋势［J］. 北京体育大学学报，2012（8）：43－49.

〔4〕 岳建军. 美国《国民体力活动计划》研究及启示［J］. 中国体育科技，2015（2）：126－134.

〔5〕 孟祥芝，谢利苹. 幼儿动作发展与动作抑制研究［J］. 心理发展与教育，2004（3）：6－10.

〔6〕 李静，梁国力. 大肌肉群发展测试（TGMD－2）研究［J］. 中国体育科技，2005（2）：105－107.

移技能）和控制物体的技能。美国 3 ~ 10 岁儿童大肌肉动作发展状况主要通过由美国密歇根州立大学 Dale A. Ulrich 博士编制的《大肌肉动作发展测试工具》（*Test of Gross Motor Development*，TGMD）进行测试，这一工具在我国台湾地区获得应用，我国学者李静等将其引入大陆进行信效度检验，认为 TGMD - 2 简单易行，信度和效度较好，是评价 3 ~ 10 岁儿童大肌肉动作发展状况的有效工具，值得推广应用[1]。浙江师范大学杭州幼儿师范学院张莹对 3 ~ 4 岁幼儿进行为期 6 个月的实验研究，提出幼儿身体活动的动作内容选择建议，为幼儿身体活动的设计提供参考。研究指出，应修订学前教育专业教材中身体活动内容，增加特定运动项目基本技能的培养，重视 3 ~ 4 岁幼儿动作技能多元化的学习[2]。她同时对我国 3 ~ 6 岁幼儿投掷动作发展特征和发展趋势进行了动作分析[3]。周毅、庄弼、辛利三位学者在《儿童早期发展与教育中最重要的内容：动作教育与综合训练》中指出，幼儿的动作教育是幼儿素质教育的重要内容，当前对动作学习核心经验的研究是中国早期教育中最薄弱的环节。研究阐述了在幼儿动作教育和综合训练过程中应该注意的事项，并指出，依托《3 ~ 6 岁儿童学习与发展指南》促进幼儿动作教育的常规化和正规化[4]。庄弼等学者还在《幼儿体育活动及其内容体系的思考》中对有关幼儿体育的诸多概念进行了辨释，指出“幼儿身体活动”最能表达幼儿园体育的概念。研究同时指出，我国学前教育身体活动内容体系混乱，表现有三：一是幼儿身体活动内容体系缺乏科学性；二是缺乏安全环境、器材设施以及幼儿体育教育专业人员；三是测试和评价成人化。研究建议构建以发展幼儿平衡、力量与持久力、灵敏与协调能力为中心的，循序渐进的内容体系以及可测量、评价的指标体系[5]。庄弼同时在《以体为先为幼儿健康发展奠基》中指出当前我国幼儿园

〔1〕 李静，马红霞．儿童动作发展测试（TGMD - 2）信度和效度的研究［J］．体育学刊，2007（3）：37 - 40.

〔2〕 张莹．动作发展视角下的幼儿体育活动内容实证研究［J］．北京体育大学学报，2012（3）：133 - 140.

〔3〕 张莹．我国 3 ~ 6 岁幼儿基本动作发展特征研究——以北京市某一级幼儿园幼儿的投掷动作发展为例［J］．中国体育科技，2013（4）：92 - 102.

〔4〕 周毅，庄弼，辛利．儿童早期发展与教育中最重要的内容：动作教育与综合训练［J］．广州体育学院学报，2014（6）：108 - 112，120.

〔5〕 庄弼，任绮，李孟宁，等．幼儿体育活动及其内容体系的思考［J］．体育学刊，2015（6）：64 - 70.

的身体活动表现为幼儿体育的成人化、练习内容的无序化、教学手段的无质化以及评价指标的成人化[1]。

（七）幼儿园体育伤害事故研究

2005 年，刘馨、李淑芳对我国 8 个地区的部分幼儿园安全状况和安全教育进行调查发现，引发幼儿安全事故的因素是多方面的，排在前 5 位的依次是与同伴玩耍致伤占 81.2%，运动时致伤占 69.6%，下楼时打闹致伤占 57.2%，把小物体塞入耳鼻中致伤占 51.8%，玩运动器械致伤占 51.8%[2]。体育伤害事故发生率在安全事故中排在第 2 位。什么是"幼儿园体育伤害事故"，学者郝晓岑指出："幼儿体育伤害事故主要指由幼儿园及其相关保育机构组织实施的园内外体育游戏、身体锻炼活动（包括体育课、课外身体活动、体育竞赛和课余体育训练）以及在幼儿园及其相关保育机构负有管理责任的体育场馆和其他体育设施内发生的，造成在园幼儿人身损伤后果的事故。"[3]她还指出鉴别幼儿体育伤害事故的四大要件，进而在法律上澄清了归责原则，为幼儿体育的权利保障和权利救济提供了法理依据。童宪明在《幼儿园与幼儿的法律关系之探讨》文章中探讨了幼儿和幼儿园的法律关系[4]，并在《美日加中幼儿园事故法律责任的比较研究》中对美、日、加、中 4 国幼儿园伤害事故的责任认定做了比较，指出虽然 4 国不属于同一法系，但"过错责任"是 4 国追究校方责任的共有原则[5]。以上有关幼儿园伤害事故的研究对幼儿园体育伤害事故的预防、认定、赔偿等都具有指导作用。

（八）对国外幼儿体育的学术研究

学者们在进行幼儿体育学术研究的过程中，并没有忽略对国外幼儿教育领域先进体育理论、体育思想的推介。

刘佩佩从方案出台背景、方案服务对象和目标、方案内容对《美国 3 ~ 5 岁幼儿体育适宜性实践方案》进行了介绍，指出关注幼儿动机和兴趣、促进幼儿的全

---

〔1〕 庄弼．以体为先为幼儿健康发展奠基［J］．中国学校体育，2014（11）：2 - 3.

〔2〕 刘馨，李淑芳．我国部分地区幼儿园安全状况与安全教育调查［J］．学前教育研究，2005（12）：17 - 18.

〔3〕 郝晓岑．中国幼儿体育政策研究：权利保障与权利救济［D］．北京：北京体育大学，2013：111.

〔4〕 童宪明．幼儿园与幼儿的法律关系之探讨［J］．山东教育，2003（12）：21.

〔5〕 童宪明．美日加中幼儿园事故法律责任的比较研究［J］．早期教育（教师），2009（4）：21.

面发展、关注有特殊需要的儿童、重视幼儿教师的专业性以及重视对幼儿的发展性和真实性评价，是我们需要借鉴的成功经验[1]。陈丹、蔡樟清两位学者从方案目标、方案内容、方案实施、方案评估方面对《美国3~5岁幼儿发展适宜性体育方案》进行了文本解读[2]。程妍涛对美国《3~5岁儿童运动课程的适宜性实践》的内容进行了介绍，总结出其具有重视幼儿体育教师专业素质、幼儿运动课程环境的创设以及幼儿身体活动评价三大特点，对我国幼儿教师设计和组织适宜性的幼儿身体活动具有启示作用[3]。

美国幼儿体育的发展离不开高质量儿童体育教育体系的构建。王艳在《美国运动与体育协会高质量儿童体育教育体系研究》中，对高质量儿童体育教育的内涵、特点进行了全面解读，指出高质量儿童体育教育具有以儿童为中心、体育理念先进、专业框架体系完善、从业教师专业性强等特点[4]。

近几年，国内对德国盛行的崇尚自然、尊重幼儿自然成长的“森林幼儿园”多有介绍[5]。日本将源于欧洲的体验式幼儿园与本国优越的自然环境条件相结合，以12条基本原则为框架，构筑了以“森之幼儿园”为代表的幼儿身体活动空间[6]。谢勇娟、许之屏两位学者总结出日本幼儿教育的特点为教育目标明确、教育理念新颖、身体活动内容丰富、活动环境宽松、设施设备充足、幼儿活动时间自由且服装整齐[7]。此外，郝晓岑《中日韩幼儿体育概览》对中国、日本、韩国3个国家幼儿体育理论和实践进行比较分析，指出3个国家以亚洲幼儿体育学会为指导，在幼儿体育发展过程中相互承接和借鉴，取得了明显的进步。同时，受儒

---

〔1〕 刘佩佩．《美国3~5岁幼儿体育适宜性实践方案》简述及启示［J］．四川职业技术学院学报，2012（1）：79－82.

〔2〕 陈丹，蔡樟清．《美国3~5岁幼儿发展适宜性体育方案》解读［J］．山东教育，2014（1－2合刊）：7－9.

〔3〕 程妍涛．美国《3~5岁儿童运动课程的适宜性实践》的内容、特色及启示［J］．体育文化导刊，2016（3）：161－166.

〔4〕 王艳．美国运动与体育协会高质量儿童体育教育体系研究［J］．比较教育研究，2016（3）：103－107.

〔5〕 何惠丽．“崇尚自然”的德国森林幼儿园对我国学前教育的启示［J］．黑河学刊，2016（2）：161－162.

〔6〕 吕和武，王德涛．日本儿童的体力活动及其启示［J］．体育文化导刊，2015（12）：84－87.

〔7〕 谢勇娟，许之屏．日本的幼儿体育教育及对我国的启示［J］．内江科技，2016（8）：110－111.

家思想的影响，3 个国家幼儿体育均呈现出边缘化和功利性特点[1]。董旭撰文剖析了欧洲福禄培尔、蒙台梭利与森林幼儿园学前体育教学模式的嬗变与发展[2]。

郝海平在《世界学前教育发展的新趋向》中指出，德国、英国、瑞典等欧洲国家学前教育更加关注体育运动对幼儿健康、智力、创造力、情感和社会性发展的意义；学前教育机构重视创设丰富的活动环境，以丰富幼儿多样的感性经验；幼儿园充分利用体育场馆、街心花园等硬件设施和社区教育资源，实现家、园、社区一体化[3]。

对学校体育空间和设施的学术研究，国外研究较早，主题挖掘也比较深入。辛辛那提儿童医护中心发起“埃文代尔，运动起来”计划，一方面响应儿科学会“5－2－1－0 计划”，另一方面着力促进运动场地设施的安全监管，指出场地安全是妨碍儿童参与户外活动的最主要因素。总体而言，美国和加拿大两国联邦政府都重视儿童身体活动和场地设施政策法规的研究，但各州或各省的规定却不够详细，与国家层面的指导意见差距较大，政策执行的不畅影响到儿童的身体健康。根据王磊等学者的研究综述，国外关于学校场地和设施的研究涵盖了身体活动和场地设施的法规研究、场地和设施的安全性研究、户外空间绿色植被研究、场地特征密度研究、体育空间影响的性别差异研究、教职工的参与研究等[4]。

近年来，国内学者将外国幼儿体育的优秀成果大量地介绍引进中国，如《美国幼儿教育课程实践指南》[5]《儿童感知教育手册——感知统合教育的基础》[6]《日本幼儿身体活动这样做》[7]《0～5 岁儿童运动娱乐指导百科》[8]以及由北京师范大学出版社出版发行的“儿童游戏译丛”系列，这一系列包括 5 册：《通过游戏来教——教师观念与课堂实践》《仅仅是游戏吗——游戏在早期儿童教育中的作用

---

〔1〕 郝晓岑．中日韩幼儿体育概览［J］．体育文化导刊，2016（7）：153－158.

〔2〕 董旭．欧洲学前体育教育发展嬗变研究［J］．文山学院学报，2015（6）：115－120.

〔3〕 郝海平．世界学前教育发展的新趋向［J］．幼儿教育，2002（Z1）：31.

〔4〕 王磊，司虎克，张业安，等．国外关于体育空间和设施特征与少年儿童体育活动关系研究进展［J］．体育学刊，2016（1）：80－85.

〔5〕 克劳迪娅·伊莱亚森，洛亚·詹金斯．美国幼儿教育课程实践指南［M］．李敏谊，付咏梅，刘丽伟，等，译．北京：机械工业出版社，2015.

〔6〕 蕾娜特·齐默尔．儿童感知教育手册——感知统合教育的基础［M］．杨沫，等，译．南京：南京师范大学出版社，2010.

〔7〕 陈洪淼．日本幼儿身体活动这样做［M］．上海：华东师范大学出版社，2016.

〔8〕 前桥明．0～5 岁儿童运动娱乐指导百科［M］．陆大江，译．上海：复旦大学出版社，2015.

与地位》《游戏的卓越性》《游戏的关键期——0～3 岁》《我的游戏权利——有多种需要的儿童》，5 册书对幼儿游戏、幼儿身体活动以及幼儿体育教育等做了理论、实践以及个案的研究和探讨。这些书籍的出版问世极大地带动了我国幼儿体育事业的发展。

我国关于幼儿体育的学术研究始于学者邹大华的《幼儿体育的特点》，论文发表于《体育科研》1981 年 7 月刊。随着幼儿体育价值被重新挖掘和再认识，2008 年王凯珍教授《学龄前儿童软性健身器材及其多元应用方法研究》项目获批国家社科基金教育学类一般项目，成为第一个以“幼儿体育”为主要研究方向的国家级研究项目，此后有关幼儿体育的国家级社会科学研究项目逐年增加，2009 年 1 项，2012 年 1 项，2014 年 3 项，2016 年 4 项。这说明国家政府更多地关注幼儿健康和幼儿体质方面的研究，以科研为先导，促进幼儿体育的全面发展，这些研究成果的问世对幼儿体育的发展将产生巨大的理念积淀和实践推动作用（表 3－1）。

表 3－1　近 10 年获批国家级社会科学科研项目的“幼儿体育”相关科研项目〔1〕

项目类别	学科分类	项目名称	立项时间	项目负责人	专业职务	单位
一般项目	体育学	全球视阈下适宜儿童全面发展的我国幼儿体育课程体系构建研究	2016 年	董进霞	正高级	北京大学
一般项目	体育学	我国南方大中城市学前儿童体育教育价值取向的研究	2016 年	吴华	正高级	海南师范大学
一般项目	体育学	“健康中国”背景下幼儿体质健康促进的社会支持体系研究	2016 年	杨斌	正高级	长沙师范学院

〔1〕 国家社科基金项目数据库［EB/OL］. http：//fz. people. com. cn/skygb/sk/.

续表

项目类别	学科分类	项目名称	立项时间	项目负责人	专业职务	单位
一般项目	体育学	我国儿童少年身体活动促进中的体育资源优化配置研究	2016 年	蔡玉军	正高级	上海体育学院
一般项目	体育学	体育游戏促进孤独症儿童社会交往能力发展研究	2014 年	潘红玲	副高级	长沙理工大学
青年项目	体育学	运动参与中游戏元素对学前儿童发展影响的实证研究	2014 年	郭叶	副高级	广州大学
一般项目	体育学	中外幼儿体育制度研究	2014 年	郝晓岑	副高级	首都体育学院
一般项目	教育学	构建广东省幼儿体育活动实践体系的研究	2012 年	庄弼	副高级	广东省教育研究院
青年项目	教育学	体育活动发展 3 ~ 6 岁幼儿亲社会行为的理论与实践研究	2009 年	全海英	副高级	沈阳师范大学
一般项目	教育学	学龄前儿童软性健身器材及其多元应用方法研究	2008 年	王凯珍	正高级	首都体育学院

本研究即是在中外已有学术研究的基础上进一步拓展思路，从制度这一维度研究幼儿体育的各要素以及各要素之间的互动与促进。

二、幼儿体育及相关概念

概念是反映对象特有属性的思维形式。人类在认识事物的过程中，从感性认识上升到理性认识，把所感知的事物的共同本质特点抽象出来，加以概括，就成为概念。概念都有内涵和外延，即其含义和适用范围。我们所探讨的幼儿体育及其相关概念也有其内涵和外延，同时它们的语义和属性又有一定的重合和交叉，因此在学科研究中容易产生混淆。

目前，在幼儿体育研究中与幼儿体育相类似的提法有 10 余种，即“幼儿体育”“幼儿体育教育”“幼儿身体活动”“幼儿身体运动”“幼儿身体动作内容”

“幼儿体育游戏”“学前体育”“儿童体育”“婴幼儿体育”“青少年体育”……“幼儿体育”是目前大多数学者和专业课程的基本提法。本部分将对有关幼儿体育的多个概念做理论上的梳理和辨析，以便于研究的聚焦和问题的集中[1]。

（一）幼儿体育与幼儿身体活动

幼儿体育至今尚没有一个统一的名称，那么英语语系国家是怎么表述这一概念的呢？加拿大学术界用“Physical Activity”表述这一概念，学者们大多将其译为“体力活动”或“身体活动”。近年来，学者们大多倾向于使用“身体活动”这一中文概念与其相对应。根据加拿大运动生理学会（CSEP）颁布的《加拿大幼儿身体活动指南》(*Canadian Physical Activity Guidelines for the Early Years/Children*)[2]，婴幼儿（出生~1岁）每天应进行几次地面互动游戏。学步儿（1~2岁）和学龄前儿童（3~4岁）每天至少应该有180分钟不同强度身体活动时间，以促进个体的运动技能，年龄到5岁的学龄前儿童身体活动时间至少应该达到60分钟。

美国同样用“Physical Activity”表述身体活动，这一表达见诸多个政策性文本，如《美国促进儿童和青少年身体活动综合性指导》(*The Physical Activity Guidelines for Children and Adolescents*)[3]指出，儿童和青少年每天应该参加60分钟或更多时间的身体活动，身体活动可以促进幼儿和青少年的身体健康，强健幼儿的骨骼和肌肉，降低他们未来患糖尿病和心脏病的风险，减少心理焦虑和压力，同时对幼儿和青少年注意力、记忆力以及课堂行为产生积极的影响。澳大利亚模拟加拿大于2005年开始实施“身体活动报告卡制度（The Physical Activity Report Card)”[4]，目的就在于增加本国青少年身体活动的参与，鼓励澳大利亚人改变传统的生活习惯，减少久坐行为。在这一制度中，澳大利亚官方同样采用“Physical Activity”表述身体活动。

加拿大、美国、澳大利亚等国使用的“幼儿身体活动”概念相比于我国“幼

---

〔1〕 郝晓岑，王婷．幼儿体育概念辨析［J］．首都体育学院学报，2017（1）：26－30.

〔2〕 Canadian Physical Activity Guidelines and Canadian Sedentary Behaviors Guidelines［EB/OL］. http：//www. csep. ca/english/view. asp？ x＝949.

〔3〕 The Physical Activity Guidelines for Children and Adolescents［EB/OL］. http：//www. cdc. gov/HealthyYouth/physicalactivity/toolkit/youth_ pa_ guidelines_ combined. pdf.

〔4〕 2014 Report Card on Physical Activity for Children & Young People［EB/OL］. http：//www. active-healthykidsaustralia. com. au/wp－content/uploads/2014/05/ahka_ reportcard_ longform_ web. pdf.

儿体育”概念，在内涵和外延上、在理论和实践上均有较大差别。幼儿身体活动指幼儿在个体、政策环境、社会环境、建筑环境等因素的影响下的身体活动行为[1]。它的内涵和外延均大于幼儿体育。

与此同时，在国内，广东省教育研究院的庄弼在比较了多个概念之后提出，“幼儿身体活动”是较好描述幼儿体育目标和内容的概念，他认为“幼儿身体活动是指对幼儿（3～6 岁）进行身体基本活动能力培育及发展的过程”，“幼儿身体活动”这一概念较“幼儿体育”更少竞技性，强调了幼儿体育的活动性和游戏性体验[2]。浙江师范大学杭州师范学院的张莹多次通过幼儿动作发展研究幼儿身体活动的内容和设计[3]。

从发达国家幼儿体育政策文本表述以及我国学者的概念界定和研究实践，可以发现，“幼儿身体活动”这一概念强调幼儿身体活动的多维影响因素和全面的身体活动水平和活动能力；“幼儿身体活动”这一概念侧重于幼儿参与身体活动的内容和活动过程，关注幼儿身体活动与组织，这是对幼儿体育概念的工具性认识。

（二）幼儿体育与儿童体育、青少年（儿）体育、学前体育

幼儿体育研究者将研究对象限定于儿童的幼儿阶段。著名心理学家林崇德指出“幼儿”就是指从 3 岁到 6 岁、7 岁的儿童。这一时期是儿童进入幼儿园的时期，所以又叫幼儿期。又因为这是儿童正式进入学校以前的时期，所以又称学前期。[4]不同国家、不同学者对这类人群的年龄划分不尽相同，因此相应的研究对象表达术语也各有不同（表 3－2）。

---

〔1〕 The 2014 United States Report Card on Physical Activity for Children and Youth [EB/OL]. http://119.90.25.43/www.physicalactivityplan.org/reportcard/NationalReportCard_ longform_ final%20for%20web.pdf.

〔2〕 庄弼，任绮，李孟宁，等. 幼儿体育活动及其内容体系的思考 [J]. 体育学刊，2015（6）：64－70.

〔3〕 张莹. 动作发展视角下的幼儿体育活动内容实证研究 [J]. 北京体育大学学报，2012（3）：133－140.

〔4〕 林崇德. 发展心理学 [M]. 北京：人民教育出版社，1995：195.

表3-2　各国幼儿年龄段划分及名称比较

国家及相关机构名称	阶段划分
美国 (American Academy of Pediatrics, 2006) (美国儿科学会, 2006)	婴儿和学步儿(0~3岁) 学龄前儿童(4~6岁)
澳大利亚 (Australian Government, 2010) (澳大利亚政府, 2010)	婴儿(0~1岁) 学步儿(1~3岁) 学龄前儿童(3~5岁)
美国 (National Association for Sport and Physical Education, 2009) (国家运动和体育教育协会, 2009)	婴儿(0~1岁) 学步儿(1~3岁) 学龄前儿童(3~5岁)
英国 (Start Active, Stay Active, 2011) (开始活动, 保持活动, 2011)	不会行走的婴儿 5岁以下会行走的儿童
加拿大 (The Canadian Society for Exercise Physiology, 2002)[1] (CSEP, 加拿大运动生理学会, 2002)	婴儿(0~1岁) 学步儿(1~2岁) 学龄前儿童(3~4岁) 学龄儿童(5~11岁)
德国[2]	婴儿和学步儿(0~2岁) 学龄前儿童(2~6岁)
中国[3]	婴儿(0~3岁) 幼儿(3~6岁、7岁)

综览我国幼儿体育研究与实践成果，出现了幼儿体育、婴幼儿体育、学前体育、幼儿园体育、儿童体育等多种年龄阶段有交叉，但又有根本性区别的研究术语。

[1] Canadian Physical Activity Guidelines for the Early Years (aged 0~4 years).

[2] 雷娜特·齐默尔. 幼儿运动教育手册：教学法基础和实践指导[M]. 杨沫，易丽丽，译. 南京：南京师范大学出版社，2008：57-60.

[3] 林崇德. 发展心理学[M]. 北京：人民教育出版社，1995：143.

1. 儿童体育

“儿童体育”这一概念经常会出现在不同的场合，儿童体育究竟指哪一个阶段的体育取决于对“儿童”这一概念的认识。根据联合国《儿童权利公约》，“儿童系指 18 岁以下的任何人，除非对其适用之法律规定成年年龄少于 18 岁”[1]。《美国 1997 年儿童法案》同样将“儿童”定义为“低于 18 岁的人”[2]。根据我国《现代汉语词典》以及《中华人民共和国未成年人保护法》，儿童是指未满 18 周岁的公民[3]。根据儿童心理学家朱智贤的观点，儿童包括乳儿期/哺乳期（0 ~ 1 岁）；婴儿期/托儿期（1 ~ 3 岁）；学龄前期/幼儿园时期（3 ~ 6 岁、7 岁）；学龄初期/小学时期（6 岁、7 岁 ~ 11 岁、12 岁）；少年期/学龄中期（初中时期）（11 岁、12 岁 ~ 14 岁、15 岁）；青年初期/学龄晚期（高中时期）（14 岁、15 岁 ~ 17 岁、18 岁）[4]。从以上对儿童年龄的界定，可以看出，儿童体育是一个属概念，它涵盖了青年期以前的未成年期，年龄跨度大，适用于对特定人群和特定事项的研究，特定人群如“留守儿童体育”“残疾儿童体育”“民间儿童体育”等，特定事项如“儿童体育培训”“儿童体育主题公园”“儿童体育保健”等。

2. 青少年体育（青少儿体育）

当前青少年体质健康、青少年体育组织和活动、青少年运动员培养成为大众体育研究的关键词。有研究者认为青少年体育涵盖了幼儿体育，部分政府管理部门也同样将幼儿体育管理纳入青少司（处）政府管理范畴。那么，幼儿是否包含在青少年中呢？一般认为，青少年指满 13 周岁但不满 20 周岁的人群，也就是少年与青年相重合的阶段，处于儿童时期之后，成人之前[5]。在体育领域，按照青少年奥林匹克运动会的要求，参赛选手年龄限定为 14 ~ 18 周岁。若从以上两个划分维度来看，幼儿不属于青少年之列。当前在学前教育尚未纳入义务教育阶段，但又要保证幼儿体育有效开展以及幼小体育顺畅衔接和管理的情况下，我们认为，可将“青少年体育”延

---

〔1〕 儿童权利公约［EB/OL］. http：//baike. baidu. com/view/102405. htm.

〔2〕 美国 1997 年儿童法案［EB/OL］. http：//www. ulii. org/ug/legislation/consolidated – act/59.

〔3〕 中华人民共和国未成年人保护法［EB/OL］. http：//baike. baidu. com/link？url = 6rk9WreeD2EmNJ7lMx – kvYXSrk9W8 – euZaOiYp – 9Dn6xV9PJOYjmX – W9lCL7hk – ryGv9SJbX_ lvFNAQ – 1hX88_ .

〔4〕 朱智贤. 有关儿童心理年龄特征的几个问题［J］. 北京师范大学学报：社会科学版，1962（1）：1 – 10.

〔5〕 青少年［EB/OL］. http：//www. baike. com/wiki/%E9%9D%92%E5%B0%91%E5%B9%B4.

展更名为“青少儿体育”，便于理论研究、实践开展和管理决策。

3. 学前体育

关于“学前体育”，不同的学者有不同的认识。曲阜师范大学解毅飞等认为：“学前体育，通常是指起始于0岁，终止于6岁末（入学后）的体育教育和身体活动。用终身体育的观点看，胎儿体育乃至胎儿体育之前的父母的优生准备，即0岁体育，都属于学前体育的重要组成部分。”[1]这一概念类似于“婴幼儿体育”。

北京师范大学刘馨认为幼儿体育就是学前体育，“幼儿体育是幼儿教育的重要组成部分，其性质类似于学校体育。但幼儿体育又具有独特性，它是融幼儿保育和教育为一体的特殊的教育领域。而且，在对学前儿童实施全面、和谐发展教育时，还需把‘体育’放在首位”[2]。两位学者对“学前体育”的认识代表了两个具有重合的不同年龄段的体育：0～入学前、3～入学前，这两个阶段都是“学前”，但在学理上具有不同的研究方法和手段。从已有研究来看，更多学者将学前体育对应于学前教育，特定为“3～6岁（6岁末，也即入学前）”的体育。

4. 幼儿体育

幼儿体育这一术语在亚洲国家被普遍使用。作为区域性学术研究团体，亚洲幼儿体育学会直接以“幼儿体育”命名，学会理事长周宏室这样定义幼儿体育：“幼儿教育指的是幼儿园阶段，大约是4岁到进入小学之前之儿童所受的教育，而幼儿体育则是指在幼儿阶段利用身体活动达到教育目标的过程。幼儿体育的价值可能包含道德、为善、公平、和平、成功、快乐与健康等，以培养正确的生活习惯为目标。”[3]20世纪70年代，日本幼儿体育方面的理论和实践成果就已经相当丰硕，风靡世界的彩虹伞、鸭子曲棍球等幼儿体育用具得到了大量的开发和推广，“Physical Education of Young Children”是日本对幼儿体育这一概念的英文表达。2007年日本幼儿体育学会编著的包括专门、初级、中级、高级不同阶段，名为《幼儿体育理论与实践》的教材相继出版，幼儿体育在日本已经成为一门具有教学大纲、具有教学目标和教学任务的学科。在韩国，学界同样使用“幼儿体育”这

[1] 解毅飞，刘强德．学前体育：依赖期的体育［J］．体育与科学，1996（1）：20－23.
[2] 刘馨．学前儿童体育［M］．北京：北京师范大学出版社，1997：1－2.
[3] 周宏室．幼儿体育价值取向［C］．第八届亚洲幼儿体育大会中英文摘要集，2012：9.

一概念，近年来，韩国幼儿体育界提出了具有参与性、主体性、开放性、柔软性、单纯性和多样性特征的“幼儿新体育”概念。此外，“幼儿体育”这一概念也逐渐被中国香港等地区和新加坡、印度等国家所采纳。

在我国学术研究领域，笔者以“幼儿体育”“幼儿园体育”“学前体育”“少儿体育”“婴幼儿体育”为主题查阅中国知网，截至 2017 年 4 月共搜索到 853 篇以“幼儿体育”为研究对象的学术文章，幼儿体育成为本领域使用频率最高的专用术语，较幼儿园体育、儿童体育、学前体育、婴幼儿体育为最多。

人民教育出版社王占春、陈珂琦在《幼儿园体育活动的理论与方法》中提出：“幼儿体育是遵循幼儿身体生长发育规律，以增强体质，提高健康水平，促进幼儿身心全面、和谐发展为目的所进行的一系列的教育活动。”[1] 首都体育学院陈莹、王凯珍、王沂在《建国以来我国幼儿体育教育的发展历程》中指出：“幼儿体育教育主要指的是，以增强体质、提高健康水平、发展基本动作、培养良好的生活习惯为目的，在幼儿园中对 3 周岁到 7 周岁的幼儿所进行的一系列的体育教育活动。”[2]

2012 年 10 月教育部印发的《3 ~ 6 岁儿童学习与发展指南》对幼儿动作发展提出了建议，同时在文本中称 3 ~ 6 岁儿童为“幼儿”，这是对这一年龄阶段儿童的权威提法。因此，单从年龄阶段来看，我们得出，幼儿体育是婴幼儿体育、儿童体育、青少儿体育的一部分，与青少年体育并列，为学前教育的主要内容（图 3 - 1）。

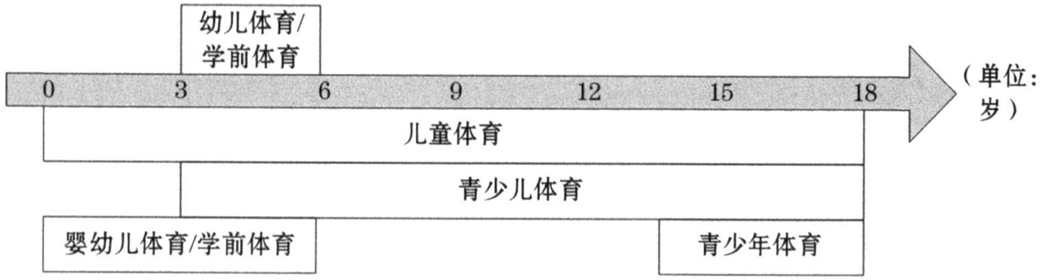

图 3 - 1　幼儿体育与学前体育、婴幼儿体育、儿童体育、青少年体育年龄范围示意图

（三）幼儿体育概念界定

我国幼儿体育实践大大早于幼儿体育理论研究，幼儿体育游戏、幼儿身体活

〔1〕 王占春，陈珂琦．幼儿园体育活动的理论与方法［M］．北京：人民教育出版社，2002.

〔2〕 陈莹，王凯珍，王沂．建国以来我国幼儿体育教育的发展历程［J］．运动，2011（5）：3 - 6.

动以及儿童体育、青少年体育、学前体育、幼儿体育等不同表达术语的提出，反映出研究者、实践者们不同的研究视角和研究内容。尤其近几年随着全民健身计划的实施、幼儿体育价值意识的提升，这方面的研究如火如荼，视角不同，成果丰硕。但相关概念内涵、外延各异，难以在同一平台对话交流，为提高共识阈，本研究更倾向于使用“幼儿体育”这一概念术语，原因如下。

幼儿体育与现有的小学体育、中学体育、大学体育、青年体育、老年体育反映了不同年龄阶段的人的身体活动规律和特点，共同构成了人的终身体育，符合全民健身和大众健康的思想。

“幼儿体育”这一术语的使用有利于幼儿体育学科的建立和学科间的衔接，幼儿体育学科涵盖幼儿体育政策、幼儿体育课程设置、幼儿动作技能培养、幼儿身体健康促进、幼儿体育伤害事故研究等不同纲目。

幼儿体育为韩国、日本等亚洲国家和地区普遍认可的学术用语，我国学术界也多认可这一提法，因此这一术语的使用有利于学术合作和学术交流。

综上所述，本研究认为幼儿体育是幼儿教育的一部分，幼儿体育就是通过对3~6岁幼儿身体的养育和教育，促进幼儿身心和谐，塑造幼儿体育精神，实现幼儿的全面发展。在这一过程中，幼儿体育是促进幼儿发展的途径和手段，幼儿的全面发展是幼儿教育的目标。

幼儿体育区别于其他相关概念的几个关键点在于以下几方面。

第一，幼儿体育的对象是3~6岁（6岁末，也即入学前）的儿童，是终身体育的一部分。

第二，幼儿体育包括幼儿园体育（或幼儿学校体育）和分散在家庭或社区的幼儿体育，它是通过幼儿走、跑、跳、钻、攀、爬、投掷、平衡等身体活动达到教育目标的教育活动。

第三，幼儿体育的目标和任务是通过对3~6岁幼儿身体的养育和教育，促进幼儿身心和谐，塑造幼儿体育精神，实现幼儿的全面发展。

第四，当前随着幼儿教育的前移，0~3岁儿童的教育责任逐渐从家庭向社会扩散，0~3岁儿童的身体练习成为家庭和社会教育的基本内容，这样幼儿体育就不能仅仅是幼儿园体育了，而应该是所有学前阶段的体育教育[1]。幼儿体育的概念范畴未来将会向前延伸至 0 岁。同时，为保证幼儿体育与学校体育的有效衔接，幼儿体育未来将会向后延伸至 7 岁左右。

三、幼儿体育的历史发展与社会文化传承

（一）游戏

《庄子》这样记载原始人类的生存状态："饥则思食，食饱则鼓腹而游，渴则思饮，饮足则跳跃自娱。"游戏仅仅是原始人类的本能活动。随着人类智力的发展，具有满足人类情绪要求和调节人类生理的游戏随即产生，游戏成为人类有意识的社会活动。人类的游戏与动物类似于游戏的嬉戏有着本质的区别，低等动物类似于游戏的嬉戏仅仅是由一些遗传因素或者自然因素支配的无意识的本能活动，是原始和蒙昧的身体活动，而不是有意识的理智的行为选择，这种类似于游戏的嬉戏与人类的游戏有着本质的区别。中国古代最早也是世界上最早的一篇专门论述教育和教学问题的论著《学记》记载有"藏、修、息、游"，意思是说学习的时候要努力地进德修业；休息的时候，要尽兴游玩娱乐。这里的"游"便是游戏娱乐的意思，游戏的目的就是放松身心，从而更好地学习；这里的"藏、修、息、游"4 个内容是手段和目的的关系，体现了人类游戏的自主性、意识性特点。

关于游戏的探讨自古有之，若将其分类，可分为叙事性的和思辨性的。

中国古代对游戏多采用叙事性的。中国古代游戏大致可分为蹴鞠等身体技能型游戏、博弈等运气型游戏、猜谜等策略型游戏。关于蹴鞠，《史记》记载，汉武帝时的大将霍去病、卫青，在出兵征讨匈奴的过程中，一到宿营地，便平地筑球场，开展蹴鞠活动。而到了西汉中期，蹴鞠在宫廷中遭到反对，葛洪在《西京杂记》中这样记载："（汉）成帝好蹴鞠，群臣以蹴鞠为劳体，非至尊所宜。帝曰：朕好之，可择似而不劳者奏之。"于是，"家君（指刘向）作弹棋以献，帝大悦，赐青羔裘、紫丝履，服以朝勤"，"帝乃舍蹴鞠而习弹棋焉"。弹棋由此作为策略型游戏登上中国历史舞台。这些记载都是叙事性描述，是对游戏的一种现象描述和

---

〔1〕 郝晓岑．中国幼儿体育政策研究：权利保障与权利救济［M］．北京：北京体育大学出版社，2013：23.

记载。

在古希腊，游戏一直是哲学论述的一部分。柏拉图、苏格拉底、亚里士多德都把研究游戏的意义作为他们理解人类表达和思想的哲学框架中的一部分。他们认为，竞争和冲突、模拟和表演、混沌和预测是理解人类存在的 3 条路径，并且这 3 条路径也为游戏提供了基础。

1. 竞争和冲突

众神给人类带来各种挑战，这些挑战包括导致人类身体的、社会的、政治的各类竞争和冲突，包括战争。在竞争和冲突中获胜、占上风的人便被认为是受到了神灵的庇佑。例如，在掷长矛、投掷石块和射弓箭等身体技能型游戏中获胜的人是受神灵庇佑和保护的人。这些以体育形式出现的身体技能型游戏时至今日仍占游戏的很大一部分，是游戏的主要内容，也就是我们所说的体育游戏。

2. 模拟和表演

为了表达对众神的崇拜，人们想象、演绎和模仿着可能取悦于神的各种动作，一方面主观感觉拉近了与众神的距离，另一方面也感觉受到了神助。于是，承载角色扮演的戏剧、宗教仪式以及符号性叙述便成为载体，而想象性的、戏剧性的模拟和表演便成为游戏，是当代象征性游戏和娱乐休闲游戏的主要内容。

3. 混沌和预测

自然界的规则和无规则是古希腊人联系众神、理解人类在自然中的作用的第三条路径〔1〕。古希腊人认为，神想要什么，神想做什么，答案就在骨头上面（把骨头扔到地上，所选的其中一块看哪一面朝上，类似于翻纸牌、抽签等游戏）。这类运气型游戏是影响至今的第三种游戏形式。

以上 3 类游戏的参与者可以是大人，也可以是小孩。游戏不是儿童的专利，游戏普遍存在于人类生产劳动中。但游戏是幼儿的基本活动〔2〕，幼儿游戏有着自己的特点。

---

〔1〕 乔 L. 佛罗斯特，苏 C. 沃瑟姆，斯图尔特・赖费尔．游戏与儿童发展［M］．唐晓娟，张胤，史明洁，译．北京：机械工业出版社，2015：11.

〔2〕 刘焱．我国幼儿教育领域中的游戏理论与实践［J］．北京师范大学学报：社会科学版，1997（2）：54－60.

（二）幼儿游戏

1979 年《儿童游戏权利宣言》第五条对儿童游戏表述为 Play is instinctive, voluntary, and spontaneous，即游戏源自内在动机、自发且自愿。游戏对于幼儿而言，就是一种学习。

幼儿游戏的来源有二：第一个来源是幼儿的模仿。模仿是幼儿认识世界、获得成长的重要途径，幼儿在嬉戏活动中模仿大人的行为，模仿的对象大多是他们尚没有能力参加，但又极其渴望参与的成人的生活和生产活动，以满足超出自己实际能力而又不能立即实现的愿望[1]，如幼儿在“过家家”游戏中的角色扮演游戏；第二个来源是成人的干预和指导，没有成人提供的教育形式和内容，幼儿游戏也难以形成和发展。

我国古代对幼儿游戏有着丰富而多样的记载。幼儿游戏萌芽于战国，盛行于唐宋，大量存在于玉器、漆器、陶器和织绣等工艺美术品中的婴戏图为我们提供了鲜活的幼儿游戏众生相。宋代佚名的《荷亭儿戏图》中描绘了庭院中 7 个孩子捉迷藏的游戏情景。他们手执红杖、小鼓、树枝，喧闹打斗；凉亭中，一位妇人一边抚拍着榻上的幼儿，一边似乎在回头叫孩子们不要打闹，神态逼真写实。南宋苏汉臣的《百子嬉春图》则以极细腻的笔法刻画了孩童多种游戏活动。亭台之下的儿童或舞狮追逐，或斗草争鞠，或玩木偶，或上树，或泛舟；而亭台之上的儿童则较为收敛和沉静，他们或对弈下棋，或抚琴弄弦[2]。

对幼儿游戏的理论研究，可以追溯到 19 世纪生物进化论的产生。研究表明，游戏的复杂性与社会文化发展水平呈正相关，社会文化发展水平越高，游戏就越复杂多样；游戏的类型和规则越复杂，社会的文明程度就越高[3]。

（三）幼儿体育游戏

自中华人民共和国成立以来，国家不同部委先后颁布了多项法律法规促进幼儿的健康快乐成长，这些法规有一个共同的特点就是保证幼儿体、智、德、美等全面发展，并以“体”为先，这一思想在 1996 年国家教育委员会颁布的《幼儿园

---

[1] 孟刚．体育游戏起源初探 [J]．贵州体育科技，1995 (3)：7 – 8，33.

[2] 陈红星，郑国华．从婴戏图看我国古代少儿体育游戏 [J]．体育文化导刊，2010 (11)：122 – 125.

[3] 姜晨，曾彬．国外学前儿童混龄游戏研究综述 [J]．幼儿教育，2015 (8)：42 – 45.

工作规程》中首次完整地表述，在幼儿体育政策和理论实践中具有里程碑的作用。

在我国的政策文本中，与幼儿身体活动相关，出现最多的词汇并不是“体育”二字，而是“游戏”二字。那么，二者在学理上的区别究竟表现在哪些方面呢？

“体育”是什么？《现代汉语词典（第6版）》对“体育”的定义是：“以发展体力、增强体质为主要任务的教育，通过参加各项运动来实现。”〔1〕

“游戏”是什么？《现代汉语词典（第6版）》对“游戏”这样定义：“游戏是娱乐活动，如捉迷藏、猜灯谜等。某些非正式比赛项目的体育活动如康乐球等也叫游戏。”〔2〕

从以上描述可以看出，游戏与体育的区别在于二者在竞争性、娱乐性和教育性3个方面的侧重点不同。游戏是幼儿生来就喜欢的，幼儿游戏是幼儿的学习和工作，游戏贯穿了幼儿的整个成长期，幼儿游戏是幼儿身体活动的组织方式之一。当前在体育学理界和幼儿教育界存在问题研究的不对等性，体育学理界将幼儿通过户内或者户外的身体活动达到教育目标的过程称为幼儿体育，它包括跑、跳、攀、爬、钻等身体锻炼活动。学前教育研究者和实践者则将幼儿参与的所有的体力游戏和智力游戏统称为幼儿游戏，甚至在学前教育学术研究和教学实践中并不认同“幼儿体育”这一概念，他们认为幼儿参与的全部为“幼儿游戏”或“幼儿游戏活动”。因此，便造成了体育学理界和幼儿教育界对幼儿体育认识的不一致、不统一，难以在同一维度探讨问题。

为了更好地区分“幼儿体育”“幼儿游戏”“幼儿体育游戏”，有学者试图从“游戏”中剥离出“体育游戏”，指出：“体育游戏是融体力开发和智力开发于一体，有鲜明教育学意义的现代游戏方法，体育游戏既不是组织松散的一般性游戏，也不是控制严格的一般体育教学和训练，而是以促进身心健康发展为目的，进行体育教育的专门手段，以体力活动结合智力活动，有浓重娱乐气息的身体练习和思维练习方法。”〔3〕从以上体育游戏的概念可以看出，体育游戏并不等同于体育，幼儿体育游戏也并不等同于幼儿体育。幼儿体育游戏仅仅是幼儿体育的手段或形

---

〔1〕 中国社会科学院语言研究所词典编辑室．现代汉语词典［M］．6版．北京：商务印书馆，2012：1280.

〔2〕 中国社会科学院语言研究所词典编辑室．现代汉语词典［M］．6版．北京：商务印书馆，2012：1577.

〔3〕 吴佩璋，章开锋．体育游戏［Z］．安徽师范大学体育学院，1994：2.

式之一，它们侧重于竞争性、娱乐性和教育性，是幼儿通过走、跑、跳、投、钻、爬、攀登、平衡等身体基本动作，有规则、有结果、有角色、有情节、有竞赛性质，调动感知觉和运动器官，促进身体素质的发展和提高。幼儿体育的内涵和外延都要大于幼儿体育游戏，二者的关系是种属关系。种属关系，即真包含关系、上属关系等，是指一个概念的部分外延与另一个概念的全部外延重合的关系。其中，外延大的概念叫属概念，或上位概念；外延小的概念叫种概念，或下位概念。幼儿体育与幼儿体育游戏之间的种属关系如下（图3－2）。

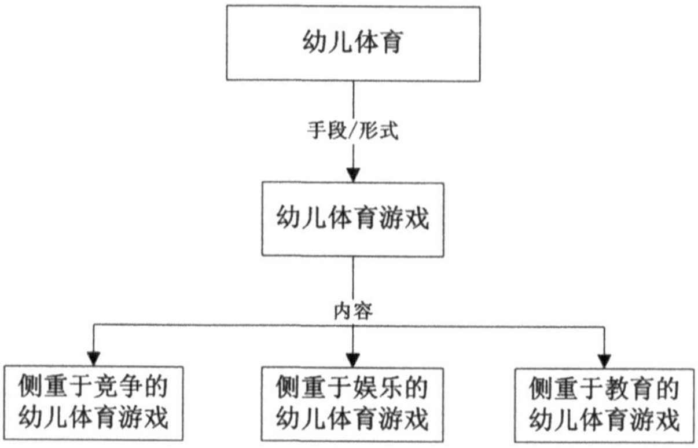

图3－2 幼儿体育与幼儿体育游戏的关系图

关于幼儿体育游戏，在我国台湾地区使用的术语为“幼儿运动游戏”。我国台湾地区于2004年开始推动幼稚园运动游戏方案，并成立了推动幼稚园运动游戏方案委员会，幼儿运动游戏方案成为台湾幼儿体育政策的策略之一[1]。这也进一步说明，幼儿体育游戏（运动游戏）和幼儿体育之间是种属概念。需要强调的是，我国台湾地区“运动游戏”相比于大陆“体育游戏”更强调“以游戏的形式组织活动，弱化活动的竞争性，强调游戏的参与性”。

当前，幼儿体育游戏是幼儿体育研究最为活跃的论题。例如，首都体育学院王凯珍等对3～6岁家庭幼儿体育游戏的内容、活动时间、游戏环境等做了详尽调

〔1〕 黄永宽．台湾运动游戏现况分析［J］．幼儿运动游戏年刊，2005（创刊号）：4－8.

研和理论探讨[1]；辽宁师范大学全海英从幼儿体育游戏的组织开展、体育游戏的创编入手进行研究[2]；北京教育学院胡峰光在《幼儿体育游戏的实践思考》中这样定义幼儿体育游戏："是以体育动作为基本内容、以游戏为基本形式、以增强幼儿身体素质为主要目的的一项教学活动内容。它是完成幼儿体育教育教学任务的基本方法。"同时，研究还对幼儿体育游戏进行了多维度划分，按身体的基本动作标准可以划分为走类、跑类、跳跃类、投掷类、钻爬类、攀登类、平衡类、滚翻类等幼儿体育游戏；按动作结果标准可以划分为身体操作类、器械操作类、韵律类等幼儿体育游戏；按游戏内容具有的性质标准可以划分为模仿类、情节类、比赛类、躲闪类、球类、民族民间类等幼儿体育游戏[3]。虽然这样的分类并不一定客观和准确，同一标准下各类别之间存在重合等问题，但也不失为一家之言，为后续的研究和实践提供了可参考的思路。

在我国台湾地区，学者们做了大量有关幼儿体育游戏的研究，台湾体育学院杨宗文等从制度角度探讨幼儿体育游戏开展的价值和政策理论[4]；台湾长庚科技大学黄静惟以台湾地区 3 195 所幼稚园为研究对象，调查幼儿运动游戏课程的实施情况。研究指出，2010 年由某体育发展协会发起的一项调查显示，实施运动游戏课程的幼儿园比例开始由 2002 年的 78% 提升至 85. 88%[5]。在日本，研究者们创编出大量的幼儿体育游戏活动，并就幼儿体育游戏用具做了探索性研究和市场开发。

（四）幼儿体育的社会文化传承

通过游戏活动，幼儿体育又赋予了游戏更多的规则、手段和功能。正如我国台湾学者黄永宽所说：我们教孩子玩游戏，学习的是身体的基本动作能力，同时让孩子形成时间、空间意识，获得合作和协调的概念。从孩子的行为发展过程来看，什么年龄适合做什么样的游戏，是有一定生理规律的，这便是体育的成长

---

〔1〕 王凯珍，周志雄，桑凤英，等．北京市 3 ~ 6 岁幼儿家庭亲子体育游戏的现状［J］．体育学刊，2010（10）．

〔2〕 全海英．体育与幼儿亲社会行为［M］．大连：辽宁师范大学出版社，2013：附录．

〔3〕 胡峰光．幼儿体育游戏的实践思考［J］．中国学校体育，2014（11）：17 – 18.

〔4〕 杨宗文，黄永政．幼儿运动游戏推展的政策观察［J］．幼儿运动游戏年刊，2007（创刊号）：9 – 15.

〔5〕 黄静惟．台湾幼儿运动游戏课程实施现状及推动策略［J］．幼儿运动游戏年刊，2011（6）：43 – 48.

性[1]。我国历史文化悠久，跳皮筋、打沙包、跳绳、跳竹竿等练习走、跑、跳、投、平衡、钻爬、躲闪等大肌肉活动的游戏，以及打拐、翻绳、挑棍、抓子儿等练习小肌肉群的游戏，都承载着民族性、文化性和教育性，在传承幼儿健身智慧，增进幼儿健康发育方面发挥着巨大的社会功能和文化教育功能。幼儿体育正是幼儿体育游戏的扩展和延伸，它来源并表现于游戏的形式，同时又承担着社会文化传承的使命。

四、幼儿体育的价值

美国篮球名人堂的前纽约尼克队员比尔·布莱德利（Bill Bradley），在《运动比赛的价值》（*Values of the Game*）中，归纳出 10 种可以通过运动培养的能力，包括热情、纪律与专注力、无私、尊重、多元角度看事情、勇气、领导力、责任感、受挫力、想象力。它是国家竞争力的重要基础[2]。

幼儿体育是幼儿教育的主要内容，是智育、德育、美育的主要载体和有效形式，同时幼儿体育又并不仅仅是简单的走、跑、跳、爬等动作的叠加过程，它是幼儿体育游戏、体育锻炼和幼儿大脑思维共同发展的最全面、最关键的过程。幼儿体育游戏除了具有促进幼儿身体正常发育、促进幼儿智力发展、增强幼儿身体基本能力、增强幼儿体质等作用之外，更能增进幼儿的社会化。幼儿体育具有生物价值、社会价值、国家战略价值以及权利价值[3]。

（一）幼儿体育的生物价值

1. 幼儿体育具有促进幼儿身体生长发育的生物价值

我国著名的学前教育家陈鹤琴说："孩子是生来好动的，是以游戏为生命的。"中华人民共和国成立以后，教育部幼儿教育处处长张逸园在《人民教育》撰文指出："本着'健康第一'的精神，重视体育，将过去的'唱游'改为'体育'和

---

〔1〕 孙科. 幼儿体育：认知·成长·生命——中外学者访谈录［J］. 体育与科学，2017（1）：27－36.

〔2〕 温凤美. 浅谈运动对青少年之影响［C］. 2012 第五届运动科学暨休闲游憩管理学术研究会论文集，2012：199－207.

〔3〕 郝晓岑. 中国幼儿体育政策研究：权利保障与权利救济［M］. 北京：北京体育大学出版社，2013：40.

‘音乐’2 项。体育的目的和主要任务是增进儿童的健康，锻炼儿童的体格，并发展其基本动作。如果不注意培养儿童科学的卫生习惯，单从体操、游戏上着眼，是十分不够的。”[1]

幼儿期的发育状况与身体机能的发展，与幼儿动作的协调性、准确性、灵活性、目的性以及控制能力等基础性运动能力有着显著的相关性。幼儿体育通过各种练习和活动，使幼儿身体获得适应能力，能够承担一定的运动负荷，幼儿的各器官、各系统以及大小肌肉群得到必要的活动和锻炼，速度、力量、平衡、耐力等身体素质获得发展，有力地促进了幼儿的生长发育。需要注意的是，幼儿的体育运动游戏对身体的贡献，并不是指力气大、肌力强、耐力久，更不是丢得远、掷得准，而是对身体的内部功能及身体的综合功能的全面塑造和培育[2]。

2. 幼儿体育具有促进幼儿智力发展的生物价值

学前期是人大脑形态、结构和技能发展最为迅速的时期，研究表明，70% ~ 80% 的脑细胞是在 3 岁以前形成的，5 ~ 6 岁是大脑发育的加速期，大脑在 7 岁发育速度最快。那么，游戏和体育是否能促进幼儿智力的发展？这一讨论止于皮亚杰和维果茨基两大著名教育心理学家关于儿童游戏著作的问世。瑞士著名的儿童心理学家皮亚杰的“认知发展理论”认为，游戏并非独立的活动，而是智力活动的一个方面，游戏是儿童智慧的根源。思维的发展水平决定游戏的发展水平。学龄前儿童在游戏中以物代物是表征思维出现的标志之一。苏联著名的心理学家维果茨基的“建构理论”认为，幼儿在游戏中以物代物是具体思维向抽象思维发展的过渡环节，正是以物代物促进了具体思维向抽象思维的转变。游戏为幼儿获得知识提供了机会，为他们进一步学习打下了基础。

美国儿科协会指出，具有年龄适宜性和发展适宜性的身体活动对于幼儿的学习是必需的，身体健康对大脑发育也是至关重要的。尤其在童年早期，体育能够促进幼儿精神上的灵敏性、学业表现、学习准备以及学习热情和学习兴趣[3]。

---

〔1〕 张逸园．对幼稚教育工作的几点意见［J］．人民教育，1951（5）：26 - 28.

〔2〕 黄永宽．论幼儿运动游戏的价值［EB/OL］．［2001 - 04 - 18］．http：//www. sportsnt. com. tw/Sample/spo_ sample/PostmasterSample. asp？ struct_ id = 1374&Board = BB130002&Topic = T4180104.

〔3〕 克劳迪娅·伊莱亚森，洛亚·詹金斯．美国幼儿教育课程实践指南［M］．李敏谊，付咏梅，刘丽伟，等，译．北京：机械工业出版社，2015：162.

3. 幼儿体育具有培养幼儿个性品质的生物价值

幼儿时期是奠定人的性格雏形的时期，也是进行思想品德教育的关键时期。德国教育改革家和幼儿园运动的发起人福禄贝尔曾说：“游戏的发生是起源于儿童内部纯真的精神产物。幼儿在游戏中常表现出快活、热心合作的态度……游戏实为万善之源。”

幼儿时期是人体生长发育最旺盛的时期。在这一时期，幼儿通过听觉、视觉、嗅觉、运动感觉等直接感受世界，通过体育运动提高神经系统的兴奋性、协调性、控制力以提高整体机能，通过运动实践能力培养自信心、意志力、竞争性、个人品质，并在与家庭、学校、社区接触中参与竞争性或具有简单对抗性的体育游戏，获得体育运动胜利带来的喜悦和失败带来的叹息，为个性、品格的形成，打下坚实的基础。

（二）幼儿体育的社会价值

幼儿体育具有极为重要的社会价值，为促进社会稳定和进步、积累社会财富提供有效保障。1970年国际体育联合会发表的《世界体育宣言》指出，体育的目的就是促进儿童和青少年的身体发展。进入20世纪90年代，面对着越来越多影响健康和生活的社会问题，如不佳的自我形象、营养不良、家庭问题、学习压力、辍学、暴力、早期性行为、吸烟、酗酒、吸毒、肥胖、身体素质下降等，加拿大和美国的健康、体育、娱乐与舞蹈联合会于1995年在北美论坛发布的《学校体育的全球性展望》指出，体育对儿童和青少年生长发育的促进作用不仅表现在生理层面，还表现在社会和情感层面[1]。

进入21世纪，世界各国的财富已经不以物质财富为定义标准，而更多取决于各国培养人力资本的能力。各种价值观在全球化世界中逐渐被越来越多的人所接受和倡导。塞舌尔总统富尔指出：“通过满足所有幼儿的权利，以及培育他们的潜能，为其创造福祉，我们就是在积累国家财富。”[2]

---

〔1〕 韩丹. 论体育［J］. 体育与科学，2011（3）：52－62.

〔2〕 冯晓霞，周兢. 筑建国家财富：联合国教科文首届世界学前教育大会情况报告［EB/OL］. httpwww. yojochina. comxinwenyouer2010111969540_ 4. html.

可以说，幼儿体育从起点上就为处境不利的儿童创造了相对公平的成长环境，降低和抵消因社会层级、性别、民族、种族等社会潜在因素造成的不利地位，从而使儿童有更多的机会获得平等的社会地位。

（三）幼儿体育的国家战略价值

当今国际世界的竞争，其根本是科技的竞争、教育的竞争。青少年作为国家的中坚力量，他们的竞争水平决定了未来世界的发展轨迹，而他们的体质健康水平构成了竞争力的主要内容。美国经济发展委员会 1985 年的一份报告指出：如果美国的孩子不能受到良好的学前教育，美国将无法在未来的全球市场竞争中取胜[1]。我国台湾地区在 2004 年《推动幼稚园运动游戏方案》序言中这样描述幼儿体育的重要性：“幼儿为国家未来竞争力之源头。人力资源无疑是国家发展及迈向未来的核心，尤其是幼儿更是国家未来的主人翁及命脉之所系。幼儿期是人类人格发展的关键期，也是身体机能的第一个急进期，更是影响身体成长及发育的重要阶段。幼儿期良好的身心发展，是储备国家竞争力的最佳与根本途径。”[2]从国家发展战略角度来看，体质健康问题关系到学校、家庭和社会多方面的综合性社会问题，关系到社会发展、国家安全和民族未来的国家战略问题。

（四）幼儿体育的权利价值

最初，美国有一些主张认为，儿童玩耍不属于公共卫生政策，随着权利意识的增强，这样的认识无疑是有风险的[3]。

体育权利由哪些基本的权利内容构成？学者们纷纷从不同维度进行权利内容的界定和划分。于善旭教授认为，体育权利可以引申出体育结社权、体育劳动权、体育受教育权、身体活动权、体育创作权、体育社会保障权[4]。就幼儿而言，本研究认为幼儿体育权利的核心和主要内容包括幼儿的体育受教育权和体育游戏权。

1. 体育受教育权

受教育权是一项基本人权，在我国，它是公民所享有的并由国家保障实现的

---

[1] 张宇．美国联邦政府干预学前教育的历史演进研究［D］．长春：东北师范大学，2010：89.

[2] 推动幼稚园运动游戏方案［Z］．台北，2004.

[3] Educating the Student Body：Taking Physical Activity and Physical Education to Schoo［EB/OL］．http：//policyforplay. com/#_ edn1.

[4] 于善旭．再论公民的体育权利［J］．体育文史，1998（1）：35－36.

接受教育的权利，是宪法赋予的一项基本权利，也是公民享受其他文化教育的前提和基础，是指公民享有从国家接受文化教育的机会和获得受教育的物质帮助的权利[1]。幼儿体育作为幼儿发展的核心内容，是幼儿实现受教育权的主要载体，对于幼儿的身体发育、智力增长和个性形成具有重要的价值和意义，因此，体育受教育权是幼儿不可剥夺的体育权利内容。

2. 体育游戏权

《儿童权利公约》第 31 条规定："缔约国确认儿童有权享有休息和闲暇，从事和儿童年龄相宜的游戏和娱乐活动，以及自由参加文化和艺术活动。"根据联合国儿童基金会《儿童权利实施手册》中的解释，休息、闲暇、娱乐和游戏都与非功课有关。但四者的含义又有重要的区别。休息包括基本的身体和脑力娱乐以及睡眠的需要；闲暇则暗指一个人如果希望去做，就有时间和自由去做；娱乐包括为愉悦的目的所选择从事的所有活动；而游戏则是发展儿童社交技巧和个人技能的重要手段[2]。游戏是幼儿成长中最好的学习方式，游戏的方式多种多样，体育和游戏互为手段、互为目的。因此，体育游戏权是幼儿主要的体育权利内容。

五、全球化背景下幼儿体育的发展

1989 年联合国通过了《儿童权利公约》（*Convention on the Rights of the Child*，CRC），这是第一个全面的国际性条约。条约承认、保护并促进儿童基本人权的实现，这标志着国际范围内各国开始从解决儿童的直接需求发展到保证儿童权利的实现。儿童在各项事务中的参与成为一种趋势。《儿童权利公约》第 31 条指出，缔约国承认儿童享有休息和休闲的权利，参与游戏和娱乐活动，并自由地参与文化生活和艺术的权利，儿童具有"玩耍和梦想的权利"。在英国，2014 年儿童委员会办公室出台《儿童和家庭法案》，在第 6 部分指出促进和保护儿童权利依照《英国儿童权利公约》（*Children and Fmilies Act*，2014，Part 6）实施。2001 年威廉·迪茨博士在《英国医学杂志》上发表观点，指出自发的游戏可以减少儿童看电视和促进儿童参与玩耍，

---

〔1〕 受教育权［EB/OL］. http：//baike. baidu. com/view/82117. htm.

〔2〕 贺颖清. 中国儿童的休闲和娱乐权及其法律保障［J］. 青少年犯罪问题，2006（6）：8－12.

可能是提高幼儿身体活动，解决迫在眉睫危机的有效方法[1]。同时，英国国会议员呼吁出台新的关于促进儿童健康和健身的战略政策，包括法定责任[2]。

世界各国对幼儿体育的关注源于对幼儿健康的重视。20 世纪 90 年代，研究者通过调查发现，目前，危及幼儿以及青少年健康的罪魁祸首是肥胖问题。幼儿肥胖的严重性在于它可能会影响一个人一生的健康[3]。研究证明肥胖和超重的幼儿胆固醇水平比其他幼儿高[4]。幼儿时期的肥胖和超重与成年之后的发病率和死亡率有着相关性[5]。奥格登等在《1971—1994 年美国学前儿童肥胖发生率》报告中通过 1971—1994 年美国健康和营养调查（Nationl Health and Nutrition Examintion Survey，NHANES）的数据详细地阐述了美国 1971 年、1974 年、1976 年、1980 年、1982 年、1984 年、1988 年、1994 年 8 个年份段 2 个月到 5 岁不同种族幼儿肥胖发生率趋势以及肥胖对健康的危及和影响。报告指出，在美国，幼儿的肥胖率呈上升趋势，但主要集中反映在 4 ~5 岁的女童身上，具体表现为 1988—1994 年大约有 10% 的 4 ~5 岁女孩的肥胖率为 10%，超过了 1971—1974 年 4 ~5 岁女孩的 5.8% 肥胖率。这一现象在 1 ~3 岁幼儿以及 4 ~5 岁男孩中并没有明显的反映，在 4 ~5 岁男孩中肥胖率没有显著上升的趋势，研究推测认为主要原因在于行为的性别差异上，即因为性别上的不同，男孩的身体活动在量上高于女孩。报告发现，引起肥胖的原因主要是能量的过多摄入和较少的身体活动参与，而身体活动不足主要是看电视、玩游戏造成的。因此，降低肥胖的发生率应该从幼儿开始，具体措施包括具有指导性的适量身体活动和改善饮食。此外，社区以及国家对幼儿的

---

〔1〕 DIETZ W H. The obesity epidemic in young children [J] . British Medical Journal, 2001 (322): 313 - 314.

〔2〕 Educating the Student Body: Taking Physical Activity and Physical Education to Schoo [EB/OL] . http: // policyforplay. com/#_ edn1.

〔3〕 MUST A. Morbidity and mortality associated with elevated body weight in children and adolescents [J] . Am J Clin Nutr, 1996 (63): 445S - 447S.

〔4〕 FREEDMAN D S, LEE S L, BYERS T, et al. Serum cholesterol levels in a multiracial sample of 7439 preschool children from Arizona [J] . CrossRefMedlineWeb of Science. Prev Med, 1992 (21): 162 - 176.

〔5〕 DIPIETRO L, MOSSBERG H - O. Stunkard AJA 40 - year history of overweight children in Stockholm: life - time overweight, morbidity, and mortality [J] . Int J Obes, 1994 (18): 585 - 590.

适时监控也是非常必要的[1]。

2011 年，世界卫生组织（World Health Organization，WHO）估计，全世界约有 190 万人死亡是由于缺乏身体活动，至少 260 万人死亡是由于超重或肥胖。《2015—2020 年美国居民膳食指南》指出，2 ~ 19 岁的美国青少年每 3 人中就有 1 人体重处于超重或肥胖状态，而在墨西哥有 30% 以上的儿童肥胖，英国幼儿的肥胖率为 20%，太平洋岛国汤加 2010 年起的数据显示 5 ~ 7 岁儿童有 30% 超重或者肥胖。那么，中国儿童肥胖情况如何呢？目前尚未有全国数据，但区域性数据较多。例如，上海，上海仁济医院临床营养科万燕萍教授指出，1994—2014 年上海地区在校学生儿童肥胖检出率从 6.2% 上升至 27.4%，男生远远高于女生，比例为(1.5 ~ 2) : 1[2]。

2013 年多宾斯莫林等学者通过对澳大利亚、南美、北美、欧洲和中国 36 593 名儿童和青少年进行 12 周 ~ 6 年的身体活动干预，指出身体活动的持续时间、频率和强度的干预不同，其研究结果是有差别的，如学校身体活动的干预可以有效增加每天身体活动时间，使学生身体活动时间从 5 分钟增加到 45 分钟，减少每天看电视的时间，使学生平均每天看电视的时间从 60 分钟减少到 5 分钟，同时增加最大摄氧量或有氧能力，提高个人身体健康水平。因此，WHO 呼吁公共卫生组织之间以及国家之间建立合作，通过教育机构、卫生专业机构、消费者团体、研究机构以及私营部门的合作，提供全面的战略计划来促进儿童和青少年的身体活动，确定以学校为中心的儿童和青少年的身体活动促进政策。为此，各国应关注儿童和青少年健康发展的课程，教育政策和指导方针，教育者和其他合作伙伴的发展策略，研究、评估、知识交流的平台，促进发展、实践的规划和政策等一系列问题[3]。

本研究从第四部分到第八部分，通过梳理美国、加拿大、澳大利亚、英国、

---

〔1〕 CynthiaL. Ogden, Richard P. Troiano, Ronette R. Briefel, Robert J. Kuczmarski, Katherine M. Flegal, Clifford L. Johnson, MSPH. Prevalence of Overweight Among Preschool Children in the United States, 1971. Through 1994 [EB/OL]. http: //pediatrics. aappublications. org/content/99/4/e1. full#content – block.

〔2〕 儿童肥胖，全球不能承受之重！[EB/OL]. http: //sports. sohu. com/20161126/n474199521. shtml.

〔3〕 School – based physical activity programs for promoting physical activity and fitness in children and adolescents aged 6 to 18 [EB/OL]. http: //onlinelibrary. wiley. com/doi/10. 1002/14651858. CD007651. pub2/abstract.

日本、韩国以及欧盟 4 国等不同国家不同时期的幼儿教育制度，分析这些制度产生的政策背景、社会背景、健康环境和现实需要，以及在这样的背景、环境和需要下幼儿体育制度的特点、实施效果、影响、合理性和局限性。研究通过比较各国有关幼儿不同体育制度的发展路径，一方面全面呈现各国幼儿体育制度建设、政策制定和执行概貌；另一方面通过比较研究，着力从制度角度研究建构中国幼儿体育的决策机制，对我国政府完善幼儿教育决策具有积极的参考价值，研究同时拓宽了幼儿体育的研究视角。

第 4 章　美国幼儿体育制度

美国从独立到现在仅有 200 多年的历史，即使从英属殖民地开始算起也不过 400 年的历史，但就在这短短的几百年时间里，美国的教育跃居世界前列，这不得不说是一个奇迹。然而这一奇迹的出现，不是偶然，更多的是蕴含着必然，其中，联邦政府强有力的干预政策是美国教育高速发展的助推剂。从第二次世界大战到 20 世纪 50 年代，到 70 年代，再到 21 世纪，美国联邦政府的干预政策形成了一套强有力的规范体系和制度构架。

美国幼儿面临的最大的健康问题是肥胖和身体活动不足问题，面对这一问题，美国联邦政府出台针对幼儿和青少年身体活动的政策，美国相关协会、学会、研究院在不同时期均出台了应对措施和指导方针，由此，美国从上到下形成了目前世界上相对完备的幼儿体育制度。

一、美国与“幼儿”相关概念的界定

在美国，幼儿是指从出生到 8 岁的儿童，不仅包括幼儿园及学前教育机构的儿童，还包括小学 1～3 年级的儿童。为了能有效地进行比较分析，在研究美国幼儿体育制度之前，我们需要澄清美国幼儿教育的几个关键性概念[1]。

（一）美国学前班＝中国幼儿园小班＋幼儿园中班

美国的学前班，英文为“preschool”，也称为“幼儿园前班”（prekindergarten，

〔1〕 张瑾．美国发展适宜性实践理论研究［D］．北京：中央民族大学，2011：4.

pre－K)，相当于中国幼儿园的小班和中班，只不过美国的学前班大多不把幼儿分成小班和中班，通常是3～5岁幼儿混龄班。美国的学前班大多和招收3岁以下孩子的托儿所设在一个儿童早期教育机构里，有半日制和全日制两种[1]。

(二) 美国幼儿园＝中国幼儿园大班

美国幼儿园包括哪一年龄阶段的儿童呢?

美国幼儿园称为"kindergarten"，孩子的年龄一般在5～6岁，相当于中国幼儿园的大班。美国幼儿园里的孩子被称为"幼儿园生(kindergartener)"，但不是我们概念中幼儿园的"小朋友"或"小学生"。他们与学前班孩子相比生活习惯也发生了很大变化，比如不再被要求午睡，越来越多地被要求学习功课，到幼儿园毕业时已经是能够"读书写字会算术"的小学"预备生"了。美国的幼儿园大多附设在小学里，从结构上来说是小学的一部分，是小学一年级下面的K年级，如今已经纳入了义务教育的范畴，成为美国正规国民教育学制的起点。幼儿园至12年级高中毕业的国民教育即是一般所指的简称为K－12的教育体制[2]。

我们对美国幼儿体育、幼儿教育的讨论便是在以上相关概念的基础上进行的。

二、美国幼儿体育管理制度

美国幼儿体育制度构架来源于联邦政府和协会组织。

美国是联邦制国家，联邦政府只提供政策和经费支持，承担促进幼儿健康的组织涉及政府部门、非政府部门的不同层面的机构和个人，包括州和地方各类幼儿保健的监管机构、幼儿护理机构、幼儿保育机构、联邦政府与州儿童保健和营养计划的管理机构以及对幼儿生长环境具有影响力的社区公众人物[3]。教育部，美国健康与公共事业部(HHS)，美国卫生署(USPHS)，美国疾病控制与预防中心(CDCP)，健康、运动与营养委员会(PCFSN)，美国健康、体育、休闲与舞蹈联盟(AAHPERD)等组织对美国幼儿乃至整个国民的体育锻炼和身体健康起到政

---

[1] 史大胜．美国儿童早期阅读教学研究：以康州大哈特福德地区为个案［D］．长春：东北师范大学，2010：25.

[2] 史大胜．美国儿童早期阅读教学研究：以康州大哈特福德地区为个案［D］．长春：东北师范大学，2010：25.

[3] Early Childhood Obesity Prevention Policies (2011) ［EB/OL］. http：//www. nap. edu/openbook. php? record_ id＝13124&page＝4.

策推动和科学指导的作用。

美国运动与体育协会（National Association for Sports and Physical Education，NASPE）负责全美体育教育事业。NASPE 是美国最具规模的综合性体育专业组织——美国健康、体育、休闲与舞蹈联盟（American Alliance for Health，Physical Recreation and Dance，AAHPERD）7 个协会中最大的一个，它是美国最具权威性的体育教学、研究、指导和评估机构，是联邦日常立法的主要倡导者。它的立法和研究成果代表了国际体育的顶尖水平，尤其是具有前瞻性的“高质量儿童体育教育体系（Highly Qualified Children Physical Education）”成为引领美国乃至全球幼儿体育发展的标杆性指导系统。

体育运动在美国社会发挥着独特而深刻的作用，有 2 亿多青少年和成年人参与着不同形式的体育运动。在美国，或者说在国际范围内，体育运动被视为一个进步的平台，首要功能便是增加身体活动、促进健康，其他功能包括促进健康公平、支持孩子的发展、帮助提高学习成绩、增加包容性和合作性等；作为一项社会行为，体育运动还发挥着刺激经济增长、扩大文化影响力的功能。

国际儿童游戏权利协会在 1979 年的保护儿童游戏权的《儿童游戏权利宣言》中指出，运动游戏具有促进幼儿的身心健康；启发幼儿的思考力、想象力、创造力和解决问题的能力；增长幼儿的知识并扩充其生活经验；培养幼儿的注意力、辨别力、记忆力、自信心及发表己见的能力；增进社会行为与语言能力的发展；协助情绪的发展，具有心理治疗功能等作用[1]。

2015 年美国国家公共电台、罗伯特·伍德·约翰逊基金会和哈佛公共卫生学院进行的一项调查显示，73% 的美国人在青年时期参加体育运动，但到成年以后只有 23% 的人继续参加体育运动。76% 的家长鼓励孩子参加体育运动，并且 88% 的家长认为参加体育运动有利于孩子的身体健康。家长们也看到体育运动对孩子的其他好处，81% 的家长认为体育有助于提高孩子的学习纪律和奉献精神，73% 的家长认为体育有助于孩子的心理健康。

但是即使认识到了体育所有的好处，每个人的运动体验仍然是不一样的。许多青少年都不够活跃，有的是因为要避免伤害而表现为体育参与障碍。总的结果

---

〔1〕 IPA Declaration of the Child's Right to Play［EB/OL］. http：//ipaworld. org/about – us/declaration/ipa – declaration – of – the – childs – right – to – p.

是，美国青少年参加身体活动在近几年呈显著下降的趋势。此外，许多家长发现，幼儿因为年龄的原因，很难找到安全而适合幼儿参与的体育运动。

在这一背景下，2016 版《美国国民身体活动计划》中的运动策略就显得至关重要。这些策略的重点包括：第一，政策的变化；第二，增加基础设施；第三，扩大准入；第四，提高安全性和护理；第五，加强监控；第六，重视家长和幼儿照顾者这些关键人员的角色；第七，扩大创新和使用技术。

因此，体育组织的价值便显得尤为重要。美国国民身体活动计划联盟认为发展体育组织的重要战略体现在八个方面：第一，体育组织应联合起来共同制定国家政策，强调体育作为一个工具，具有促进和维持一个国家身体活动人口的重要性；第二，体育组织应建立一个实体，这个实体可以作为中央资源以统一和加强与利益相关者之间的联系；第三，不同部门的领导者应扩大休闲空间，同时专注于消除种族、性别、残疾、社会经济地位、地理、年龄、性取向等方面的差别；第四，体育组织应采取促进身体活动和健康、提高身体素质发展的政策和实践；第五，体育组织应确保最大限度地减少与运动有关的伤害和疾病的风险；第六，体育组织应联合公共卫生机构，制定和实施一个全面的监控系统，用于监测大众体育参与；第七，教练、体育官员、家长和幼儿照顾者应该创造安全和包容的环境，促进体育参与，促进青少年身体活动和健康；第八，体育组织应利用先进技术提高参与者的运动体验质量。

三、美国幼儿健康环境

（一）美国幼儿的肥胖问题

自 20 世纪 70 年代以来，幼儿肥胖问题在美国已经成为一个严峻的现实问题。Russell R. Pate 等人的研究指出，最近几十年美国幼儿肥胖率暴涨，1971—1974 年幼儿的肥胖率为 5.8%，1994—1998 年幼儿的肥胖率就增长到了 10% 以上，另外 10.7% 的幼儿处于超重的边缘[1]。与之形成对比的是，1969 年美国幼儿的肥胖率

〔1〕 Russell R. Pate，Karin A. Pfeiffer. Physical Activity Among Children Attending Preschools [EB/OL]. http://xueshu.baidu.com/s?wd=paperuri%3A%28c109c2da12d093cb820465e365c932bc%29&filter=sc_long_sign&tn=SE_baiduxueshu_c1gjeupa&ie=utf-8&sc_ks_para=q%3DPhysical%20activity%20among%20children%20attending%20preschools.

仅为 0.5%[1]。2000 年，美国学者在《自然》（*Nature*）刊物上指出，美国儿童肥胖率预计在接下来的 20 年里增长 40%[2]。大约有 20% 的幼儿在进入小学之前就已经超重或者肥胖，这一比例在低收入家庭、非洲裔和拉丁裔儿童中的比例更高，恰恰不同于传统的“婴儿肥”观点，幼儿肥胖会影响到幼儿的神经、代谢以及行为方式，这些都会增加他们未来肥胖和慢性疾病的风险（图 4－1）[3]。同时，幼儿的肥胖问题对幼儿的健康和生活质量、对国家的医疗保健制度、对国家的经济等都有着直接和长期的威胁[4]。

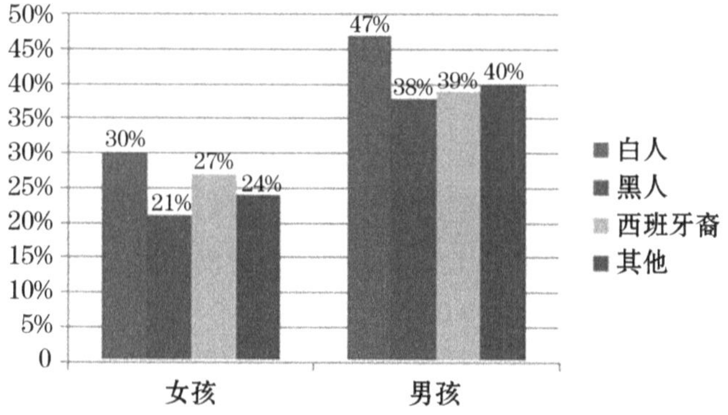

图 4－1　美国儿童 1 周参加每天 60 分钟身体活动的比例

转载自：Designing for Active Living Among Children [EB/OL]. http://activelivingresearch.org/designing-active-living-among-children.

原文出自：Centers for Disease Control and Prevention. Youth Risk Behavior Surveillance—United States, 2005. Surveillance Summaries, June 9. MMWR 2006; 55 (SS5): 1－108.

---

[1] United States Report Card on Physical Activity for Children and Youth' is a call for action [EB/OL]. http://thehill.com/blogs/congress-blog/healthcare/205896-united-states-report-card-on-physical-activity-for-chi.

[2] KOPELMAN PG. Obesity as a medical problem. [J]. Nature, 2000 (404): 635－43.

[3] Early Childhood Assessment: Why, What, and How [EB/OL]. http://www.nap.edu/catalog/12446/early-childhood-assessment-why-what-and-how.

[4] Designing for Active Living Among Children [EB/OL]. http://activelivingresearch.org/designing-active-living-among-children.

专家们根据个体跟踪调查研究发现，幼儿期与成人期的肥胖有很高的相关性，而在调查中发现19%的3~5岁的幼儿已经形成了肥胖和久坐不动行为的生活习惯[1]。肥胖儿童在心脏病、卒中、哮喘和一些形式的癌症上具有终身患病风险。据美国估计，肥胖造成美国每年需要1 170亿美元的直接医疗费用和间接医疗费用，包括失去的生产力[2]。因为治愈肥胖问题的成功率不高，因此预防肥胖已经成为美国公共卫生的重要议题。同时，许多专家建议国家公共卫生领域应从幼儿这一年龄阶段就开始实施预防肥胖的政策和措施。可以确定的是，现代社会幼儿身体活动不足是导致幼儿超重和肥胖的一个主要原因。

2010年5月，美国国内政策理事会主席、白宫儿童肥胖工作主任 Melody Barnes 在给总统的信中提到："全美各地的父母都对他们孩子普遍存在的健康状况深感关切，现在每3个孩子中就至少1人是超重或肥胖，他们承受着糖尿病、心脏疾病和癌症风险，这不是我们想要的未来，同时我们卫生保健系统承受的巨大经济负担是现在每年用于与肥胖相关的1 500亿美元的治疗经费。"[3]有研究指出，糖尿病的发病率预期将影响全球3 000万人[4]。

当前，美国政府颁布了很多促进包括幼儿在内的国民身体活动和健康的政策，同时美国有3/4的幼儿接受学前教育，这些都有利于促进美国幼儿体育的发展[5]。和其他国家一样的是，与幼儿体育实践相比，美国有关幼儿体育、幼儿身体运动水平的学术研究同样不足。

---

〔1〕 Societal Values and Policies May Curtail Preschool Children's Physical Activity in Child Care Centers [EB/OL]. http://cn.bing.com/academic/profile?id=88aff28c91039e684def911585b987b1&encoded=0&v=paper_preview&mkt=zh-cn.

〔2〕 Designing for Active Living Among Children [EB/OL]. http://activelivingresearch.org/designing-active-living-among-children.

〔3〕 Solving the Problem of childhood within a Generation. White House Task Force on Childhood Obesity Report to the President [EB/OL]. White House Task Force on Childhood Obesity Report to the Presidenthttp://119.90.25.30/www.letsmove.gov/sites/letsmove.gov/files/TaskForce_on_Childhood_Obesity_May2010_FullReport.pdf.

〔4〕 ZIMMET P. The burden of type 2 diabetes: are we doing enough? [J] Diabetes Metab, 2003 (29): S9-18.

〔5〕 Russell R. Pat, Karin A. Pfeiffer. Physical Activity Among Children Attending Preschools [EB/OL]. http://xueshu.baidu.com/s?wd=paperuri%3A%28c109c2da12d093cb820465e365c932bc%29&filter=sc_long_sign&tn=SE_baiduxueshu_c1gjeupa&ie=utf-8&sc_ks_para=q%3DPhysical%20activity%20among%20children%20attending%20preschools.

（二）美国幼儿体育的社会环境

在美国所有年龄的儿童中，肥胖率急剧上升，而缺乏体育锻炼是造成肥胖率上升的主要原因之一。根据美国 ALR（Active Living Research）2007 年的研究显示，目前，2/3 的青少年每天参加身体活动的时间难以达到 60 分钟。在低收入社区生活的以及非洲裔、拉美裔、原住民儿童和青少年，亚洲裔及太平洋岛民的儿童和青少年，由于参加身体活动有限而特别容易肥胖[1]。研究还表明，高收入社区比低收入和少数民族裔社区有更多身体活动的机会。

生活在提供安全街道和人行道社区的儿童和青少年的身体活动往往比住在郊区的要更活跃一些。美国政府提供的学校安全路线（Safe Routes to School，SRTS）项目，对人行道、十字路口、慢行交通等道路进行了改善，并提出了相应的鼓励政策，使孩子步行或骑车上学更容易、更安全。事实证明，SRTS 项目使得更多的学生步行和骑自行车上下学。当然，父母更关注的是交通安全，社区犯罪是影响儿童身体活动的一个重大障碍，尤其是在低收入社区。

学校可以为孩子提供很多锻炼机会，包括多样而有效的体育项目、正规的操场、维护良好的设备和专业的指导。有证据表明长时间看电视会增加儿童肥胖的风险。以学校为基础的干预措施，如鼓励学生和家长限制观看电视的时间，可以促进孩子身体活动，从而减少肥胖的风险。此外，研究型体育项目可以提高学生身体健康水平。然而，许多研究表明，相当多的美国学校缺乏身体活动和体育项目，尤其是生活在低收入社区的学生。

（三）美国幼儿体育的家庭环境

在美国，家庭体育被认为是美国体育运动开展的主阵地。受文化、政治、经济体制的影响，美国形成了自成体系的体育管理体制和运行机制，这种“美国式经验”就是以家庭体育为突破口，推进职业、业余和学校体育事业的发展。1987 年出版、2008 年修订的《青少年运动国家级标准》强调了父母在孩子运动中扮演的角色，要求父母为孩子创造适宜、安全的运动环境，向孩子传达体育运动的价值、目的、模式，带头、引导和监护孩子参加体育运动，保证青少年健康快乐地

---

〔1〕 Designing for Active Living Among Children［EB/OL］. http：//activelivingresearch. org/designing - active - living - among - children.

进行身体活动。《青少年运动国家级标准》规定了父母应该承担的11项职责，这11项职责分别是：家庭须提供合适的环境，禁止让孩子过早地开始对抗性的竞争性比赛；运动的目的是使孩子获得健康与快乐；运动中不允许使用药物、香烟和酒精；运动是孩子生活的一部分；指导训练孩子运动的人员应该是接受过训练的；家长应该起到积极的看护作用；家长应该起到模范带头作用；以签署协议的方式鼓励并保证孩子参与运动；提供安全的运动环境；提供公平竞争的机会；成人禁止使用药物、香烟和酒精，为孩子树立积极的价值观[1]。

（四）美国幼儿体育的交通环境

步行和骑自行车可以为人们提供宝贵的有规律的身体活动。在美国，目前很少有人将步行或骑自行车作为日常生活的一部分，他们大多数依赖汽车上班、购物，直接的结果就是缺少有规律的身体活动。缺乏身体活动带来的直接或间接后果表现为：在个人寿命方面，超过500万人过早死亡[2]。在经济方面，因缺乏身体活动带来的医疗费用估计为1 170亿美元，这一数额占美国医疗费用总额的9%～11%[3]。美国家庭旅游最新调查数据显示，只有11%的旅行者采用步行，1%的旅行者骑自行车，2%的旅行者借助公共交通[4]。而真正能积极旅游的人主要是在西欧国家，如德国、英国和荷兰（图4－2）[5]。积极旅游能极大地帮助人们达到每天至少30分钟、每周至少150分钟的身体活动水平。

---

〔1〕 万益民．美国《青少年运动国家级标准》对我国家庭体育的启示［J］．成都体育学院学报，2011（8）：14－17.

〔2〕 LEE IM，SHIROMA EJ，LOBELO F，PUSKA P，BLAIR SN，KATZMARZYK PT. Effect of physical inactivity on major non－communicable diseases worldwide：an analysis of burden of disease and life expectancy［J］．Lancet，2012，380（9838）：219－229.

〔3〕 CARLSON SA，FULTON JE，PRATT M，YANG Z，ADAMS EK. Inadequate physical activity and health care expenditures in the United States［J］．Prog Cardiovasc Dis，2015，57（4）：315－323.

〔4〕 U. S. Department of Transportation，Federal Highway Administration. Our nation's travel. Analysis of the 2009 NHTS. In：Transportation UDo，ed. Washington，DC，2010.

〔5〕 Moving Toward Active Transportation：How Policies Can Encourage Walking and Bicycling［EB/OL］．http：//119. 90. 25. 42/activelivingresearch. org/sites/default/files/ALR_ Review_ ActiveTransport_ Jan2016. pdf.

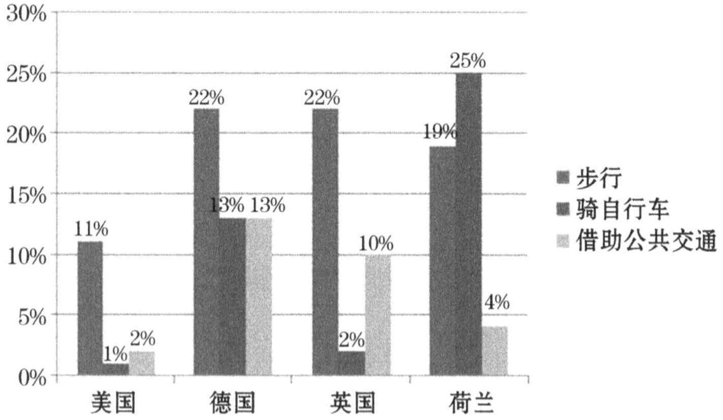

图 4－2　美国、德国、英国、荷兰 4 国积极旅游交通

引自：Moving Toward Active Transportation: How Policies Can Encourage Walking and Bicycling [EB/OL]. http://119.90.25.42/activelivingresearch.org/sites/default/files/ALR_ Review_ ActiveTransport_ Jan2016.pdf

四、美国幼儿体育制度的政策保障

美国体育政策及其主体具有多元性特征[1]，它源于美国体育管理制度[2]。

（一）美国联邦政府保障政策

近些年，美国针对幼儿肥胖与超重等问题，出台了多项保障政策（图 4－3）。

为保障美国幼儿的健康，美国联邦政府于 2000 年 6 月推出了“幼儿健康步骤计划”（The Healthy Steps for Young Children，HS）基金项目，主要的目的是增强 0～3 岁幼儿的发展潜力，加强家长在幼儿早期发展中的参与，强调幼儿的发展与教育[3]。

2010 年美国国民身体活动计划联盟发布《美国国民身体活动计划》，这一计划

〔1〕龚正伟，肖焕禹，盖洋. 美国体育政策的演进 [J]. 上海体育学院学报，2014 (1)：18－24.

〔2〕杨成伟. 美国青少年体质健康政策的演进及执行路径研究 [J]. 西南师范大学学报：自然科学版，2015 (8)：158－163.

〔3〕The Healthy Steps for Young Children ProgramEffects of the Healthy Steps for Young Children Program at 2－4 Months [EB/OL]. http://eric.ed.gov/? id = ED444692.

通过联邦、州和私营部门之间的合作，支持更多的人参与到身体活动中，对幼儿身体活动提出了详尽的战略。《美国国民身体活动计划》提出的针对下一代的干预策略，具有重要的价值和意义。

2010 年 10 月，美国联邦政府卫生福利部（DHHS）提出了“2020 健康人民”（Healthy People 2020），这一政策中包含的特定的目标与青少年活动指南相一致。在青少年活动指南的基础上，美国前第一夫人米歇尔倡导“行动起来”（Let's Move!），与此同时，白宫建立了儿童肥胖报告制度。

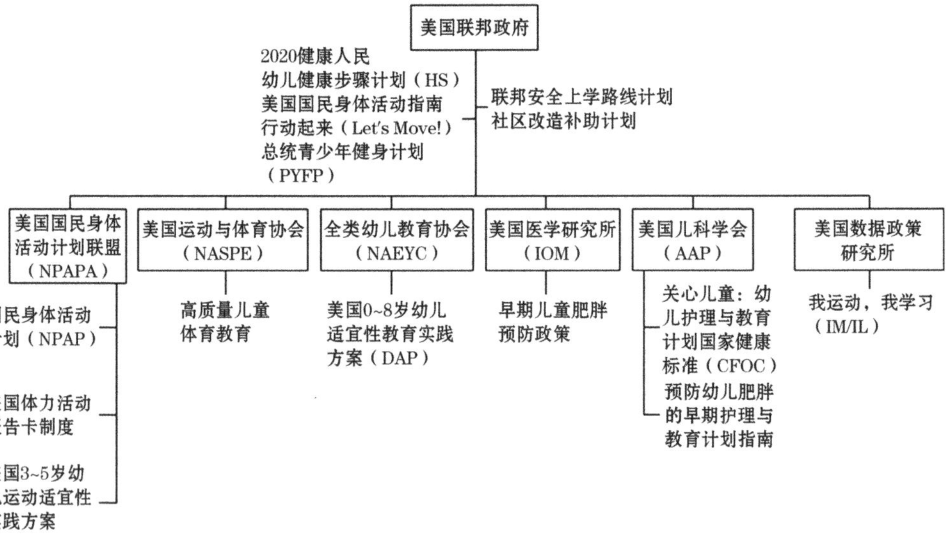

图 4－3　美国幼儿体育政策构架图

1.《总统青少年健身计划》（K～3 年级）（PYFP）

（1）积极的家庭、积极的学校和活跃的社区

《总统青少年健身计划》（*Presidential Youth Fitness Program*，PYFP）（K～3 年级）实施经费由政府提供，通过对幼儿、家长和教师都有益的健身评估，倡导一种积极的生活态度。《总统青少年健身计划》（K～3 年级）指出，身体活动是健康生活方式的重要组成部分。体育运动结合健康的饮食，可以帮助防止一系列的慢性疾病，如心脏病、癌症和卒中（这 3 种疾病是死亡的三大原因）。体育活动有助于控制体重，减少脂肪，促进骨骼强健，促进肌肉和关节的发展，并降低肥胖的

风险。儿童每天需要60分钟的中度至剧烈的活动，以达到健康的体重。PYFP认为，增加身体活动的手段之一就是让孩子们通过安全的路线行走，或者骑自行车上学，使他们放学后在公园、游乐场、社区中心玩耍，使他们能参与到舞蹈或者其他具有挑战性的身体活动中。因此需要倡导积极的家庭、积极的学校和活跃的社区[1]。

所谓“积极的家庭”，就是倡导家庭成员每天都要从事身体活动，儿童每天60分钟，成人每天30分钟[2]。

所谓“积极的学校”，就是利用各种机会增加在学校参加身体活动的时间，包括额外的体育课程，课前和课后身体活动计划以及在下午和晚上开放学校体育设施。

所谓“活跃的社区”，就是政府和社区管理者通过完善公园、游乐场、社区中心的功能努力增加孩子走路的时间，以促进体能。社区提供有趣的幼儿运动健身方案。

（2）《总统青少年健身计划》（K～3年级）（PYFP）的实施途径

对于每天参加身体锻炼，且达到一定分数的幼儿园至3年级的儿童，通过成绩的累积就可以获得总统青少年健身奖（Presidential Youth Fitness Award）[3]。

2016年4月29日在巴西奥运会倒计时100天之时，美国前第一夫人米歇尔在时代广场宣布承诺，将近200万的美国儿童活动作为“行动起来”计划（Let's Move!）的一部分。米歇尔提出要将奥运会和残奥会上好的做法带入儿童健康的身体活动中，不仅将运动技能带入儿童身体活动中，还要把生活技能，如纪律、规则、合作带入儿童的身体活动中，让儿童养成良好的健康习惯。[4]目的是使全美各地的孩子们受到奥运会和残奥会运动员们的鼓舞和激励，使孩子们能够过上积极健康的生活。

---

〔1〕 Get Active [EB/OL]. http://www.letsmove.gov/get-active.

〔2〕 http://www.letsmove.gov/do-jumping-jacks-break-tv-time.

〔3〕 Presidential Youth Fitness Program (PYFP) [EB/OL]. https://www.presidentschallenge.org/challenge/pyfp.shtml.

〔4〕 http://www.letsmove.gov/blog/2016/04/29/first-lady-announces-commitments-team-usa-get-more-kids-active.

(3) 利用身体活动拒绝电视

目前，幼儿看电视的时间越来越多，跑步和玩耍的时间越来越少。美国政府提出解决这一问题的根本途径是找到创造性的方法度过每一天，这种方法应是有趣的且有利于身体健康的。这些方法可以是跳舞、步行上下楼梯、仰卧起坐、拉伸、原地慢跑，或者可以使用记录时间的方式来计算每周在电视机或电脑前花费的时间，以有效地减少看电视的时间[1]。

2. “行动起来”(Let's Move!)

“行动起来”(Let's Move!) 是一个全国性的倡议，致力于解决美国儿童肥胖问题。作为这一行动的组成部分，美国前总统奥巴马组建了白宫儿童肥胖工作小组 (Task Force on Childhood Obesity, TFCO)，开发行动计划，计划目标是到2030年将儿童肥胖率降到5%，计划提出了70条具体建议[2]。

(二) 美国国民身体活动计划联盟 (NPAPA)

美国国民身体活动计划联盟 (The National Physical Activity Plan Alliance, NPAPA) 是美国非营利组织，该联盟是一个全国性组织，致力于国民身体活动计划 (National Physical Activity Plan, NPAP) 的有效实施。该联盟通过全面指导和战略计划来促进美国大众身体活动的开展。联盟是一个私营部门和公共部门合作的产物，联盟由董事会领导，成员由体育和公共卫生的专家组成。

1. 美国国民身体活动计划联盟的目标和实施内容

美国国民身体活动计划联盟的目标是：为国民身体活动计划的实施提供支持和相关政策，增强国民身体活动计划的政策制定者和相关人员（利益相关者）的意识；评估国家身体活动计划实施情况；为确保有效实施而定期修订国民身体活动计划。美国国民身体活动计划联盟的宗旨是维护和增强国民身体活动计划的影响，向美国大众全面推行身体活动计划[3]。具体的实施内容包括六个方面。

一是美国国民身体活动计划联盟采用独立工作或与其他非营利组织、政府机

---

[1] Fun Ways to Break up TV Time [EB/OL]. http://www.letsmove.gov/do-jumping-jacks-break-tv-time.

[2] TaskForce_ on_ Childhood_ Obesity_ May2010_ FullReport [EB/OL]. http://www.letsmove.gov/white-house-task-force-childhood-obesity-report-president.

[3] http://www.physicalactivityplan.org/about/alliance.html.

构合作的方式进行工作的开展。在美国疾病控制与预防中心下设身体活动和健康办公室。

二是建立一个强大而全面的监管系统，建立符合美国人口的身体活动准则；创设环境，制定政策和计划，旨在促进大众参与身体活动。

三是实施国民身体活动报告卡制度，可以定期评估美国人民身体活动状态和身体活动促进情况。

四是制定身体活动政策（Physical Activity Poliy），可以促进国家、州、社区和机构的管理水平提高。

五是国民身体活动计划是一项全国性的身体活动战略，国家和地方资源相协调，指导美国大众走向有效的行为策略、行为计划和运动地点，从而增加身体活动。国家和地方的身体活动计划支持在国家、区域和社区层面开展和实施综合性身体活动的战略计划。

六是增加身体活动计划的资金，地方、州和国家政策增加实施经费，以落实在国民身体活动计划中的身体活动促进策略。

2. 美国国民身体活动计划联盟下属美国儿童体育委员会关于幼儿体育课程的政策：《美国 3 ~5 岁幼儿运动适宜性实践方案》

伴随着社会的发展，世界各国政府、组织和个人对健康日益重视，对包括幼儿在内的儿童健康的重视程度也越来越高。健康与体育有着密切的关系，要健康必须重视运动。幼儿园是幼儿活动的主要场所，幼儿园幼儿健康必须从身体活动做起。

2000 年，美国国民身体活动计划联盟（NPAPA）下属协会美国儿童体育委员会（The Council on Physical Education for Children，COPEC）颁布了《美国 3 ~5 岁幼儿运动适宜性实践方案》（第三版）（*Appropriate Practices in Movement Programs for Children Ages* 3 ~5Ⅲ，以下简称《方案》）[1]。美国儿童体育委员会作为全美国最大的专业组织，是一个以提高美国儿童体育教育数量和质量为主要目标的儿童体育教师专业组织，《方案》的颁布旨在关注 3 ~5 岁儿童运动发展的适应性行为和实践，为全美儿童保育中心和幼儿园体育教师提供专业化帮助。

---

〔1〕 Appropriate Practices in Movement Programs for Children Ages 3 ~5Ⅲ［EB/OL］. http：//119. 90. 25. 44/achieve. lausd. net/cms/lib08/CA01000043/Centricity/Domain/245/APPROPRIATEPRACTICES3 –527947. pdf.

美国儿童体育委员会提出，幼儿的 3 ~5 岁是动作发展的基本阶段。这一阶段影响着未来一生的身体活动的态度和价值观。美国儿童体育委员会认为应根据幼儿的年龄阶段，将重点放在基本动作认知技能的培养上，帮助幼儿在运动、认知、情感、社会性等方面获得成长和快乐[1]。

一个适宜的运动方案，应该考虑到个体的发展情况，包括个体的运动经验、体能素质、技能水平、身高和年龄。高质量的运动方案应该适宜于所有儿童。适宜性运动方案的做法就是认识到儿童不同的运动能力，并鼓励儿童不断学习，在已有的经验基础上挑战下一个阶段的学习。适宜性运动方案，就是要通过研究和教学实践，最大限度地为儿童提供学习和成功的机会。

有经验的教师会将国际体育教育标准与现有的课程进行整合，为儿童设计合适的课程。他们评估儿童的进步，并指导儿童的动作技能学习。实施《方案》的教师应是认识到身体活动重要价值的人，他们参与必要的身体活动，并有经常参加体育锻炼的良好习惯。《方案》为幼儿成长为具有良好身体教育的个体奠定了基础。

（1）幼儿运动的重要性

在美国，幼儿教育逐渐成为公众关注的焦点。对这一年龄段教育的关注，包括体育教育的关注，使得美国幼儿园、幼儿发展中心、幼儿保教中心的数量大幅度增长。此外，美国的脑科学研究专家认为，2 ~5 岁的幼儿运动、认知、情绪和社会发展的早期经验，是幼儿未来所有发展的关键。运动的重要性和价值被提到了前所未有的高度，幼儿教育工作者越来越意识到，运动在幼儿未来的发展中起着重要的作用。在运动过程中，幼儿运用多种感知方式，使大脑的多个通道产生神经联系。此外，多元智能理论者也聚焦于运动的重要性，他们认为身体运动智能是多元智能 8 项智能的一种。

儿童期是开启积极健康生活方式的重要时期，必须尽早教会儿童运动的技能、知识、积极的态度和健康的生活方式，以保证他们一生的健康。

（2）《方案》的目的

《方案》的目的就是要发展托儿中心、私立或者公立幼儿园及托儿所 3 ~5 岁

---

〔1〕 http：//www. 360doc. com/content/14/0614/15/1280115_ 386549253. shtml.

幼儿的适宜性运动实践。具体的做法包括以下几方面。

①选择适宜性课程内容。

②选择适宜性教学内容。

③评估现有的课程设置和教学方法。

④提倡改进现有的方案。

⑤更充分地将幼儿身体活动整合到现有的课程中。

（3）幼儿高质量运动计划的前提条件

《方案》认为，幼儿高质量运动计划的实施必须以以下 5 个原则为前提条件。

①教师应该是幼儿运动的指导者和促进者。

幼儿通过参与、观察和建模来学习，这就需要教师来促进幼儿积极参与。教师预先设定目标，然后引导幼儿朝着这些目标去做。通过仔细观察幼儿的反应和兴趣，教师依据经验满足每个幼儿的需要。教师允许幼儿做出选择并寻求创造性的解决方案。在这一过程中，教师留出时间，观察幼儿的反应，教师需要表现出极大的兴趣并参与到幼儿的运动中。

②幼儿应从事与他们发展水平相适宜的身体运动。

幼儿获得运动技能需要多项经验，基本动作可以让他们拥有成熟的基本运动技能的经验。基本的运动技能与年龄相关，但并不是由年龄决定的。3 ~ 5 岁幼儿的教师要充分掌握 5 岁以前幼儿的动作发展，这一阶段幼儿的动作发展不同于学龄初期的儿童。

③幼儿通过与环境互动获得成长。

幼儿通过“做中学”，通过与人和事物交往进行学习。《方案》就是要让所有的幼儿积极参与身体活动。

④幼儿在综合的环境中学习和发展。

运动、认知和情感发展是相互关联的。身体活动能力的发展应该与其他方面的发展相结合。应将关注幼儿基本动作学习的身体运动课程置于幼儿的全面发展中。运动是幼儿学习的主要媒介。

⑤有计划的运动实践需要增强幼儿的游戏体验。

将有计划的运动实践与游戏结合起来发展幼儿基本的动作技能，有助于帮助幼儿发展。《方案》增加了室内和室外的游戏活动，给幼儿自由练习和发展技能的机会。

（4）《方案》的受众和主要内容

《方案》主要针对幼儿教师、家长、学校管理者、政策制定者以及3~5岁幼儿教学项目的负责人。《方案》的目的就是向以上人群提供具体的指导方针，指出哪些是适宜性的实践，哪些是不适宜性的实践（表4－1）。

表4－1　《美国3~5岁幼儿运动适宜性实践方案》（第三版）的主要内容[1]

一级标题	二级标题
1. 学习环境	1.1 适宜的幼儿运动学习环境
	1.2 激发运动和内在动机
	1.3 确保运动安全
	1.4 处理多样性和公正
	1.5 把全部纳入作为发展适宜性实践
	1.6 探索社会性运动的关系
2. 指导策略	2.1 设计学习经验
	2.2 鼓励个体的自由表达
	2.3 最大限度地促进幼儿参与运动
	2.4 考虑到重复性和可变性
	2.5 教给幼儿具有教育作用的游戏
	2.6 表现出热情
	2.7 交流信息
3. 课程	3.1 做出课程决定
	3.2 促进全面发展
	3.3 发展运动技能和概念
	3.4 鼓励经常性参与
	3.5 促进身体健康
	3.6 教有律动感的舞蹈

〔1〕程妍涛．美国《3~5岁儿童运动课程的适宜性实践》的内容特色及启示［J］．体育文化导刊，2016（3）：161－166.

续表

一级标题	二级标题
	3.7 教有教育作用的体操
	3.8 整合活动课程和游戏
4. 评价	4.1 采用发展性评价
	4.2 创设真实的评价环境
	4.3 汇报儿童的进步
5. 专业水准	5.1 追求专业成长
	5.2 保证参与一个专业学习团体
	5.3 支持运动课程
	5.4 担任行为榜样

（三）《美国国民身体活动计划》

1. 《美国国民身体活动计划》的背景

《美国国民身体活动计划》是一套全面的政策、计划和措施，旨在增加美国身体活动人口的数量。该计划是由多个不同组织组成的美国国民身体活动计划联盟制订的。第一版《美国国民身体活动计划》于 2010 年发布。

2. 《美国国民身体活动计划》的目标

《美国国民身体活动计划》旨在营造和培育一个支持身体活动生活方式的国家文化，其最终目的是改善健康，预防疾病和残疾，提高生活质量。

3. 《美国国民身体活动计划》的蓝图与愿景

未来全体美国人都经常性地参加身体活动，他们所在的生活、工作和娱乐环境都鼓励和支持他们参加定期的身体活动。

4. 《美国国民身体活动计划》的战略决策

《美国国民身体活动计划》在制订之前，联盟委员会便制定了 3 项总体战略原则：第一，联盟委员会不是美国联邦政府的挂靠部门，而是一个政府与民间合署运作机构；第二，《美国国民身体活动计划》并不依托于地区或者州，而是聚焦于九大领域：工商业、公共健身娱乐、教育、健康保健、公共健康、交通土地与社区设计、大众传媒、非营利组织志愿者以及个人宗教信仰；第三，《美国国民身体活动计划》在制订过程中，委托九大领域专家就促进身体活动实践进行总结和提出建议，之后以白皮书的形式公之于众。

5. 2016 年《美国国民身体活动计划》

《美国国民身体活动计划》（以下简称《计划》）是一个“活的文件（living document)”，它是不断更新的，每一个版本的《计划》都有新知识的传递，其中一些是不断变化的专业实践产品。例如，2016 年《计划》是在 2010 年《计划》基础上修订的。和原来的《计划》一样，2016 年《计划》聘请数百名专业人员、研究人员和来自政府和私人组织的负责人，这些人分为九个专家小组，聚焦于工商业、公共健身娱乐、教育、健康保健、公共健康、交通土地与社区设计、大众传媒、非营利组织志愿者以及个人宗教信仰。专家小组审查 2010 年《计划》，根据收集到的建议进行改进。2016 年 4 月，《计划》（2016 版）发布[1]。

为了增加美国人民的身体活动，《计划》指出必须承认美国人口的多样性问题，解决存在于群体间性别、年龄、种族、社会经济地位、身体能力、认知或感觉能力以及地理上的实质性差异。幼儿是一个重要人群。

（1）《计划》有关幼儿体育的内容

《计划》指出，12 ~36 个月的幼儿每天应累计至少 30 分钟的有组织的身体活动，3 ~5 岁幼儿至少 60 分钟的身体活动。此外，学龄前儿童每天至少应该有 60 分钟到几个小时结构化的身体活动和除睡觉以外的不超过 60 分钟的久坐时间。只要一周 60 分钟的身体活动就可以改善一些孩子的骨骼机能和运动健身技能[2]。

《计划》指出，为儿童创造上学前和放学后身体活动的机会，确保 0 ~5 岁幼儿身体活动教育的便利性。

（2）《计划》中教育部门针对幼儿的战略政策

学校是美国大多数儿童和青少年日常生活的中心和焦点。约 1 200 万人参加了幼儿（学前）教育，在 K12 计划的有 5 000 万人，在大专院校的有 2 000 万人，这

---

〔1〕 About the Plan [EB/OL]. http://www.physicalactivityplan.org/theplan/about.html.

〔2〕 National Association for Sport and Physical Education. (2002); Active Start: a statement of physical activity guidelines for children birth to five years. AAHPERD Publications, Oxon Hill, Md.

部分人口直接影响美国约25%的人口。教育在公共卫生活动以及身体活动方面发挥着巨大的作用。学校的教师、管理人员及教育决策者、政策制定者都影响着体育教育和体育行为，他们提供着全面而高品质的体育行为方式和策略。

美国国民身体活动计划联盟为保证国民身体活动计划在幼儿阶段的推广和实施，提出了教育部门的战略政策。

第一，各州和各学区应贯彻实施学校身体活动计划的相关政策。

第二，各学校提供高质量的身体活动。

第三，鼓励为儿童和青少年制定课外、假期身体活动策略，确保他们能参加适当的身体活动。

第四，各州应公布儿童护理标准和幼儿身体活动指南，以确保0～5岁幼儿参加适当的身体活动。

第五，提供教师职前专业培训和在职专业发展计划。

第六，制定促进全体学生身体活动的政策。

在教育部门的支持下，美国成功地实现了从幼儿阶段开始的优质身体活动策略，这不仅对学生，同时对服务和照顾他们的教师、管理人员、政策制定者、健康专业人员和家长都具有潜在的终身影响。

（3）美国国民身体活动计划联盟实施《计划》的策略

美国国民身体活动计划联盟实施《计划》的7项策略如下。

第一，成立国家身体活动计划实施领导机构。由联邦身体活动和健康办公室（Federal Office of Physical Activity and Health）在美国疾病控制与预防中心设立身体活动和健康办公室，分配给该办公室所需的资源，以领导整个国家身体活动计划的实施。

第二，建立全面的监察系统，制定全面的监察制度。一方面，遵循美国各阶层、各人群的身体活动指南；另一方面根据环境、政策和计划建立全面的监察系统，制定全面的监察制度。

第三，开发和推广身体活动报告卡制度。在美国开发和推广身体活动报告卡制度，每隔一段时间，评估美国不同人群的身体活动情况，并进行身体活动推广工作。

第四，调整和制定不同层级身体活动政策。促进以调研为基础的身体活动政策和身体活动战略，调整和制定联邦政府、州、社区、机构不同层级的国家身体活动政策。

第五，引导国民实施行之有效的身体活动。启动全国性的身体活动战略，将联邦政府和各州之间的资源相整合，增加身体活动场所，引导国民实施行之有效的身体活动。

第六，鼓励实施综合身体活动战略计划。鼓励国家、地方、社区各级制订和实施综合身体活动战略计划。

第七，增加身体活动宣传资金。建议国家、州、社区政策制定者在身体活动计划中增加身体活动宣传资金。

6. 2014 年美国儿童与青少年身体活动报告卡制度

美国 2014 年儿童与青少年身体活动报告卡的首要目标是评估美国儿童和青少年的身体活动和久坐行为的水平、身体活动的推动者和主要障碍，以及相关的健康结果[1]。报告卡是一个权威的、以证据为基础的文件，它提供了一个全面评价身体活动水平和影响儿童与青少年身体活动的指标。报告卡采取生态模式，说明政策和环境如何影响积极的行为，包括交通、职业、家庭和娱乐，揭示各个要素如何影响个体积极的生活。只有认识和理解各个要素才能采取必要的、有计划的和有效的干预措施和方案[2]。

7. 美国儿童与青少年身体活动报告卡制度的目标

负责美国儿童与青少年身体活动报告卡制度的咨询委员会是美国国民身体活动计划联盟（NPAPA）的一个小组委员会，委员会的成员包括全美研究身体活动和健康行为的学者和专家。有关儿童与青少年健康的报告卡是美国国民卫生统计的重要资源，报告卡同时也是一种重要的宣传工具，它呼吁家长、教师、医护人员、社区人员以及政策制定者帮助实施新举措或新政策，以提高儿童和青少年的身体活动水平和健康水平，预防疾病，提高大众生活质量。

---

〔1〕 The 2014 United States Report Card on Physical Activity for Children and Youth [EB/OL] . http: //119. 90. 25. 43/www. physicalactivityplan. org/reportcard/NationalReportCard_ longform_ final%20for%20web. pdf.

〔2〕 http: //www. physicalactivityplan. org/about/alliance. html.

（1）美国儿童与青少年身体活动报告卡的实施方法

委员会确定了 10 个与儿童和青少年的身体活动相关的指标，它们分别是：①身体活动水平；②久坐不动行为；③上下学交通方式；④组织化的体育参与；⑤积极游戏；⑥健康体适能；⑦家庭和同伴；⑧学校；⑨社区与周边建筑环境；⑩政府政策和资金投入。

其中，久坐不动行为主要指坐立或躺卧时消耗较低水平能量的行为，如看电视、看书、用电脑、玩手机、玩 Ipad 等消耗小于或等于 1.5METs（代谢当量）的活动或行为[1]，这种行为也称为“静坐行为”“不活动”。幼儿久坐行为和运动行为是两种相对独立的行为，它们受家庭和社会等多种因素的影响。

委员会确定了最合适和最能代表美国儿童和青少年的数据源作为主要指标，并将报告卡的成绩分为 A、B、C、D、F、INC 6 个等级（A 指标基准 81% ~ 100%、B 指标基准 61% ~ 80%、C 指标基准 41% ~ 60%、D 指标基准 21% ~ 40%、F 指标基准 0 ~ 20%、INC 表示没有足够的证据来分配指标等级），每一个等级均反映了美国政府提供机会和美国儿童参加身体活动的程度。

（2）儿童和青少年身体活动的益处

日常身体活动，对于不同年龄段的人群，都具有改变体型、降低体重和体脂的作用，习惯性的身体活动和健康结果息息相关，只不过有的个体反馈并不显著。

儿童和青少年参加日常身体活动有益于增加健康，降低成年后心血管和代谢性疾病的风险，降低儿童和青少年患糖尿病的概率，促进骨骼的健康发展，改善儿童和青少年的心理健康和幸福，改善儿童和青少年的认知和学业成绩，改进身体机能。

《2008 年美国人身体活动指南》（*The 2008 Physical Activity Guidelines for Americans*）建议儿童和青少年每天至少进行 60 分钟中度到剧烈的身体活动，每周至少 3 天，这 60 分钟应该包括肌肉和骨骼强化活动。所谓“中等身体活动”指能出汗或者能引起呼吸困难的运动，如跑步、游泳、骑自行车等。所谓“肌肉强化活动”，包括仰卧起坐、拔河比赛或者吊单杠等。所谓“骨骼强化活动”就是通过加强锻炼，增强骨骼力量，促进骨骼的生长和强度（图 4 - 4）。

---

〔1〕 梅慧娴. 儿童，运动还是静坐［J］. 体育文化导刊，2014（10）：56 - 59.

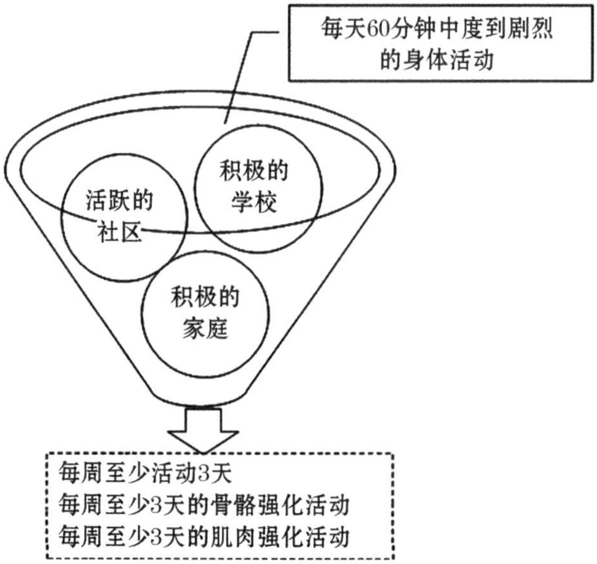

图 4－4　美国儿童身体活动指南建议

转引自：The 2014 United States Report Card on Physical Activity for Children and Youth［EB/OL］. http：//119.90.25.43/www.physicalactivityplan.org/reportcard/NationalReportCard_longform_final%20for%20web.pdf.

研究表明，一定的生活方式和环境特征影响着儿童和青少年的身体活动水平。父母的体重状况、个体的身体活动状况、饮食偏好、花费在户外身体活动的时间以及儿童的种族、年龄、父母的支持程度、社区体育团队的参与等与儿童的身体活动有很大的相关性。

8. 美国儿童与青少年身体活动报告卡指标描述

委员会将美国儿童与青少年身体活动报告卡指标和等级进行了描述（表 4－2）。

表 4-2 儿童与青少年身体活动报告卡指标和等级描述

等级	指标
D-	身体活动水平（Overall Physical Activit）
D	久坐不动行为（Sedentary Behaviors）
F	上下学交通方式（Active Transportation）
C-	组织化的体育参与（Organized Sport Participation）
INC	积极游戏（Active Play）
INC	健康体适能（Health - Related Fitness）
INC	家庭和同伴（Family & Peers）
C-	学校（School）
B-	社区与周边建筑环境（Community & the Built Environment）
INC	政府政策和资金投入（Government Strategies & Investments）

转引自：The 2014 United States Report Card on Physical Activity for Children and Youth [EB/OL]. http://119.90.25.43/www.physicalactivityplan.org/reportcard/NationalReportCard_longform_final%20for%20web.pdf.

（1）身体活动水平

身体活动水平的主要指标：美国儿童与青少年每周至少 5 天参加 60 分钟的中等或剧烈身体活动比例。

"D-"等级表示大多数美国儿童和青少年达不到身体活动建议的标准，只有 1/4 的儿童和青少年达到这一标准。就性别、年龄、种族而言，男性、年龄小、非白色人种比年长的、女性、白色人种更活跃。

不同强度的习惯性体育锻炼对心血管和新陈代谢的益处是不同的。

打篮球和健身跑等高强度的身体活动比步行等能耗较少的活动带来更大的益处。来自 Finland 的一份长期研究发现，6 年保持锻炼的人比那些不喜欢锻炼的人拥有较好的心血管代谢水平。喜欢锻炼的男孩和不喜欢锻炼的男孩相比表现出明显的较低的胰岛素、三酰甘油的含量、脂肪含量和更有益的高密度脂蛋白比例。喜欢锻炼的女孩与不喜欢锻炼的女孩相比有着较低的三酰甘油含量和较低的肥胖率。欧洲青少年心脏病研究结果显示，身体活动与心血管和代谢性疾病的危险因素之间有着很高的相关性，表现在经常性锻炼和较低的肥胖率、腰围、收缩压和舒张压、胰岛素、胆固醇、三酰甘油含量及胰岛素耐受性等方面。

中等到剧烈强度的运动可以为健康带来一些益处，低强度的运动对刚开始体育锻炼、肥胖和超重人群有一定好处。根据2003—2006年美国健康和营养调查（NHANES）的数据，青少年中低强度的体育运动更有利于心血管健康，通过较低的舒张压和较高的高密度脂蛋白含量就能反映出来，这也是青少年更喜欢低强度体育锻炼而非中等到剧烈强度体育运动的生理原因。调查显示，美国青少年每天平均只有19分钟的时间进行中等到剧烈强度的运动，每天平均有350分钟的时间进行较低强度的运动，虽然青少年参加高强度的体育锻炼更有益于健康。

（2）久坐不动行为

久坐不动行为的主要指标：美国儿童和青少年每天花2小时或更少屏幕时间的比例。

美国目前没有有关久坐不动时间全国性的指南，但美国国家心脏、肺与血液研究所（the National Heart，Lung，and Blood Institute）、美国儿科学会（AAP）发布了看电视或其他屏幕的建议时间，儿童的屏幕时间应该限制在2小时或者更少的时间范围内。总体而言，大部分美国孩子的屏幕时间控制在建议的时间内。然而，屏幕时间存在着种族差异，非裔与白人及西班牙裔儿童和青少年，更难控制在这一屏幕指导时间内。“D－”等级就反映了这种差异。

久坐不动行为是引发慢性疾病的主要危险因素。美国最新对“久坐不动行为”定义为：“清醒时坐着或者躺着，代谢能量少于1.5代谢当量（METs）。”[1]同时，防止各种屏幕在日常生活中的扩散，“屏幕时间”指观看电视、智能手机、平板电脑以及其他屏幕的时间。由于缺乏久坐不动行为的具体指导方针，委员会仍将屏幕时间作为久坐不动行为的主要指标。多年来，美国儿科学会一直建议，儿童每天看优质电视的时间应该不超过2小时。2011年，美国国家心脏、肺与血液研究所和美国儿科学会重申了这一建议，并且将屏幕时间从电视屏幕时间扩大到所有屏幕时间。

久坐不动行为可以发生在看电视或者玩电子游戏的业余时间，也可以发生在

---

〔1〕 SEDENTARY BEHAVIOUR RESEARCH NETWORK. Letter to the editor：Standardized use of the terms “sedentary” and “sedentary behaviours”［J］. Appl Physiol Nutr Metab，2012（37）：540－542.

阅读或者在电脑前写作业的工作时间。久坐不动行为被证明与超重或者肥胖患病率、心脏疾病的风险相关。

（3）上下学交通方式

上下学交通方式的主要指标：经常骑车或者步行去学校的儿童和青少年的比例。

“F”等级主要是因为大多数的美国青少年不是采用如步行或者骑自行车这类出行方式去学校。自 1969 年以来，美国中小学生骑自行车去学校的比例从 47.7% 下降到 12.7%，下降了 35 个百分点。

在 1969 年，大多数美国中小学生是步行或者骑自行车去上学，然而到了 2009 年大多数的中小学生都是乘私家车去上学。从家到学校的距离是决定出行方式的重要因素。那些从家到学校的距离不足 500 米的儿童步行去学校的概率是那些距离超过 1 500 米的孩子的 14 倍。目前大多数学生从家到学校的距离都比较远，不可能选择积极的出行方式。根据 2009 年美国居民出行调查，接近一半（49.8%）的学生住在距离学校超过 3 000 米的地方。良好的社区环境会促进孩子选择积极出行方式去学校，而人行道、自行车道和交通信号等交通辅助设施的配置也会促使儿童选择积极的出行方式去学校。

选择积极的出行方式去学校的适龄孩子比那些选择被动方式去学校的孩子拥有较好的心血管功能、新陈代谢和肌肉力量。根据 2003—2004 年美国健康和营养调查（NHANES）的数据，如果一个学生每天有 30 分钟往返学校的活动时间就相当于每天进行了 45 分钟的中等到剧烈强度的运动。不仅如此，研究还发现每天步行去学校的孩子比那些选择被动方式去学校的孩子更有机会获得较小的腰围、较高的高密度脂蛋白胆固醇比值（HDL）、较低的身体质量指数（BMI）和更好的肌肉耐力以及良好的心血管健康状况。

上下学交通方式的主要数据来源于中小学生，但对幼儿同样具有指导意义。

（4）组织化的体育参与

组织化的体育参与的主要指标：美国高中生参与一项以上社区或学校运动队的比例。

“C－”等级是根据美国青少年健康危险行为监测体系（Youth Risk Behavior Surveillance System，YRBSS）的调查数据进行评定的。调查数据显示，超过一半的美国高中生参加了至少一个有组织的身体活动，其中女生参加的比例明显低于男生。不同的种族人群参加的比例也不一样。因为数据主要来源于高中生，本研究就不再赘述了。

（5）积极游戏

积极游戏的主要指标：美国儿童和青少年参与日常的、非结构化的、无组织的游戏活动的比例。

积极游戏是儿童和青少年重要的健康标志。但目前没有一个通用的具有代表意义的数据进行评分，因此委员会标明为“INC”，即没有足够的证据来分配指标等级。

积极游戏是儿童的自然天性，是他们富有创造力和想象力的结果。积极游戏表现为多种形式，如在学校或者公园可以通过运动设施进行游戏，在课间休息时与朋友进行游戏等。当孩子们在积极游戏时，他们可以按照自己的方式自由地活动而不是像成人之间正式的方式。有研究调查显示，孩子们在积极游戏中比在有组织的体育运动中有更多的机会进行中等到剧烈强度的运动。儿童参加有组织的中等或剧烈的户外身体活动所消耗的体力比儿童参加无组织的身体活动低 55%，儿童参加中等或剧烈身体活动的时间大约是 53% 的自由活动时间和 20% 的有组织的玩耍时间[1]。

学校有规律的休息时间为适龄儿童提供了独特的增加主动游戏和身体活动的机会。在 15 分钟的休息时间里儿童有 7 分钟的时间可以达到建议的身体活动要求。一项调查显示，用彩色的标志或者体育设施替换现有的操场或者休息场所，在休息时可以吸引更多的孩子进行体育锻炼。最近一项基于学校政策和环境设置旨在增加身体活动的研究发现，通过增加体育设施和路面标记的数量、改变休息场所等措施可以在学生中每天增加 5 分钟中等到剧烈强度运动的时间，学生每天总共会有 12 分钟的时间参加中等或者剧烈强度的身体活动。研究发现，在日常生活中有一定的休息时间可以吸引 3 470 万名美国中小学生参与身体活动，但目前美国只有 59% 的学区规定小学要提供定期的休息时间。虽然比例不算高，但这已经比 2000

〔1〕 TROST SG, ROSENKRANZ RR, DZEWALTOWSKI D. Physical activity levels among children attending after – school programs［J］. Med Sci Sports Exerc, 2008（40）: 622 – 629.

年报告的 46.3% 的比例有所提升[1]。

（6）健康体适能

健康体适能的主要指标：美国儿童和青少年达到体育健康体能的比例。

健康体适能是反映儿童和青少年健康的主要指标。然而美国目前没有一个通用的具有代表意义的数据进行评分，因此委员会标明为“INC”，即没有足够的证据来分配指标等级。

健康体适能是指与健康有关的受日常体育锻炼影响的“健身五要素”。这 5 个要素分别是心肺功能、代谢适能、身体形态、运动能力、肌适能。这 5 个要素对于维持理想的健康状况很重要，并且会从幼儿时期一直伴随到成年。

①心肺功能。

青少年时期经常性的体育锻炼可以提高心肺功能并降低患病风险。

②代谢适能。

代谢适能可以通过体育锻炼得以提高，并且随着它的提高可以降低患心脏病的风险，具体包括糖耐量、胰岛素敏感性和脂代谢能力。根据美国心脏协会的等级标准，美国有 8% 的儿童胆固醇含量超标，0.7% 的男孩和 3.7% 的女孩空腹血糖含量超标。这些孩子患代谢类疾病和心血管疾病的风险也随之提高。

③身体形态。

BMI（身体质量指数）是广泛用于确定超重和肥胖的一个身体形态指标。根据美国疾病控制与预防中心（Center for Disease Control and Prevention，CDC）的生长表格，超重被定义为：BMI 指数介于 85% 和 95%，肥胖被定义为：BMI 指数超过标准范围的 95%。较高的 BMI 指数与心血管疾病、代谢类疾病和糖尿病的发病有关。在 1960—2010 年的 50 年里，美国儿童和青少年肥胖的发病率显著增加，根据美国健康和营养调查（NHANES）的数据显示，美国儿童和青少年中有 31.8% 的人超重，其中有 16.9% 的属于肥胖。BMI 与体育锻炼有较大相关性，超重和肥胖的儿童与体重在正常范围内的儿童相比，更难以接受身体活动的建议。

④运动能力。

运动能力经常被作为构成全身体能包括灵敏性、柔韧性、平衡能力、协调性

[1] National Federation of State High School Associations. 2012 – 13 high school athletics participation survey results. Available from：http：//www.nfhs.org/content.aspx? id = 3282.

和移动速度的一部分而被忽略，因为用于证明运动能力和健康之间关系的证据没有其他要素多。有关调查显示，柔韧性与预防背部疼痛和其他肌肉不适有极大的关系，并且也有助于改善身体形态，但是由于缺乏大量的及全国性的样本数据使得美国关于儿童的调查难以开展，尽管运动能力在孩子的成长和学习控制自身动作和日常生活中非常重要。

⑤肌适能。

肌适能主要包括肌肉力量、肌肉强度和肌肉耐力。力量训练可以提高青少年心血管和代谢健康状况、提高认知与运动能力。来自美国青少年体质调查（National Youth Fitness Survey，NNYFS）的数据显示，经过一系列的测试，青春期的男孩一般比青春期的女孩强壮些，并且年龄大些的男孩和女孩比年纪小的男孩和女孩力量更大些[1]。

（7）家庭和同伴

在儿童和青少年中家庭和同伴的支持是儿童和青少年参与身体活动的重要的决定性因素。然而，美国目前没有一个通用的具有代表意义的数据进行评分，因此委员会标明为“INC”，即没有足够的证据来分配指标等级。

父母可以通过提供直接的或者后勤支持以及行为建模、给予鼓励或通过参与孩子的活动和游戏的方式给予孩子直接或间接的支持，从而鼓励他们参加体育锻炼。直接的支持包括参与孩子的运动，接送孩子参加体育锻炼，在活动中发挥积极作用。当父母通过自己的行为向孩子展示或鼓励孩子参与身体活动，孩子便会进行模仿。关于父母的行为怎样影响孩子的活动水平还缺乏相关证据。根据Framingham的研究，父母活跃的孩子参与体育锻炼的概率是父母不活跃的孩子参与体育锻炼的概率的6倍[2]。然而在有关儿童（4～11岁）与青少年（12～16岁）身体活动的最新综述中发现父母对孩子的影响参差不齐。有38%的研究发现孩子参与体育锻炼的程度与父母之间有正相关性，他们会模仿父母的行为。研究同时发现，孩子体育锻炼水平和父母参与之间没有明确的关系。

---

〔1〕 ERVIN RB，WANG CY，FRYAR CD，MILLER IM，OGDEN CL. Measures of muscular strength in U. S. children and adolescents，2012. NCHS Data Brief，no 139. Hyattsville，MD：National Center for Health Statistics，2013.

〔2〕 MOORE LL，LOMBARDI DA，WHITE MJ，CAMPBELL JL，OLIVERIA SA，ELLISON RC. Influence of parents' physical activity levels on activity levels of young children［J］. J Pediatr，1991（118）：215－219.

来自 2010 年美国青少年身体活动和营养研究（National Youth Physical Activity and Nutrition Study，NYPANS）的证据显示，60% ~75% 的受访父母鼓励他们的孩子在体育锻炼中要踊跃表现，但是只有 48.5% 的父母积极参与到了其中。研究还显示父母对体育锻炼的支持使孩子们更有可能达到建议的标准[1]。

（8）学校

学校的主要指标：在过去的 1 周至少上过 1 次体育课的高中生的比例。

“C－”等级主要是因为在美国许多高中，体育课并不是四年都开设，并且在同一所学校体育课的参与情况会有差异。在高中，9 年级参与体育课的积极性最高，10 年级和 11 年级有所下降，12 年级最低。由于性别的差异，只有一半的青少年参加日常身体活动。因为数据主要来源于高中生，本研究就不再赘述了。

（9）社区与周边建筑环境

社区与周边建筑环境的主要指标：儿童和青少年居住的社区中至少有一个公园或游乐场所的比例。

“B－”等级是根据美国国家儿童健康研究中心（the National Survey of Children’s Health，NSCH）的结果，绝大多数美国儿童和青少年居住的社区，至少有一个公园或游乐场所。然而，由于种族和社会经济地位存在显著差异，因此委员会将社区与周边建筑环境的等级定为“B－”。

“建筑环境”这一术语是指：“为了方便日常生活而设置的社区功能，比如街道、商店、饭馆和公园。”社区预防工作服务小组（The Task Force on Community Preventive Services）强烈建议在社区和邻里之间把“建造新的或增加活动场所与信息宣传活动结合起来”作为一个有效提高体育锻炼的策略。人造的或者自然的环境都可以促进体育锻炼，在儿童和青少年中可以通过多种方法提高身体活动水平以改善健康，减少身体肥胖。例如，通过提供方便进入公园或者游乐场所的安全的人行道等。事实证明，公园是仅次于学校的儿童和青少年积极进行身体活动的地方，并且大量研究已经证实住在公园或者游乐场所附近的儿童和青少年有较高的体育锻炼水平。

此外，社区公园的存在及特定的公园有可能影响到在公园里进行身体活动的

[1] 2010 National Youth Physical Activity and Nutrition Study. Lowry，R.，et al.，Obesity and other correlates of physical activity and sedentary behaviors among US high school students. J Obes，2013：276－318.

儿童的锻炼水平。许多公园鼓励幼儿使用如秋千和攀登架等游乐场设施，然而公园也应该提供一些年龄大些的儿童喜欢用的设施。研究显示，调整公园布局使其包括体育场、滑板区或者赛车区可以提高公园的使用效率，提高儿童和青少年的身体活动水平。2014 年美国对社区和建筑环境的分级仅仅是基于公园和操场的数量进行的。公园设置与活动项目规划、设施以及公园的使用与在里边进行身体活动的水平有很大的相关性。未来，美国政府对公园会有更多的要求，包括基础设施的质量、项目的可用性、活动的可实施性以及与治安和交通相关的安全性问题。

（10）政府政策和资金投入

政府政策和资金投入的主要指标：由美国联邦政府制定的策略、政策、投资，旨在提高美国儿童和青少年的身体活动水平和制定有助于提高健康水平的身体活动指导方针。

美国政府已经制定和实施了一些项目和政策，旨在提高儿童和青少年的身体活动水平。其中具有标杆性的政策有《2008 年美国人身体活动指南》《社区改造补助计划》《联邦安全上学路线计划》，美国青少年体质调查，以及“行动起来”倡议和美国总统健身、运动和营养委员会项目。然而，目前还缺少全国性的具有代表意义的数据来进行评分，因此委员会标明为“INC”，即没有足够的证据来分配指标等级。

①《2008 年美国人身体活动指南》（*The* 2008 *Physical Activity Guidelines for Americans*）。

《2008 年美国人身体活动指南》（以下简称《指南》）是美国联邦政府首次发布的全面的有据可循的身体活动指导意见[1]。《指南》为美国儿童和成人推荐了身体活动的运动量和锻炼方法，并提供了科学依据，以改善美国国民的健康状况。《指南》成为目前全球最具影响力的身体活动指导意见。除了推荐不同年龄段的运动量，《指南》还介绍了常规性的身体活动的益处，尤其为儿童、青少年、成年人、老年人、孕妇、残疾人和患有慢性疾病的人提供了注意事项和行动方案，以帮助他们达到《指南》的建议标准。

---

〔1〕 U. S. Department of Health and Human Services（DHHS）. Physical Activity Guidelines for Americans, 2008. Washington，DC：U. S. Government Printing Office，2008.

②《社区改造补助计划》（*The Community Transformation Grant Program*）。

《社区改造补助计划》主要聚焦于社区健康与福利，包括促进积极的生活和健康的饮食[1]。从 2011 年开始美国疾病控制与预防中心已经获得来自全美各州、地方政府、地区、非营利组织超过 1.7 亿美元的资金，其中大约 75% 的资金项目集中于增加身体活动的机会，如改进学校体育课程，增加学校的课余休息时间和通过社区的运动娱乐活动中心增加校外锻炼的机会。

③《联邦安全上学路线计划》（*The Federal Safe Routes to School*, SRTS）。

《联邦安全上学路线计划》在 2005 年 8 月以立法的形式得以确立，法案名称为《安全负责的高效运输权益法案》（*Safe Accountable Efficient Transportation Equity Act: A Legacy for All Users*, SAFETEA－LU）[2]。SAFETEA－LU 为联邦政府交通运输部开展和运营 SRTS 计划提供资金，SRTS 计划旨在帮助州与社区儿童和青少年建设安全的上学路线。2005—2012 年，SRTS 向 50 个州和哥伦比亚特区提供了 10 亿多美元开展 SRTS 计划。2012 年通过了《21 世纪前进法案》（*The Moving Ahead for Progress in the 21st Century*, MAP21），该法案为《运输替代方案》（*The Transportation Alternatives Program*, TAP）提供资金。TAP 被认为是一种交通运输方案，例如学校安全路线项目、行人和自行车设施、休闲步道等。事实上，与 SRTS 相比，TAP 项目扩大了身体活动项目的资金来源。TAP 包括 2013 年 8.09 亿美元的财政授权和 2014 年 8.2 亿美元的财政拨款。

④"行动起来"（Let's Move!）。

"行动起来"是由美国前第一夫人米歇尔于 2010 年倡导实施的一项行动，它的主要目的就是解决新一代美国儿童的肥胖问题[3]。行动包括 5 个目标：一是为

---

〔1〕 Centers for Disease Control and Prevention（CDC）. National Center for Chronic Disease Prevention and Health Promotion. Community Transformation Grant Program. Atlanta, GA: Centers for Disease Control and Prevention, http://www.cdc.gov/nccdphp/dch/programs/communitytransformation/index.Htm.

〔2〕 U.S. Department of Transportation（DOT）. Federal Highway Administration（FHWA）. Safe Routes to School. Washington, DC: U.S. Department of Transportation, Federal Highway Administration [EB/OL]. http://www.fhwa.dot.gov/environment/safe_ routes_ to_ school/.

〔3〕 Centers for Disease Control and Prevention（CDC）. National Center for Health Statistics（NCHS）. National Health and Nutrition Examination Survey National Youth Fitness Survey Data. Hyattsville, MD: U.S. Department of Health and Human Services, Centers for Disease Control and Prevention [EB/OL]. http://wwwn.cdc.gov/nchs/nhanes/search/nnyfs12.aspx.

孩子创造一个健康的开始；二是给父母或者监护人授权；三是学校提供健康的食物；四是改善健康状况，提供经济实惠的食物；五是提高身体活动。根据总统备忘录2010年美国联邦政府成立了白宫儿童肥胖工作小组，工作小组调查并形成相关的报告，为“行动起来”5个目标的实现提供基准和行动方案。工作小组的使命就是审查现行项目或政策中有关儿童营养和身体活动的可行性证据并最终形成一个解决儿童肥胖问题的全国性行动方案。

⑤美国青少年体质调查（National Youth Fitness Survey，NNYFS）。

美国健康和营养调查统计中心（National Health and Nutrition Examination Surveys，NHANES）为了应对缺乏具有代表性的美国儿童和青少年体质测量数据，主导实施了美国青少年体质调查（National Youth Fitness Survey，NNYFS）[1]。NNYFS在3～15岁的儿童和青少年中将访谈和一系列能够直接收集数据的体能测试、身体活动水平、营养水平结合起来。2012年NNYFS对全美1 500名儿童和青少年随机发放了包括访谈在内的问卷，分为家庭和参与者的调查问卷。家庭调查问卷主要收集人口统计和社会经济状态信息，参与者调查问卷收集饮食和其他与健康有关的信息。健康测量和体能测试由受过训练的医务人员在移动检测中心进行。健康测量和体能测试包括人体测量、加速度测量，不同年龄体适能的构成要素包括身体成分、心肺耐力、肌肉力量和耐力、柔韧性。

⑥美国总统健身、运动和营养委员会（The President's Council on Fitness, Sports, and Nutrition）项目。

带着“让所有美国人过上健康、积极的生活”的愿景，美国总统健身、运动和营养委员会（The President's Council on Fitness, Sports, and Nutrition, PCFSN）致力于教育和激励所有美国人采取健康的生活方式，包括身体活动习惯和良好的营养[2]。PCFSN包括美国所有的计划项目，尤其包括促进儿童和青少年以及其他高危人群的健康教育和健康行为。PCFSN与私人和公共部门组织的多项合作项目，包括“总统挑战计划”（*The President's Challenge Program*）、《积极生活方式总统

---

〔1〕 Office of the First Lady. Let's Move!, the White House, Office of the First Lady [EB/OL]. http://www.letsmove.gov/ 88.

〔2〕 United States Department of Health and Human Services (DHHS). President's Council on Fitness, Sports, &Nutrition [EB/OL]. http://fitness.gov/.

奖》（*Presidential Active Lifestyle Award*）、“总统青年健身计划”（*The Presidential Youth Fitness Program*）、“加入我们”（*Joining Forces*）、“我能做到，你也能做到”（*I Can Do It, You Can Do It!*）、“身体活动倡议”（*The Physical Activity Initiative*）、“行动起来”和“总统委员会奖励计划”（*President's Council Awards program*），这些项目都旨在促进儿童和青少年的身体活动。

（四）美国运动与体育协会（NASPE）有关高质量儿童体育教育的政策

美国运动与体育协会（National Association for Sports and Physical Education, NASPE）负责全美体育教育事业。1986 年 NASPE 开启了美国“优秀体育计划成果”项目，经过 6 年的研究，1992 年 NASPE 提出“受过体育教育者”（a physically education person）概念。此后，NASPE 先后出台了多项关于提高体育教育质量的政策和文件，如 2002 年出台了《课外身体活动与校内体育课程指南》（*Guidelines for After - school Physical Activity and Intramural Sport Programs*），2003 年发布了《什么是高质量的体育课程?》（*What Constitutes A Quality Physical Education Program?*），2004 年出台了《5 ~ 12 岁儿童身体活动指南》（*Physical Activity for Children: A Statement of Guidelines for Children Ages 5 ~ 12*），2007 年发布了《什么是高素质的体育教师?》（*What Constitutes A Highly Qualified Physical Education Teacher?*），2008 年出台了《综合学校体育活动计划》（*Comprehensive School Physical Activity Programs*）。那么，美国是如何实施高质量的儿童体育教育的呢？本部分将从以下几方面对高质量的儿童体育教育做一下介绍。

1. 高质量儿童体育教育的目标

NASPE 指出，高质量儿童体育教育的目标就是要让儿童学会各种身体活动所需的技能；身体健康；定期参加身体活动；了解参加身体活动的意义和价值；良好的体育理念能够指导自身健康的生活方式[1]。

美国卫生及公共服务部部长刘易斯·W. 沙利文（Louis W. Sullivan）就高质量儿童体育教育的目标进一步阐述为 3 个方面：为培养身体健康的青年打下基础；教会儿童有关身体活动、身体健康和健康之间的关系（relationship between physical

---

〔1〕 Is your child a physically educated person? [EB/OL]. http://119.90.25.45/www.riverhead.net/HTML/District04/Health/PhysEducatorsParents%20Brochure2012.pdf.

activity, physical fitness, and health)；促进儿童身体运动的技能、知识和态度，引导儿童同成人一起进行积极、健康的生活方式。

2. 高质量儿童体育教育的实施手段

NASPE 提出了保证高质量儿童体育教育的实施手段。其具体内容包括以下几方面：第一，设计具有挑战性和创新性的活动，培养儿童积极的、终身的、健康的态度和安全的行为；第二，提供发展平衡、协调、灵敏性、力量、速度等与儿童身体技能相关的健身机会；第三，提供儿童管理个人和社区资源的机会；第四，提供保持和促进儿童心肺功能、耐力、灵活性和肌肉力量等与身体健康相关的机会；第五，向儿童提供在终身体育中学习、应用技能和知识的机会；第六，通过体育运动，培养儿童的生活技能，包括尊重他人、与人合作、信任、沟通、诚实守信、解决问题以及设置目标等方面的能力。

3. 高质量儿童体育教育的资源

美国外科医生唐纳利和兰波（Donnelly and Lambourne）2011 年指出，所有儿童都需要从有规律的身体活动中受益。通过日常活动，儿童可以改善和维持他们的健康和生活质量。经常锻炼身体、身体健康的儿童在学校的表现会好于其他儿童。在学校里身体活动活跃的孩子在标准化考试中表现更好。越多的身体活动会产生更多的健康益处，身体活动会降低早发冠心病、高血压、结肠癌和糖尿病的患病风险。同时，身体活动对改善心理健康，对肌肉、骨骼、肺和关节的健康都有重要作用。身体活动可减少压力，有助于控制体重，身体活动时间是一段宝贵的休闲时间[1]。

（1）学校

1995 年 NASPE 发布了从幼儿园到高中的学校体育国家标准《走向未来——全国体育标准：内容和评价指南》[2]，该指南给出了各阶段的发展重点及详细的实例方法，奠定了其在全美体育课程标准的地位[3]。

---

〔1〕 Quality Physical Education [EB/OL]. http://www.newpaltz.k12.ny.us/cms/lib/NY01000611/Centricity/Domain/523/Openhouse%20Pamphlet.pdf.

〔2〕 http://www.aahperd.org/naspe/standards/national standards/PE standards.cf.

〔3〕 王艳. 美国运动与体育协会高质量儿童体育教育体系研究 [J]. 比较教育研究，2016 (3)：103-107.

（2）家长

高质量的儿童体育教育需要家长和体育教师建立良好的伙伴关系。良好的沟通有助于儿童高质量学习经验的获得。家长要配合和倡导学校优质体育教学和课程，支持和鼓励儿童在学校参加适当的、愉快的身体活动。同时，家长要做孩子参加身体活动的榜样，积极参加包括身体活动在内的家庭活动。通过体育教育相关的政策法规，确保孩子接受指导。

（3）社区

社区应当提供适当的社区体育和娱乐活动以吸引儿童。同时社区应从不同的机构或场地，如教会、青年俱乐部、公园、健身步道、高尔夫球场等获取多样的社会资源，并向儿童提供多样的身体活动，如武术、舞蹈、游泳等。

4. 有关高质量儿童体育教育的研究数据

Tucker 通过数据调查，系统回顾介绍了 2 ~ 6 岁学龄前幼儿的身体活动水平[1]，研究的调查对象来自 7 个国家的 10 316 名幼儿（5 236 名男孩和 5 080 名女孩），调查标准依据美国运动与体育协会（NASPE）为学龄前幼儿提供的身体活动指导方针。调查显示，近一半的学龄前儿童没有足够的身体活动量。根据学龄前幼儿身体活动指导方针，幼儿每天至少参加 60 分钟的身体活动，而调查显示，只有 54% 的参与者达到了这个要求。此外，男孩比女孩能够参加更多的身体活动。因此，有效的干预措施，对于推动和促进儿童的身体活动是必要的，尤其是女孩。Tucker 提出，未来需要一个更客观的学龄前儿童身体活动指导方针，以便实施更加有效的追踪调查和测量活动。

（五）全美幼儿教育协会（NAEYC）有关幼儿体育与健康的政策：《美国 0 ~ 8 岁幼儿适宜性教育实践方案》

全美幼儿教育协会（The National Association for the Education of Young Children, NAEYC）是美国幼儿教育的权威机构，协会致力于通过实践、研究和政策制定来促进 0 ~ 8 岁幼儿进行高质量的早期学习。NAEYC 有近 6 万名个人会员和 300 多个区域性的会员组织。协会制定了权威的早期教育指导原则，指导教育者对幼儿实

〔1〕 TUCKER P. The physical activity levels of preschool - aged children: a systematic review [J]. Early Child. Res. Q, 2008, 23 (4): 547 - 558.

施正确的早期教育，协会制定的《早期教育专业人员培养标准》作为美国早期教育师资培养质量控制体系中的重要组成部分，对美国早期教育产生了积极的影响，引领了美国儿童早期教育实践[1]。NAEYC 的理论、实践和标准体系影响着美国联邦政府和各州幼儿早期教育的立法和公共政策。

为抵制学前教育小学化倾向，1987 年 NAEYC 首次发布《美国 0～8 岁幼儿适宜性教育实践方案》（*Developmentally Appropriate Practice in Early Childhood Programs Serving Children from Birth through Age* 8，DAP），之后经过 1997 年、2009 年两次修订，提出了一系列幼儿教育价值、幼儿教育实践和幼儿教师专业发展等方案。DAP 指出，幼儿的健康发展包括多方面，如身体和动作的发展，精神、情感、社会性和智力的健全，营养均衡和良好的饮食习惯，以及对一般健康和安全问题的关注[2]。本部分将针对方案中有关幼儿体育课程内容设置、幼儿体育游戏和幼儿教师的专业素养做出阐释。

1. 关于幼儿体育的课程内容设置

DAP 的课程设置包括三大领域：个人和社会性发展、认知和读写能力发展、审美能力和创造力发展。幼儿体育和健康发展属于个人和社会性发展领域。DAP 指出，适宜的幼儿体育指导包括：充分接纳全体幼儿；为课堂活动提供尽可能多的练习机会；精心设计能促进幼儿学习的课程；不要将身体活动作为惩罚；使用正规评价系统来监测评估和加强幼儿的学习[3]。幼儿的基础性身体运动包括移动性运动、原地运动以及身体适应力和肌肉锻炼（大肌肉运动、小肌肉运动和技巧性活动以及自我测查活动）。

2. 关于幼儿体育游戏

全美幼儿教育协会充分肯定了包括体育游戏在内的游戏活动在幼儿成长过程中的重要作用。儿童从事各种各样的游戏，如物理游戏、对象游戏、假装或戏剧游戏、有建设性的游戏等。同时，幼儿通过对不同动物的观察，可以为个体提供

---

〔1〕 About NAEYC [EB/OL]. http://www.naeyc.org/content/about-naeyc.

〔2〕 克劳迪娅·伊莱亚森，洛亚·詹金斯. 美国幼儿教育课程实践指南 [M]. 李敏谊，付咏梅，刘丽伟，等，译. 北京：机械工业出版社，2015：162.

〔3〕 克劳迪娅·伊莱亚森，洛亚·詹金斯. 美国幼儿教育课程实践指南 [M]. 李敏谊，付咏梅，刘丽伟，等，译. 北京：机械工业出版社，2015：163.

重要的生理、心理、情感和社会功能要素，而每一种游戏都有其好处和特点[1]。户外活动是幼儿体育课程不可或缺的一部分。DAP 认为，要重视幼儿游戏的重要作用，同时不能忽视幼儿教师在幼儿游戏中的指导作用。

3. 关于幼儿教师的专业素养

2008 年，NAEYC 开发了幼儿教育从业者专业发展体系（Early Childhood Professional Development System，ECPDS），指出美国幼儿教师应具备六大知识结构：语言和读写知识、艺术知识、数学知识、身体锻炼和体育知识、科学知识、社会知识。其中，身体锻炼和体育知识是幼儿教师不可缺少的职业知识。身体活动和身体研究是幼儿早期学习的基本要素，幼儿教师引导幼儿进行高质量的、有意义的身体锻炼具有重要的意义。NAEYC 指出，幼儿教师应能根据幼儿的年龄和健康特征，提供高质量的、有意义的身体锻炼和身体活动，促进幼儿健康经验的获得和肢体的锻炼。

DAP 理论的突出特点是以幼儿为中心，注重课程体系结构和各系统之间的连贯性、赋予教师更多的内容，教师从课程内容的选择到课程计划的实施起着重要的教育决策作用。DAP 同时强调关注幼儿的家庭、文化背景。

（六）美国医学研究所（IOM）有关幼儿体育与健康的政策：《早期儿童肥胖预防政策》

鉴于越来越多的证据表明，一个人幼儿时期的健康与成年后绩效产出有着显著的相关性，美国医学研究所（The Institute of Medicine，IOM）常委会于 2011 年颁布了针对 0 ~5 岁幼儿的《早期儿童肥胖预防政策》（*Early Childhood Obesity Prevention Policies*，2011），研究和指导预防 0 ~5 岁幼儿的肥胖问题[2]。委员会指出，预防幼儿肥胖、保证幼儿健康与幼儿的营养、幼儿自身体质发展、幼儿身体活动、幼儿心理与行为、儿童保育法规和政策、家庭健康以及社区卫生等有很大的相关性。

---

〔1〕 Developmentally Appropriate Practice in Early Childhood Programs Serving Children from Birth through Age 8 [EB/OL]. http://119.90.25.20/www.naeyc.org/files/naeyc/file/positions/position%20statement%20Web.pdf: 14.

〔2〕 Early Childhood Obesity Prevention Policies (2011) [EB/OL]. http://www.nap.edu/openbook.php?record_id=13124&page=2.

1. 《早期儿童肥胖预防政策》背景和目标受众

IOM 在幼儿肥胖预防政策中指出，在美国，儿童肥胖是一个非常严重的健康问题，它对个人、家庭和社区都有着不利和持久的影响。美国在过去的几年里，一直将防止儿童肥胖的目光集中在学龄期儿童，而很少将注意力集中在5岁以下的幼儿。近几年，越来越多的人意识到，应将防止儿童肥胖努力放在学龄前幼儿上。

《早期儿童肥胖预防政策》引用美国疾病控制与预防中心（The Centers for Disease Control and Prevention）的数据指出，肥胖的流行在幼儿这一群体中未能幸免，1~2岁的幼儿大约有10%超重，但2~5岁的幼儿超重或肥胖就达到了20%。与此同时，与幼儿会“从他们的婴儿脂肪中长出来”（grow out of it，也即中国俗语“小孩长个抽条”）这一普遍观点相反，幼儿期的肥胖会持续到未来的生活中，并且增加了成年期与肥胖相关的疾病风险。在出生的第一年，环境因素深刻地影响着幼儿的发展，表现在幼儿的饮食、身体活动和睡眠模式，这些要素会一直影响着他们的健康和生活质量。

这也是 IOM 出台0~5岁幼儿肥胖预防政策，提出政策建议的主旨。负责审查0~5岁幼儿肥胖和超重的重点放在影响幼儿身体活动和久坐行为的因素上，并提出相关建议，目的就是防止肥胖发生在人的幼儿期和青少年期，促进幼儿在家庭以外的环境中的健康[1]。同时，通过进行以预防为导向的研究来探索幼儿身体活动和体重过度增长风险之间的关系[2]。

2. 制定《早期儿童肥胖预防政策》的手段和方法

《早期儿童肥胖预防政策》常务委员会制定政策的过程非常严谨。常务委员会分析了不同的案例，回顾了公开发表的研究文献，邀请政策问题专家就政策的出台提供咨询。常务委员会认为提出的政策可能会成为影响儿童肥胖的决定性因素，因为委员会提出的增加幼儿身体活动、促进幼儿健康饮食，这些结果与预防幼儿肥胖有着直接的关联。委员会还借鉴了其成员的丰富经验和专业知识，利用小学和中学数据作为评估证据，指出幼儿肥胖的风险因素包括：与照顾者的关系、身

〔1〕 Institute of Medicine（IOM）Early Childhood Obesity PreventionPolicies. Washington，DC：The National Academies Press；2011［EB/OL］. http：//advances. nutrition. org/content/3/1/56. full. pdf.

〔2〕 RUSSELL R. PATE，JENNIFER R. O'NEILL，WILLIAM H. BROWN，等. 学龄前儿童体力活动研究的10大问题［J］. 北京体育大学学报，2015（6）：50-54.

体活动的机会和障碍、健康食品、社会因素等。

政策的受众包括决策者和影响幼儿发展和成长的利益相关者[1]。

3.《早期儿童肥胖预防政策》的目标和建议

《早期儿童肥胖预防政策》提出了 11 个目标，并就实现的目标提出了有针对性的 11 项建议。

（1）评估、监控和跟踪 0 ~5 岁幼儿的身体增长情况

委员会建议卫生保健员使用世界卫生组织（WHO）的生长图或者美国疾病控制与预防中心（CDC）的增长图测量和监控幼儿的体重、身高。同时还应该关注 3 个关键点：一是位于整体数据 85% 以上幼儿的体重和身高；二是幼儿体重增长率；三是应将幼儿父母的体重作为评估幼儿目前及未来肥胖风险的影响因素。

（2）增加幼儿身体活动量

委员会建议所有育儿监管机构都应要求幼儿保健中心和儿童早期教育中心的教育工作者向幼儿提供足够的身体活动机会。此外，社区应该为所有包括幼儿在内的儿童提供身体活动机会。幼儿应进行充分的身体活动，清醒时每小时进行 15 分钟适度或者大强度的身体活动。

（3）减少幼儿的久坐行为

育儿监管机构鼓励公共服务管理者和提供者采取有效措施，确保幼儿坐着（如坐在汽车座椅或高脚椅上）的时间是有限的。

（4）帮助成年人增加幼儿的身体活动，减少幼儿的久坐行为

委员会建议采用通过培训家长的形式来提高幼儿的身体活动和降低幼儿的久坐不动行为，同时也增加家长的身体活动，减少久坐行为。除睡觉以外，幼儿一次性静坐的时间要少于 30 分钟。

（5）促进多种营养食品的消费，鼓励和支持婴儿期母乳喂养

与婴儿一起生活的成年人应促进和支持纯母乳喂养 6 个月和继续母乳喂养 1 年或更长。委员会建议儿童保健监管机构要求所有的膳食、零食和饮料都是符合美国联邦标准的。此外，该委员会建议结合美国 2015 年居民饮食指南建立从出生到

〔1〕 Early Childhood Obesity Prevention Policies（2011）［EB/OL］. https：//www. nap. edu/read/13124/chapter/2.

2 岁幼儿的饮食指南标准。

（6）创造一个健康的饮食环境

国家儿童保育机构正在敦促，要求儿童护理者和教育者响应幼儿喂养技巧的学习和练习。

（7）确保所有儿童能够获得负担得起的健康食品

政府机构应最大限度地参与联邦营养援助计划，并增加社区健康食品的提供。

（8）帮助成人提升幼儿的饮食健康

委员会鼓励健康和教育专业人员提供指导，对父母和喂养者与年幼的孩子进行培训，帮助成人提升幼儿的饮食健康。

（9）限制幼儿观看屏幕的时间，限制幼儿接触不健康食品和饮料

委员会建议，2 ~5 岁幼儿接触屏幕的时间（包括电视、手机、数字媒体）应该限定为每天 2 小时；应将电视机、电脑和其他数字媒体设备与幼儿的睡眠区分隔开来。

（10）鼓励建立市场营销体系，向孕妇和幼儿提供市场销售信息，预防幼儿早期肥胖

美国健康与公共事业部（USPHS）以及联邦政府鼓励建立市场营销体系，向孕妇和幼儿提供市场销售信息，预防幼儿早期肥胖。

（11）控制与幼儿年龄相适宜的睡眠时间

建议家长采取适当的做法，养成与幼儿年龄相适宜的睡眠习惯，如降低幼儿卧室的噪声、调低卧室光照强度。

《早期儿童肥胖预防政策》提供了幼儿阶段儿童预防肥胖的具体的、可操作的目标和建议。具体而言，这些由各级政府倡导的目标和建议通过专业的指导和推广促进了幼儿的健康饮食。政策还强调了在政策研究中存在很多空白点，但鉴于幼儿阶段肥胖问题的紧迫性，先采取行动才是当前最有力的战略措施。

（七）美国儿科学会有关幼儿体育与健康的政策

正如《早期儿童肥胖预防政策》所描述的：幼儿身体活动政策的研究还有许多空白点。美国儿科学会（The American Academy of Pediatrics，AAP）指出，肥胖率在儿童的各个阶段都在增长，而身体活动的减少是肥胖增长的根本原因。而大多数人并不知道幼儿身体活动行为或者幼儿参加身体活动的重要作用。为描述幼

儿身体活动水平及其差异，美国儿科学会对9所幼儿园的281名幼儿进行实验，研究发现，男孩的身体活动明显高于女孩，黑人幼儿比白人幼儿更活跃[1]。

1.《关心儿童：幼儿护理与教育计划国家健康标准》（第三版）

2011年6月由美国妇女儿童卫生局、美国卫生与服务管理局以及美国卫生与人类服务部支持，美国儿科学会、美国公共卫生学会以及美国科罗拉多大学护理学院儿童护理与早期教育国家中心联合发布了《关心儿童：幼儿护理与教育计划国家健康标准》（第三版）（*Caring for Our Children：National Health and Safety Performance Standards；Guidelines for Early Care and Education Programs，Third Edition*，CFOC），CFOC长达613页，对幼儿的营养膳食、餐饮监管、身体活动、教育者的行为、屏幕时间等多个方面做了详尽的阐述。

CFOC第三章为"幼儿健康促进"。这一章从幼儿身体活动的时间、户外活动（包括防止大气污染）、幼儿看护者或教师以及促进幼儿身体活动的策略者等对幼儿身体活动做了详细的规定。首先，体育设施应能促进幼儿每天的积极身体活动。其次，幼儿每天应该都有机会参加从中等到剧烈的身体活动，如奔跑、攀爬、舞蹈、滑行和跳跃等。再次，从出生到6岁，只要天气允许，幼儿每天应该参加2～3次户外活动，教师或者看护者应该提供能够促进幼儿身体活动的户内外课程。最后，教师应为幼儿提供与其年龄相适宜的粗大动作技能指导。

（1）户外活动

婴儿（0～12个月）每天应该有2～3次户外活动。具体的活动时间和活动方式没有相应的推荐建议。除了吃饭和睡觉，婴儿每次坐着不宜超过15分钟。

幼儿（12个月～3岁）和学龄前儿童（3～6岁）每天应有60～90分钟的户外活动时间，在天气恶劣的情况下，可以缩短户外活动时间，增加室内活动的时间，身体活动总量保持不变。

（2）中度和剧烈运动时间的分配问题

身体活动从强度上可以分为中度和剧烈活动，中度和剧烈活动可以促进肌肉和骨骼的生长发育。

---

〔1〕 Physical - activity - in - preschool - children［EB/OL］. http：//www. healthychildcare. org/healthyfutures. html.

幼儿每天应有 60 ~ 90 分钟的从中度到剧烈的身体活动（包括跑步）。

学龄前儿童每天应有 90 ~ 120 分钟的从中度到剧烈的身体活动（包括跑步）。

CFOC 解释了以上标准的理论基础，即自由游戏、积极游戏和户外游戏是促进幼儿发展的基本要素，幼儿通过游戏获得粗大动作、社会情绪和认知技能的提升。通过在户外的身体活动，幼儿在自然环境中学习，这对他们的身体健康、运动神经系统、社会行为以及维持健康的体重都有着至关重要的作用。日常的身体活动促进了幼儿的骨骼健康发育，改善了幼儿的睡眠、情绪。

此外，CFOC 还从防晒、保暖、饮水、空气、穿戴服装、睡眠等方面对幼儿身体活动标准进行了详尽的规定。

对于幼儿究竟需要多少身体活动，CFOC 在附录中继续解释了这一问题，并指出“年龄适宜的身体活动”，是指和青少年相比，一些身体活动形式更适合包括幼儿在内的儿童，如儿童通常不需要肌肉强化训练，举重等运动不适合儿童。年幼的儿童通常通过体操、户外游戏以及攀爬活动增强肌肉。一些需要技巧和合作的复杂身体活动则不适合年幼的儿童参加。重要的是，向幼儿提供结构或非结构化的身体活动内容，让所有年龄段的儿童都能够享受到身体活动的乐趣，使幼儿终身坚持身体活动、体育锻炼成为一种可能。

2. 《预防幼儿肥胖的早期护理与教育计划指南》（第二版）

美国儿科学会与美国公共卫生协会联合出版了《预防幼儿肥胖的早期护理与教育计划指南》（第二版）（*Guidelines for Early Care and Education Programs*）[1]，《指南》是一套新的国家标准，为美国早期护理机构、家庭和幼儿园幼儿营养膳食、身体活动、屏幕时间等实践活动提供了详尽的描述，这一标准的模板为 CFOC。《指南》包含了大量切实可行的幼儿肥胖干预措施，包括幼儿身体活动策略。

---

〔1〕 Guidelines for Early Care and Education Programs ［EB/OL］. http：//cfoc. nrckids. org/StandardView/SpcCol/Preventing_ Childhood_ Obesity.

（八）美国疾病控制与预防中心有关幼儿体育与健康的政策：《美国国民体力活动指南》

美国提出“使身体活动成为一个孩子生命的一部分（Making Physical activity Part of Child's Life）”的口号。那么，儿童究竟需要多少身体活动？美国慢性病预防和健康促进中心（National Center for Chronic Disease Prevention and Health Promotion）于2011 年提出，儿童和青少年应该做60 分钟（1 小时）或更长时间的身体活动。这样的活动量听起来好像很多，但是根据《美国国民体力活动指南》（*Physical activity Guidelines for Americans*）就会发现，许多幼儿已经达到了身体活动指南的要求，而这些要求也可以通过轻松和愉快的方式来达到。

就身体活动类型而言，美国慢性病预防和健康促进中心鼓励幼儿参与3 种类型的身体活动，这3 种类型的身体活动分别是有氧运动、肌肉训练活动和骨骼强健活动[1]。具体要求如下。

1. 有氧运动

有氧运动应该占孩子每天60 分钟或更多身体活动的大部分时间，可以包括中等强度的有氧运动，如快步走，或高强度的有氧运动，如跑步。每周至少进行3 天的包括高强度在内的有氧运动。

2. 肌肉训练活动

肌肉训练活动，如体操或俯卧撑等身体活动，每周至少 3 天，每天至少 60 分钟。

3. 骨骼强健活动

骨骼强健活动，如跳绳、跑步等身体活动，每周至少3 天，每天至少60 分钟。

此外，可以让幼儿在力所能及的情况下参加一些身体活动，如骑自行车或打篮球。为更有效地指导不同年龄阶段青少年的身体活动，《美国国民体力活动指南》给出了详细的发展阶段活动列表（表4 –3）。

---

〔1〕 How much physical activity do children need? ［EB/OL］. http：//www. cdc. gov/physicalactivity/everyone/guidelines/children. html.

表 4－3　不同发展阶段参与身体活动类型对比列表[1]

身体活动类型	儿童（Children）	青少年（Adolescents）
中等强度的有氧运动	文娱活动，如远足、滑板、滑旱冰 骑自行车 步行上幼儿园	活跃的娱乐，如划独木舟、徒步旅行、越野滑雪、滑板、滑旱冰 快步走 骑自行车 在房前院后用割草机割草 需要捕捉和投掷的游戏，如棒球、垒球、篮球和排球
高强度的有氧运动	活跃的游戏，包括运行和追逐，如标签 骑自行车 跳绳 武术，如空手道 运动，如冰球或曲棍球、篮球、游泳、网球、体操	活跃的游戏，包括奔跑和追逐、橄榄球、足球等 骑自行车 跳绳 武术，如空手道等 奔跑 运动，如网球、冰球或曲棍球、篮球、游泳 强有力的舞蹈 有氧运动 啦啦操或体操
肌肉训练活动	游戏，如拔河比赛 改良后的俯卧撑（膝盖在地板上） 利用体重或阻力带进行阻力练习 爬绳子或爬树 仰卧起坐 游泳 体操	游戏，如拔河比赛等 俯卧撑 阻力训练，重量训练器械，攀岩 仰卧起坐 啦啦操或体操

〔1〕 Aerobic, Muscle－and Bone－Strengthening: What Counts? [EB/OL]. http://www.cdc.gov/physicalactivity/everyone/guidelines/what_counts.html.

续表

身体活动类型	儿童（Children）	青少年（Adolescents）
骨骼强健活动	跳跃运动 跳绳 跑步 运动，如体操、篮球、排球、网球	跳跃运动 跳绳 跑步 运动，如体操、篮球、排球、网球

（九）《我运动，我学习——努力满足儿童身体活动和营养需求》

美国数据政策研究所（Mathematical Policy Research）是美国第三方研究机构，研究所会聚了包括政府官员在内的 1 200 多名专家进行政策研究、数据收集和数据分析，为公共部门和私营部门提供政策支持，研究涉及健康、教育、幼儿营养和家庭支持等领域。

2010 年研究所发布了《我运动，我学习——努力满足儿童身体活动和营养需求》（*Efforts to Meet Children's Physical Activity and Nutritional Needs Findings from the I Am Moving I Am Learning Implementation Evaluation*），全文共 312 页[1]。该政策在概要中指出，儿童肥胖可能会导致寿命缩短，也正是因为肥胖的危害性和严重性，美国卫生署署长和医学研究所分别在 2001 年和 2005 年表明，预防肥胖应在人类生命早期开始。预防肥胖计划提出"我运动，我学习"（I Am Moving，I Am Learning，IM/IL）的口号。作为美国联邦政府最重要的早期儿童计划，计划启动评估和完善措施，旨在改善美国最脆弱人群——儿童的健康、教育和福祉。IM/IL 提出 3 个目标：第一，增强幼儿在日常生活中参与中等到剧烈身体活动（moderate to vigorous physical activity，MVPA）的时间；第二，通过老师或者家长提高幼儿结构化身体活动的质量；第三，促进幼儿的健康饮食，让幼儿养成健康的饮食习惯。对于超重和肥胖的判断，文中使用了一个公式：身体质量指数（BMI）= 体重（kg）/身高^2（cm^2），如果身体质量指数达到或者超过第 85 或者第 95 百分位数，

〔1〕 Efforts to meet children's physical activity and nutritional needs：Findings from the I Am Moving，I Am Learning implementation evaluation ［EB/OL］. https：//www. mathematica – mpr. com//our – publications – and – findings/publications/efforts – to – meet – childrens – physical – activity – and – nutritional – needs – findings – from – the – i – am – moving – i – am – learning – implementation – evaluation.

则为超重或者肥胖。

五、美国幼儿体育保障措施

美国社会普遍认为，家庭、学校和社区是影响幼儿日常身体活动的重要因素。研究表明，为幼儿提供安全的地方玩耍，增加他们经常性参加身体活动的机会，家庭将身体活动纳入日常生活是扭转儿童肥胖的重要策略。

（一）美国幼儿体育环境保障措施

2007 年积极生活研究项目组（Active Living Research）通过大量的数据分析环境和政策因素对青少年身体活动和久坐行为模式的影响，指出这些因素对儿童肥胖的影响[1]。研究指出，居住在公园、游乐场、步道以及休闲娱乐设施旁边社区的儿童和青少年，往往比那些居住在缺少娱乐设施社区的儿童和青少年有更多的身体活动。居住的社区，在周末也能使用学校体育设施的青少年有较低患肥胖的风险。研究还指出，高收入社区往往能够提供比低收入社区、少数族裔社区更多的身体活动机会。生活在有安全街道和人行道社区的青少年有更多身体活动的机会。

美国的 SRTS 项目改善了人行横道、交叉路口、慢行交通，并实施了相应的鼓励政策，使孩子步行更容易。研究同时表明，长时间的观看电视节目会增加儿童肥胖的风险。以学校为基础的干预措施，可以鼓励学生和家长限制儿童收看电视节目的时间，以促进身体活动，减少儿童肥胖的风险。

（二）美国幼儿教育中心体育干预措施

美国学者 Logan 等在《运动的基本原理：儿童运动技能干预效果的荟萃分析》一文中指出，全美幼儿教育协会强调了幼儿身体发育的重要性，同时，运动技能的干预显著提高了幼儿的基本运动技能。幼儿教育中心应实施各项运动项目策略来促进幼儿体格的发展。就研究的角度而言，在幼儿养育中心通过教学时间和教

〔1〕 Designing for Active Living Among Children [EB/OL]. http://activelivingresearch.org/designing-active-living-among-children.

学方法等干预手段构建幼儿课程大纲和结构化的运动课程是非常重要的[1]。美国联邦政府及幼儿园针对幼儿的日常生活和幼儿园的课程教学设计等采用了多样化的干预措施。

1. 幼儿体质评价指标体系——Fitnessgram

1982 年，美国库珀有氧运动研究所发布了 Fitnessgram 教育计划，这一计划制定了 5 ~25 岁不同年龄层的必测、选测项目（有氧代谢能力、身体成分、肌肉力量、肌肉耐力、灵活性），建立体质评价指标体系，并力图通过健身测试进行体适能教育。1999 年，与 Fitnessgram 教育计划相配套的身体活动评价项目 Activitgram 发布，这一项目通过体质测试软件向学生、教师和家长提供体质报告卡，目的是方便教师与家长获得畅通的联系，实现与家长的量化沟通。体质报告卡同时为家长选择相适应的身体活动项目，为促进幼儿健康提供建议。

2. 幼儿园健康干预研究项目——Healthy Start

20 世纪 90 年代，美国联邦卫生研究院资助了首个幼儿园健康干预研究项目——Healthy Start。Healthy Start 项目提出预防肥胖的口号是“我运动，我学习（I Am Moving，I Am Learning，IM / IL）”[2]。IM/IL 的目标是：①增加儿童每天进行中等到剧烈身体活动（MVPA）的次数；②提高由教师和其他成人帮助的幼儿结构化身体活动的质量；③促进儿童选择健康的食品。

3. 美国联邦政府对幼儿园幼儿肥胖进行干预的身体活动与营养项目

这一项目提倡“健康的饮食、身体活动和日常的健康习惯”是幼儿身体健康的基础，并为教师、家长和专职医护人员提供多样化的音乐、训练手法和实践课堂，目的是使家庭和儿童都能成为“健康冠军”[3]。

---

〔1〕 S. W. Logan，L. E. Robinson，A. E. Wilson and W. A. Lucas. Getting the fundamentals of movement：a meta - analysis of the effectiveness of motor skill interventions in children ［EB/OL］. http：//people. oregonstate. edu/ ~ flayb/MY% 20COURSES/H676% 20Meta - Analysis% 20Fall2016/Examples% 20of% 20SRs% 20&% 20mas% 20of% 20interventions/Logan% 20etal12% 20ma% 20of% 20effectiveness% 20of% 20motor% 20skill% 20intervenitons% 20in% 20children. pdf.

〔2〕 I am Moving，I am Learning：Early Findings from the Implementation of an Obesity Prevention Enhancement in Head Start Region III ［EB/OL］. https：//www. acf. hhs. gov/opre/resource/i - am - moving - i - am - learning - early - findings - from - the - implementation - of - an.

〔3〕 https：//choosykids. com/pages/about.

4. SPARKS 的早期儿童健康课程

美国 SPARKS 项目是圣地亚哥州立大学研究基金会 1989 年成立的研究型基础项目，项目致力于改善儿童、青少年的健康，为 3～5 岁幼儿以及 5～14 岁儿童放学后提供体育课程的教学。同时，SPARKS 项目进行教师培训，培训的教师代表前往全球进行教学和交流[1]。在长期的理论研究和实践操作中，SPARKS 项目出版了 45 套出版物，成为全球指导幼儿及学龄期青少年体育教育卓有影响力的项目，为遏制超重和肥胖问题提供了切实可行的方法和手段。

5. 美国儿科学会发起的健康课程

美国儿科学会通过网络向幼儿保健专业人员、幼儿护理者提供健康课程。

（三）美国企业的干预措施

在美国，一些企业通过网站等形式向幼儿和早期教育者提供帮助幼儿养成健康生活习惯的方法和手段。如有企业认为，通过培养幼儿健康的饮食习惯、提供健康的饮料、让幼儿动起来、减少屏幕时间、支持母乳喂养等早期护理和教育手段，可以有效地预防幼儿肥胖[2]。

六、美国幼儿体育制度的基本启示

美国幼儿体育发展在宏观的政策层面上受美国联邦政府政策的指导和调控，在微观的操作层面上受幼儿户外活动实践、屏幕时间以及幼儿监护者的监管和教育技巧的影响，在中观层面上受各研究机构、培训机构以及企业的引导，幼儿体育制度朝着良性的方向健康发展。完备的幼儿体育社会生态系统、联邦政府的指导干预作用以及多部门的交叉协同是美国幼儿体育制度的亮点。

但是，美国幼儿体育制度仍面临许多问题和存在许多不足。

美国建立了庞大而有效的幼儿健康促进生态模型系统，可以预见，美国各州如果能加强和广泛实施联邦政府的政策，基本可以遏制美国儿童肥胖的流行。但美国各州实行自治，美国各州有关营养和身体活动方面的政策存在很大的差异。根据 2001 年美国家庭教育调查显示，在美国 74% 的 3～6 岁幼儿不是由父母看护，

---

〔1〕 http：//www. sparkpe. org/early－childhood/curriculum/.

〔2〕 https：//healthykidshealthyfuture. org/.

56%的幼儿在幼儿保育中心。同样的，约2/3的3岁以下幼儿是由父母以外的人看护，其中有一半在幼儿保育中心[1]。研究者对美国50个州和哥伦比亚特区儿童保育机构进行调查，调查选取8个内容进行：①免费提供饮用水；②限制含糖分的饮料；③限制低营养食物的摄入；④不勉强儿童进食；⑤不把食物作为奖励；⑥支持和提供母乳喂养；⑦限制屏幕时间；⑧每天参加身体活动[2]。田纳西州关于幼儿保育中心的政策中包含了6个上述内容，特拉华州、格鲁吉亚州和印第安纳州三州的政策中包含了5个上述内容的政策，而哥伦比亚特区、爱达荷州、内布拉斯加州、华盛顿州就没有相关的政策。关于家庭托儿所的政策，格鲁吉亚州和内华达州有8项内容中的5个，亚利桑那州、密西西比州、北卡罗来纳州、俄勒冈州、田纳西州、得克萨斯州、佛蒙特州和西弗吉尼亚州有8项内容中的4个，加利福尼亚州、哥伦比亚特区、爱达荷州、艾奥瓦州和内布拉斯加州没有任何相关规定。

关于屏幕时间，不同州有不同的规定。17个州的幼儿保育中心（占33%）和15个州的家庭托儿所（占29%）规定了屏幕时间。对于幼儿保育中心，7个州限制了一天的屏幕时间：密西西比州、新墨西哥州、特拉华州规定一天的屏幕时间是1小时，阿拉斯加州规定一天的屏幕时间是1.5小时，格鲁吉亚州和田纳西州规定一天的屏幕时间少于2小时，得克萨斯州规定一周的屏幕时间少于5小时。同时，特拉华州不允许2岁以下的幼儿观看屏幕。

对于家庭托儿所，6个州限制了1天的屏幕时间，密西西比州限制屏幕时间是每天1小时，阿拉斯加州限制屏幕时间是每天1.5小时，特拉华州、格鲁吉亚州、俄勒冈州限制屏幕时间是每天2小时，得克萨斯州限制屏幕时间是每周5小时。许多州要求幼儿保育中心提供除了观看电视节目以外的其他选择。特拉华州和科罗拉多州是唯一需要获得父母许可才能在保育中心观看电视节目的两个州。

关于幼儿的身体活动，只有3个州规定了幼儿每天身体活动的时间。阿拉斯加州和特拉华州授权幼儿保育中心每3小时进行20分钟的中等或剧烈的身体活动。马萨诸塞州建议幼儿保育中心和家庭托儿所每天增加60分钟的身体活动时间。此

---

〔1〕 Obesity prevention in child care: A review of U. S. state regulations [EB/OL]. https://www.ncbi.nlm.nih.gov/pmc/articles/PMC2438347/pdf/1471-2458-8-188.pdf.

〔2〕 Obesity prevention in child care: A review of U. S. state regulations [EB/OL]. https://www.ncbi.nlm.nih.gov/pmc/articles/PMC2438347/pdf/1471-2458-8-188.pdf.

外，一些城市对管辖区的幼儿保育中心进行了政策规范，如纽约市颁布了《纽约卫生法典》，该法典第 47 条关于幼儿营养和身体活动的规定比纽约州更为严格，纽约市新政策可能会成为美国其他城市效仿的对象，这些城市出台的政策标准可能会超出各州的政策。

美国各州对政策的执行、实施并没有严格的评估和监管措施。例如，美国有 29 个州的幼儿保育中心每年有 1 次常规性检查，16 个州每年检查 2 次，6 个州每年检查 3 次或者 3 次以上。家庭托儿所，各州的检查从每 6 个月 1 次到 10 年 1 次不等，许多州没有例行检查的政策要求。这些都一定程度上削减了美国国家政策的实施效果，影响了幼儿体育制度的建设和保障功能。

第 5 章　加拿大幼儿体育制度

一、加拿大幼儿体育管理制度

加拿大是较早以政府力量改变不良生活方式促进人民健康的国家[1]。

加拿大地处北美，历史上曾为英属联邦，1926 年加拿大独立，现在的加拿大联邦国家由 10 个省和 3 个地区组成。加拿大政府的责任被划分为联邦政府和省级政府两部分，其中在医疗保险、教育和社会福利等方面，省级政府拥有较大的自治权。《加拿大刑法》是唯一一部联邦政府能凌驾于省级政府之上的法律。除此之外，加拿大联邦政府制定的各项法律与政策均由省级政府自行选择。也就是说，各个省及地区政府有权选择不实行联邦政府的法律和政策。

特殊的政治体制决定了加拿大独特的体育管理体制——联邦政府统筹指导下的省与地区各有分工、各有侧重的体育政策执行与管理体制。在工作对象方面，联邦政府确定了 7 大类目标人群：青少年儿童、妇女、老年人、成人、低收入人群、残障人士、土著居民等，安大略省在 7 大类目标人群的基础上增加了 0～6 岁婴幼儿和外来移民 2 类人群。在发展目标的设置上，加拿大联邦政府制定了具有指导性的《加拿大群众体育指南》，并通过大众媒体对优秀案例进行宣传，营造积极生活的社会健康环境，各省在联邦政府的指导下，结合自身实际制定更为详尽具体的体育发展目标：安大略省提出“每天进行 30 分钟步行活动的人口比例增加到

[1] 俞爱玲．加拿大学校“高质量的日常体育活动计划”的启示［J］．体育学刊，2006（3）：104－107.

55%”，不列颠哥伦比亚省提出“体育达标率从58%提高到69.9%”等目标。青少年儿童是体育工作的重中之重，加拿大各省及地区政府对该群体体育发展目标的设置充分体现出政府目标的明确性与细致性，要求“青少年儿童每天进行90分钟中等以上强度，群众体育的比例提高7个百分点，每天步行的数量从11 500步增加到14 500步”[1]。

另外，有研究表明，户外游戏与场地、设备以及季节有很大关系。加拿大大部分地区都有冷暖两个方面的极端天气，天气条件是加拿大幼儿体育发展和制度建设的一个重要影响因素[2]。

二、加拿大幼儿健康环境

在过去的十几年，加拿大人的体质和健康水平不断出现下降趋势，就青少年而言，只有7%的青少年参与活动指数达到加拿大1998年颁布的身体活动指南的基本标准，加拿大青少年把更多时间用于坐在沙发上看电视、看视频以及玩电子游戏。研究指出，加拿大青少年平均每天有8.6小时或者清醒时间的62%的时间处于久坐不动状态，这种久坐不动极大地威胁着加拿大青少年的健康水平。类似的报道在美国同样存在，美国的青少年平均每天有6～8小时处于久坐不动状态[3]。在这样的背景下，加拿大卫生部试图鼓励加拿大人限制他们的孩子看电视、看视频以及玩电子游戏的时间，并减少其他久坐不动行为。

三、加拿大幼儿体育制度的政策保障

（一）加拿大积极健康儿童报告卡制度

加拿大积极健康儿童报告卡制度（Active Healthy Kids Canada in 2005）旨在激发所有儿童和青少年参与身体活动。报告卡针对加拿大儿童和青少年的身体活动

---

〔1〕 王晓波. 加拿大大众体育政策的演进及其启示［J］. 体育文化导刊，2016（2）：25－29.

〔2〕 Physical activity for preschool children—how much and how?［EB/OL］. http：//www. nrcresearch-press. com/doi/pdf/10. 1139/H07－112? src = recsys&.

〔3〕 CSEP GUIDELINES' COMMUNIQUé［EB/OL］. http：//www. csep. ca/CMFiles/Guidelines/Guideline-Newsletter07Feb2011. pdf.

情况，从 2005 年开始，进行一年一度的编制和发布[1]。报告卡提供了加拿大儿童身体活动最全面的综合性评价。在过去的 10 年时间里，超过 80 000 个个体和组织使用报告卡倡导和设计解决方案，以提高儿童的身体活动。报告卡反映了儿童的身体活动、久坐行为以及睡眠等级。加拿大是世界上最早提出睡眠等级的国家[2]。加拿大积极健康儿童报告卡制度实施 10 年之后，政府对政策进行了调整，提倡增加青少年身体活动，国家成为推动儿童身体活动的主要力量[3]。

（二）加拿大健康、体育、娱乐和舞蹈联盟发布《高质量的日常体育活动计划》

人的终身健康与其在儿童、青少年时期体育锻炼生活方式的养成之间有着密切的关系。早在 1976 年，加拿大健康、体育、娱乐和舞蹈联盟（CAHPERD）就出版发行了《加拿大小学体育的新前景》的小册子，向全国推荐日常身体活动。进入 20 世纪 80 年代，学校体育的核心目标是培养学生自觉采取健康的生活方式，之后这一任务开始下移，幼儿园的一个重要功能便是培养儿童具有良好的生活习惯。1988 年加拿大启动了《高质量的日常体育活动计划》（*Quality Daily Physical Education*，QDPE），该计划旨在通过学校鼓励和提高儿童与青少年积极参与身体活动，促进儿童和青少年的健康成长[4]。

与美国的健康管理社会生态理念一样，加拿大联邦政府明确指出，青少年即便是经常参加体育活动也还是远远不够的，因为健康与体育、社会、文化环境息息相关，需要得到社会各要素的支持，在青少年儿童中普及体育活动应引起社会、社区和家庭的支持与重视，2005 年 CAHPERD 倡导“保持学校体育”运动（Keep the Physical in Education）并设计了一系列的相关活动。

（三）2011 年加拿大卫生部出台《加拿大身体活动指南》（修订版）

加拿大卫生部和加拿大运动生理学协会（CSEP）在 1998—2002 年发布了针对学龄儿童、青少年、成年人的身体活动指南，由公共卫生专业人员提供指导，旨

---

〔1〕 Active Healthy Kids Canada [EB/OL]. http://www.peopleforeducation.ca/par_page/healthy-active-kids-canada/.

〔2〕 Active Healthy Kids Canada [EB/OL]. http://truesportpur.ca/active-healthy-kids-canada.

〔3〕 Is Sport Enough? 2014 Resport Card on Physical Activity for Chiledren &Young People [EB/OL]. http://www.activehealthykidsaustralia.com.au/wp-content/uploads/2014/05/ahka_reportcard_longform_web.pdf.

〔4〕 俞爱玲．加拿大学校“高质量的日常身体活动计划”的启示［J］．体育学刊，2006（3）：104-107.

在鼓励加拿大人更积极地参加体育锻炼[1]。在进行健康咨询指导的过程中，专业人员发现，学龄前儿童身体活动的咨询量很大，但当时加拿大主要借助《澳大利亚体育活动指南（2010）》（*Austrlian Government*，2010）和《英国身体活动指导方针（2011）》（*Start Active*，*Stay Active*，2011）[2]两项身体活动指南指导卫生保健专业人员和儿童保健专业人员。到 2011 年之前，加拿大还主要借助美国指南评估本国学龄前儿童的身体活动水平[3]。

2011 年 1 月 24 日 CSEP 受加拿大公共卫生局的委托，公布了《加拿大身体活动指南》（修订版）。《加拿大身体活动指南》（修订版）依据最新科学研究成果，参考了 1 000 多位加拿大和国际运动生理学、体育运动、心理、流行病学、儿科、老年医学、公共卫生等领域专家的意见，在年龄段划分、详细程度、建议锻炼时间等问题上较之前版本有很大的改进。

与《加拿大身体活动指南》同时颁布的还有《加拿大身体活动指南操作指导（儿童、青少年）》，当时之所以只发布青少年阶段操作指导，是因为研究项目专家遵循科学严谨的工作宗旨，在工作量大的情况下，分阶段发布不同年龄组的操作指导。《加拿大身体活动指南》（修订版）就人群的年龄进行了如下划分（表 5－1）。

表 5－1　《加拿大身体活动指南》（修订版）年龄阶段划分中英文对照表

指南年龄阶段划分（中文）		指南年龄阶段划分（英文）	
儿童（5～11 岁）	婴儿	Young children（aged 5－11years）	infants
	幼儿		toddlers
	学龄前儿童		preschool
青少年（12～17 岁）	学龄儿童	Children and Youth（aged 12－17 years）	children
	青少年		youth

〔1〕 TREMBLAY MS，SHEPHARD RJ，BRAWLEY L. Research that informs Canada's physical activity guides：an introduction. Appl［J］. Physiol. Nutr. Metab，2007（32）：S1－S8 ISI.

〔2〕 Start Active，Stay Active［EB/OL］. https：//www. gov. uk/government/uploads/system/uploads/attachment_ data/file/216370/dh_ 128210. pdf.

〔3〕 OBEID J，NGUYEN T，GABEL L，TIMMONS BW. Physical activity in Ontario preschoolers：Prevalence and measurement issues［J］. Appl. Physiol. Nutr. Metab，2011，36（2）：291－297.

续表

指南年龄阶段划分（中文）	指南年龄阶段划分（英文）
成人（18 ~ 64 岁）	Adults（aged 18 – 64 years）
老年人（65 岁及以上）	Older adults（aged 65 years and older）
年老体弱之人	Frail elderly（olderolderdults）

《加拿大身体活动指南》（修订版）在幼儿领域的最大、最新贡献还在于 CSEP 于 2012 年 3 月 27 日推出了加拿大第一个早期儿童身体活动指南细则（0 ~ 4 岁）（表 5 – 2）[1]，CSEP 同时总结了 4 岁以下幼儿身体活动的宗旨是“多运动、少坐、减少屏幕时间（Children four and under should move more，sit less and avoid screens）”[2]。

表 5 – 2　《加拿大身体活动指南》（修订版）和《加拿大久坐行为指南》[3]

<table>
<tr><th colspan="2">加拿大身体活动指南（0 ~ 4 岁）</th><th>加拿大久坐行为指南（0 ~ 4 岁）</th></tr>
<tr><td>婴儿（不到 1 岁）</td><td>应该每天锻炼几次，特别是在地面上进行互动游戏</td><td rowspan="3">护理人员应该最小化婴儿（不到 1 岁）、幼儿（1 ~ 2 岁）和学龄前儿童（3 ~ 4 岁）在醒着的时候久坐不动的时间，包括久坐或被限制在推车或高椅子上超过 1 小时
2 岁以前的幼儿不建议看电视、玩电脑、玩电子游戏
2 ~ 4 岁儿童，在屏幕前的时间应该限制在每天 1 小时，越短越好</td></tr>
<tr><td>幼儿（1 ~ 2 岁）</td><td rowspan="2">每天至少 180 分钟的身体活动，包括：
（1）在不同环境中的多样化的身体活动
（2）参与发展运动机能的各项活动
（3）至少 60 分钟的持久性身体活动
（4）有利于健康的日常身体锻炼</td></tr>
<tr><td>学龄前儿童（3 ~ 4 岁）</td></tr>
</table>

[1] Canadian Physical Activity Guidelines for the Early Years（aged 0 – 4 years）[EB/OL]. http：//www.nrcresearchpress. com/doi/full/10. 1139/h2012 – 018#. VN9jT2NL3Ko.

[2] Canadian Physical Activity Guidelines – Background information [EB/OL]. http：//www. csep. ca/english/view. asp？ x = 587.

[3] Canadian Physical Activity Guidelines and Canadian Sedentary Behaviour Guidelines [EB/OL]. http：//www. csep. ca/english/view. asp？ x = 949.

每天60分钟锻炼可以促进幼儿达到以下目标：改善健康水平、提高学习成绩、长得更健壮、享受与玩伴在一起的乐趣、感觉更幸福、保持健康体重、提升自信、学习新技能[1]。

为了实现这些目标，加拿大“真正体育基金会”（The True Sport Foundation）提出了7项原则。

①不断努力，不断争取。总是迎接挑战，发现美好的自己。

②公平游戏。诚实并遵守规则，只有公平竞争才有意义。

③尊重别人。尊重每个人参与和创造运动。以尊重取胜，以优雅取胜。

④保持体育的趣味性。珍惜运动的乐趣和比赛的乐趣，保持一个积极的心态。

⑤保持健康。把身心健康放在首位，避免不安全的活动。尊重身体，保持身材。

⑥人人参与运动。与他人分享运动，不论信仰、种族、性别或能力。邀请每个人参与身体活动，使整个社区更具有活力。

⑦积极回馈。永远记住给予个人运动的社区，并找到方法表达个人的感激之情，帮助他人获得更多的运动机会。

真正体育的目的就是要营造一种氛围，让参与者在整个体育生活中保持真正的运动。真正的运动是使每一个家庭的空地、每一个学校的体育馆、全国每一块草坪都充满真正的运动。

值得一提的是，加拿大学者Vanderloo经过对比发现，加拿大10个省份3个地区中，有8个省份制定了身体活动规则，但仅有安大略省提出在校每6小时需提供2小时以上户外活动时间以及促进儿童精细和粗大运动技能的具体规定，其他省份均没有提及。Vanderloo认为，加拿大各省在贯彻执行身体活动政策上的不利，已经对加拿大儿童健康造成了不利影响[2]。

---

〔1〕 加拿大体育锻炼指南［EB/OL］.［2011-08-02］. http://blog.sina.com.cn/s/blog_5972d88a0102dt82.html.

〔2〕 王磊，司虎克，张业安，等. 国外关于体育空间和设施特征与少年儿童体育活动关系研究进展［J］. 体育学刊，2016（1）：80-85.

四、加拿大幼儿体育保障措施

（一）加拿大政府颁布体育立法，设立专门部门进行业务指导

20 世纪 60 年代，随着世界经济的高速发展，从英属联邦独立出来的加拿大国民生活水平大幅度提高，美国资本和欧洲移民大量涌入，城市化进程加速，包括体育在内的城市化问题也随之而来。1961 年，《健康与业余体育法》正式将大众体育置于与竞技体育同等重要的地位，同时在健康部设立加拿大健身处，对体育健身计划进行指导，让民众充分了解身体活动给个人和社会带来的益处。1980 年，加拿大健身和生活方式研究所（CFLRI）成立，这是专门针对健康活跃的生活方式提出建议、教育和信息的国家研究机构。

（二）加拿大国民身体状况与身体活动调查

加拿大从 1981 年至 2003 年先后开展了 11 次国民身体状况与身体活动调查，为各级政府制定体育政策提供了依据。2001 年，“学校在鼓励和支持儿童和青少年参加身体活动中的作用”研究课题对加拿大学校体育情况进行了调查，目的是通过学校鼓励和支持儿童、青少年积极参与身体活动。

（三）税收抵免政策

加拿大从 20 世纪 70 年代开始向个别家庭提供保教费用补贴。1972 年的《儿童保育费用减免政策》对 7 岁以下低收入家庭的儿童，最高减税额达到每年 7 000 加元。减免政策已经成为加拿大政策体系中的一大特色。

为鼓励青少年积极参加体育运动，2006 年加拿大儿童健身税费减免政策出台，一方面提高了加拿大联邦政府对儿童健康和青少年体育的关注，另一方面鼓励 16 岁以下的青少年积极参加体育锻炼，再者减少了青少年参与身体活动的经济负担。加拿大儿童健身税费减免政策的主旨是：家长只需为 16 岁以下的孩子注册一个体育计划或者健康计划，就可以抵消税收，抵税金额可以达到 500 美元[1]。

---

〔1〕 Children's Fitness Tax Credit［EB/OL］. http：//www.cra - arc.gc.ca/gncy/bdgt/chldrnsftnss2014 - eng.html.

五、加拿大幼儿体育制度的基本启示

“税收抵免政策”和“积极健康儿童报告卡制度”是加拿大幼儿体育制度的两大亮点，反映了加拿大幼儿体育制度的普惠性和高质量两大特点。

为保证适龄幼儿教育机会的公平获得，世界上许多国家都把学前教育阶段划为义务教育阶段，实行学前教育免费政策，推进普及学前教育。实施学前教育免费政策的国家既有丹麦、芬兰、美国、新西兰、法国、意大利、英国、瑞典、澳大利亚等发达国家，也有巴西、墨西哥、古巴、蒙古等发展中国家。加拿大作为发达国家，学前教育并没有采用完全意义上的免费教育：幼儿园只为5岁幼儿提供免费的半日制教育，5岁幼儿其他时间的保育以及5岁以下幼儿的保育由家庭完成，政府只承担有限的责任[1]。在这样的宏观背景下，加拿大在学前体育政策中采用直接资助、税收抵免、提供优惠项目等多种方式支持，实现幼儿体育制度的普惠性。

加拿大鼓励幼儿参与日常身体活动计划，保证他们获得高质量的体育教育从而健康成长。《加拿大身体活动指南》是在借鉴澳大利亚、英国和美国等多国经验，1 000多位各领域专家论证的基础上完成的，同样体现其高质量的特点。这种高质量是将先进的理念、管理、规划、政策、财政、科学研究纳入国家幼儿健康和身体活动促进制度中，从而保证幼儿体育的质量。

〔1〕 吴小平，赵景辉．加拿大学前教育政策：历史、经验与走向［J］．外国教育研究，2015（4）：55－65.

第 6 章　澳大利亚幼儿体育制度

一、澳大利亚幼儿体育管理制度

澳大利亚学前教育机构有 5 种形式：托儿中心、幼儿园、家庭托儿站、托儿学校和游戏班。托儿中心招收 0 ~ 5 岁的幼儿，1 周有 5 天入托时间；幼儿园招收 3 ~ 5 岁的幼儿，1 周有 2 ~ 3 天入园时间；家庭托儿站招收 5 岁以下的幼儿，它是一种社会福利组织，由一位母亲照顾许多幼儿，入托时间为 7:30—18:00；托儿学校招收 4 ~ 5 岁的幼儿，1 周有 5 天入学时间；游戏班招收 15 个月 ~ 3 岁的幼儿，每天入班时间为 2 ~ 3 小时[1]。

澳大利亚统计局指出，2004 年，澳大利亚 62% 的 5 ~ 14 岁儿童参加了体育运动组织，这些数字说明在澳大利亚有超过 160 万的儿童出于各种原因经常参与运动[2]。

二、澳大利亚幼儿健康环境

澳大利亚是一个崇尚体育运动的国家，整个民族热衷于体育运动，表现在有 64% ~ 85% 的澳大利亚儿童和青少年至少参加一种组织或者身体活动。2013 年，澳大利亚 5 ~ 17 岁的儿童和青少年至少参加一次组织化身体活动的比例在半数[3]。

---

〔1〕 杨发洲．现代澳大利亚早期教育课程简述［J］．早期教育（教师版），1993（4）：20.

〔2〕 Thechallenge of engaging young children in sport［EB/OL］. http：//www. ausport. gov. au/sportscoachmag/coaching _ processes/the_ challenge_ of_ engaging _ young _ children_ in_ sport.

〔3〕 张加林，唐炎，陈佩杰．全球视域下我国城市儿童青少年身体活动研究——以上海市为例［J］．体育科学，2017（1）：14 -27.

然而，尽管有这么高的身体活动参与率，澳大利亚的儿童和青少年参与其他形式的身体活动（如上下学交通方式、闲暇身体活动）水平仍有所下降。此外，澳大利亚政府认为，许多澳大利亚的儿童和青少年即使达到了澳大利亚身体活动指南的标准，但是他们使用电子屏幕以及久坐行为的时间过长，也会影响他们的健康，对成长产生不利的影响。

三、澳大利亚幼儿体育制度的政策保障

（一）澳大利亚儿童和青少年身体活动和久坐行为指南

2014 年，澳大利亚卫生与老龄部（The Australian Government Department of Health and Ageing）更新了儿童和青少年身体活动和久坐行为指南，见表 6－1。

表 6－1　澳大利亚儿童和青少年身体活动和久坐行为指南[1]

年龄组	身体活动	久坐行为和屏幕时间
婴儿（出生～1 岁）	从出生即鼓励参与身体活动，尤其是地面上的游戏活动	出生～5 岁的幼儿：不宜久坐，除了睡觉，久坐行为不超过 1 小时 小于 2 岁的幼儿：不应该有任何屏幕时间 2～5 岁的幼儿：屏幕时间限制在每天 1 小时
学步儿（1～3 岁） 学龄前儿童（3～5 岁）	幼儿和学龄前儿童每天至少从事 3 分钟的身体活动（轻度或中度）	
儿童（5～12 岁） 青少年（13～17 岁）	儿童和青少年每天至少从事 60 分钟的从中度到剧烈的身体活动 多种有氧运动，包括一些剧烈的身体活动 每周至少从事 3 天的增强肌肉和骨骼的身体活动 此外，儿童和青少年每天应该从事更多的身体活动	5～12 岁的儿童和 13～17 岁的青少年应尽量减少久坐的时间，尽可能少地长时间坐在一处 5～12 岁的儿童和 13～17 岁青少年：每天屏幕时间不超过 2 小时

注：屏幕时间，指使用电子媒体，如电视、坐式电子游戏、便携式电子设备或电脑娱乐的

〔1〕 National Physical Activity Recommendations for Children 0－5 years olds－Brochure，Tips & Ideas and Questions &Answers ［EB/OL］. http：//www. health. gov. au/internet/main/publishing. nsf/content/phd－physical－activity－0－5－pdf－cnt. htm.

时间。中等强度的身体活动，需要一些努力，但儿童和青少年表示很容易，如快走、玩耍、骑自行车或滑板车。剧烈的身体活动，需要更多的努力，儿童和青少年在活动中呼吸急促（“吞吐”），如跑步。

（二）澳大利亚儿童和青少年身体活动报告卡制度

澳大利亚儿童和青少年身体活动报告卡的原型是 2005 年加拿大积极健康儿童报告卡，加拿大积极健康儿童报告卡提供了儿童身体活动及久坐行为的最佳数据。澳大利亚研究工作组希望澳大利亚也和加拿大一样，每年发布报告数据，向公众告知和更新儿童和青少年的身体活动和久坐行为。同时，澳大利亚报告卡还希望能达到这样一些目标：宣传最新的身体活动，公布最新的体育政策变化；在卫生服务环境决策中增加身体活动参与的内容；及时地向大众公布身体活动研究成果；鼓励所有澳大利亚人改变生活方式，促进积极健康的生活方式。同美国一样，澳大利亚将报告卡的成绩同样分为 A、B、C、D、F、INC 6 个等级（INC 表示没有足够的证据来分配指标等级），6 个等级代表了澳大利亚儿童和青少年参与身体活动数量的比例。

A = 澳大利亚 81% ~100% 的儿童和青少年参与。

B = 澳大利亚 61% ~80% 的儿童和青少年参与。

C = 澳大利亚 41% ~60% 的儿童和青少年参与。

D = 澳大利亚 21% ~40% 的儿童和青少年参与。

F = 澳大利亚 0% ~20% 的儿童和青少年参与。

INC = 不完整的数据，也即没有足够的证据来分配指标等级。

澳大利亚调查研究组（The Australian Research Working Group，RWG）将调查获得的数据确定加权标准，然后进行有目的的讨论，确定分配给每个指标的等级，并描述具体调查的特点[1]。

---

〔1〕 Is Sport Enough? 2014 Resport Card on Physical Activity for Chiledren &Young People [EB/OL] . http: //www. activehealthykidsaustralia. com. au/wp - content/uploads/2014/05/ahka _ reportcard _ longform _ web. pdf.

四、澳大利亚幼儿体育保障措施

（一）澳大利亚国家层面的保障措施

澳大利亚政府鼓励儿童和青少年参加有组织的身体活动，并提供他们参与的机会，使他们获得身体活动、认知、社会技能提升的机会。参加的身体活动不一定是竞争性的，这样可以防止儿童和青少年产生不良的心理体验，当然，还要保证身体活动有一定的活动强度和活动数量。

（二）澳大利亚社会和家庭层面的保障措施

澳大利亚鼓励、支持并促进儿童和青少年在日常生活中参加更多的身体活动，如从家到学校到体育场馆使用积极的出行方式；社区、家庭、学校向儿童提供非结构化的环境，鼓励儿童和青少年适当地参与家务（如园艺）。限制儿童和青少年长时间久坐不动行为，其中包括限制儿童和青少年使用电子媒体（如看电视、玩电子游戏）。

（三）澳大利亚学校层面的保障措施

有研究表明，获得外部奖励（包括奖金、奖杯和奖品等）是儿童参与身体活动的主要原因，同时他们也会因为玩得开心、健康发展、交朋友、学习新技能、喜欢竞争、受到挑战等因素而参与身体活动。在大多数情况下，儿童中止运动是因为他们以上需求得不到满足。

在这一过程中，幼儿教师应掌握激励儿童参与身体活动的方法，激励他们持续参与身体活动。研究表明，以下六点指导行为有助于确保儿童参与身体活动的积极性[1]。第一，身体活动是有组织的。有效的计划有助于为教师提供一个安全的环境，同时使儿童参与最大化并分享乐趣；精心策划会增加教师的信心，也有助于激励儿童参与身体活动。第二，承认儿童的成就并能积极地强化。表扬和鼓励是最好的激励方法，当儿童的努力受到来自教师的认可，他们的自信心便会提高。第三，为不同运动能力层级的儿童提供挑战的机会。教师需要为所有儿童提供具有挑战性的分级活动，同时为运动能力强的儿童提供体验成功的机会。第四，

---

〔1〕 Thechallenge of engaging young children in sport ［EB/OL］. http：//www. ausport. gov. au/sportscoachmag/coaching_ processes/the_ challenge_ of_ engaging_ young_ children_ in_ sport.

使用多样的游戏方式。游戏，从某种意义上可以说是一种训练方法。在体育游戏中，教师就像一名导演、一名主持人。在体育游戏中，教师设计活动，逐步激励儿童，通过运动技巧和运动规则促进儿童对体育的热爱和获得成功。第五，减少竞争，过分强调竞争通常是儿童停止运动的原因。重要的是，教师要为所有儿童通过设置短期目标和长期目标，提供体验成功的机会。目标设定可以形成积极的动机并促进儿童运动技能的发展。第六，教师需要为儿童提供一个支持性的学习环境。让儿童远离运动损伤是有经验的教师首先要做的事情。冷漠无情的教师或被其他儿童欺负通常被视为儿童中途停止运动的重要原因。

五、澳大利亚幼儿体育制度的基本启示

澳大利亚是一个崇尚体育运动的国家，有62%的5～14岁儿童参加了体育运动组织，也就是说，有超过160万的儿童出于各种原因经常参与体育运动。即使有这么高的体育运动参与率，但2014年由澳大利亚心脏基金会（The National Heart Foundation of Australia）、澳大利亚运动与体育科学研究会（Australian Sport and Exercise Science，ESSA）、澳大利亚墨尔本大学、澳大利亚纽卡索大学等机构共同调查分析的澳大利亚儿童和青少年身体活动报告卡数据显示，澳大利亚的儿童和青少年的运动量是不够的[1]。调查过程也反映了澳大利亚对儿童和青少年参加身体活动的精细化管理和科学评估。

目前，我国并没有相应的身体活动报告卡制度，对幼儿参与身体活动并没有科学数据的支撑，因此难以提供相应的解决对策。

〔1〕 Is Sport Enough? 2014 Resport Card on Physical Activity for Chiledren &Young People [EB/OL]. http://www.activehealthykidsaustralia.com.au/wp-content/uploads/2014/05/ahka_reportcard_longform_web.pdf.

第 7 章　英国幼儿体育制度

一、英国幼儿体育管理制度

（一）英国国家幼儿管理体制

英国的学前教育实行国家、地方和学校三级管理体制。新工党执政期间将幼儿保育机构从福利部门划转到教育与就业部，将 3 ~4 岁幼儿保育和早期教育统一于教育部门中，并设立了分管幼儿保育和早期教育两个部门，之后这两个部门合并为儿童早期教育和保育办公室。2002 年，儿童早期教育和保育办公室与针对处境不利幼儿的“确保开端”计划合并，成立确保开端办公室，统一负责幼儿早期教育、保育以及确保开端项目的相关事宜。英国政府制定政策并确定战略发展方向，同时政府的权力又受到法律的制约，政府行为只占到 30% 左右[1]。

在地方层面，英国地方当局的许多职能通过与私营部门、志愿团体或其他公共团体合作来履行，如教育行动区、健康行动区、儿童早期发展和照料的合作协调组织以及儿童信托等，确保幼儿包括身体健康等目标的达成[2]。

英国的学前教育机构有以下 4 种形式。

---

〔1〕 王志威. 英国体育政策的发展及启示［J］. 上海体育学院学报，2012（10）：5 -10.

〔2〕 霍力岩，齐政珂. 全面整合学前儿童服务体系——走向“保教一体化”的英国学前教育［J］. 比较教育研究，2010（5）：81 -85.

①保育学校：招收2～5岁幼儿的独立幼儿教育机构。

②保育班：附设在小学内的招收3～5岁幼儿的保育班。

③游戏小组：以游戏为主招收2～5岁幼儿的学前游戏小组。

④日托中心：以保育为主招收2～5岁幼儿的托儿所。

英国的幼儿教育改革和幼儿政策制定，对欧盟幼儿教育改革的贡献是非常明显的。教育改革方面，英国在20世纪末将学前教育纳入终身教育体系，加大财政投入；政策方面，如《幼儿教育与护理：为每一个孩子提供面向世界和未来的最优开端》对欧盟乃至世界各国的幼儿保育和护理都起到了重要的影响作用。在2012年《良好开端》报告中，英国学前教育的综合质量排名居世界第三，得分为86.9，仅次于芬兰和瑞典[1]。

（二）英国幼儿体育政策变迁

英国作为现代体育的发源地，比其他国家更早重视体育。英国经验主义教育家洛克在《教育漫话》中为幼儿教育提出了很多建议，在身体养护方面，他对健康的体魄提出了很高的要求，指出只有具备了健康的身体，才会有较好的精神面貌[2]。

纵观过去50多年英国的体育政策发展路线，英国体育政策经历了从“合理娱乐”到“体育运动为全民所有”的过程[3]，但是，就对幼儿体育的关注和重视，英国并不早于其他国家，英国幼儿体育的起点比欧美其他国家低，其根本社会原因是工业革命时期廉价童工的普遍使用，甚至在一些早期的英国工业部门里几乎全部都是童工，这必然影响英国学校教育的开展，幼儿体育的不被重视便是必然了。1816年1月1日，英国空想社会主义者欧文在他创办的“性格形成学院”中为1～6岁儿童创办公共学前教育机构幼儿学校（Infant School），这所幼儿学校成为英国乃至世界上第一所幼儿学校。在这所学校里，欧文在游戏场开设体育、军训课程。对1～5岁的儿童，他建议“穿着肥大、宽松”，要“尽量待在室外”，这

---

〔1〕 丘静．英国学前教育的高质量普及对我国的启示［J］．教育探索，2016（2）：153－156.

〔2〕 约翰·洛克．教育漫话［M］．杨汉麟，译．北京：人民教育出版社，2007：7.

〔3〕 Jeffrey Hill. From “Rational Recreation” to “Sport for All”：The Place of the Municipality in Sport and Leisure. Sport，Leisure and Culture in Twentieth－Century Britain［M］. New York：Palgrave Macmillan，2002：165－178.

也是他著名的“游戏场理论”。塞穆尔·怀尔德斯平是继承欧文“游戏场理论”的英国近代幼儿学校运动的推广者和普及者，他十分关注幼儿的身体健康和心理健康，在游戏场上为幼儿设计了旋转秋千、单双杠、木质积木以及跳跃用网，成为幼儿体育锻炼和娱乐的教具。当然，体育真正引起英国社会重视则是20世纪以后的事情了，1885年英国才将体育课列为学校的必修课。

1998年，英国政府绿皮书《应对保育挑战》（*Meeting The Childcare Challenge*）提出，要改变托幼机构保育和教育相分离的状况，要从“保教一体化”方面扩展学前儿童保育服务功能，提高托幼机构服务质量[1]。2003年，英国政府绿皮书《每个儿童都重要》（*Every Child Matters*）明确指出儿童“良好发展”关键性的5项指标，即健康、安全的生活、快乐且有所成就、做出积极贡献和达到良好的经济状况，并将这5项指标指向所有的儿童服务工作[2]。2004年，英国颁布了《儿童法案》，在法案中对“良好发展”进行了解释，具体包括身体、智力和情感的良好发展；免受伤害和被忽视；教育、培训和娱乐；对社会有所贡献，处于良好的社会和经济状况。2007年，英国颁布了青少年十年规划，全面促进包括幼儿在内的青少年儿童体育运动。

二、英国幼儿健康环境

2004年，英国卫生署指出，久坐不动行为增加了心脏病、高血压、卒中、癌症、糖尿病以及骨质疏松等慢性疾病的风险。证据表明，一些以前被认为是成人才患的疾病现在在青少年甚至幼儿的身上变得越来越普遍[3]。而缺乏体育锻炼，是发达国家公共卫生领域的重大挑战[4]。英国于2002年、2004年先后2次提出英国体育人口目标，到2020年英国70%的人口能够参与到合理的体育锻炼中。合

〔1〕 Department for Education and Employment (1998). Meet – ing the Childcare Challenge (Green Paper). London: HMOS [EB/OL]. [2009 – 12 – 20]. http://www.dcsf.gov.uk/everychildmatters.

〔2〕 HMTreasury (2003). Every Child Matters (Green Paper). London: The Stationery Office [EB/OL]. [2008 – 09 – 20]. http://www.everychildmatters.gov.uk.

〔3〕 Top 10 Reasons for Quality Physical Education [EB/OL]. http://coahperd.publishpath.com/Websites/coahperd/images/Advocacy/top10reasonsforQualityPE.pdf.

〔4〕 Chief Medical Officer. At Least Five a Week: Evidence on the Impact of Physical Activity and Its Relationship to Health: A Report from the Chief Medical Officer [M]. London: Department of Health, 2004.

理的体育锻炼，即每周 5 次、每次锻炼 30 分钟[1]。但是，到了 2006 年英国只有 37% 的男性和 24% 的女性符合这一标准[2]。英国健康调查协会（the Helth Survey for Englnd，HSE）发现，英国不运动（每周不少于 1 次 30 分钟身体活动）的人的数量在增加，这种趋势在男性和女性之间、在所有的年龄组之间的表现都是一致的[3]。有多种因素影响人们参与身体活动，诸如个人、社会、环境因素以及这些因素派生的各种子因素[4]。

随着英国国家体育政策目标的确立，英国各社区身体活动项目的资金也在增加，这反映了体育政策在社会、政治和健康方面的重要性。公民参与身体活动的兴趣逐渐增加，但增长的数据显示，目前促进体育运动和身体活动的干预措施是远远不够的[5]。托马斯等人通过定性描述法对儿童在运动和身体活动方面面临的新问题进行研究，分析了英国儿童与家长对身体活动参与和不参与的原因[6]。

马尔维希尔等人认为，幼儿只要不被要求参与竞争性的身体活动，他们便表现出愉悦的心理体验，他们愿意尝试不同类型的体育游戏活动。获得家长的支持对幼儿参与身体活动同样至关重要[7]。博斯托克[8]研究发现，父母在使儿童获得更多身体活动的机会上发挥着很大的作用。同时，博斯托克也指出，妈妈们会阻

---

〔1〕 CHIEF MEDICAL OFFICER. At Least Five a Week：Evidence on the Impact of Physical Activity and Its Relationship to Health：A Report from the Chief Medical Officer ［M］. London：Department of Health，2004；DEPARTMENT of CULTURE MEDIA and SPORTS STRATAGY UNIT. Game Plan：A Strategy for Delivering Government's Sport and Physical Activity Objectives ［M］. London：Cabinet Office，2002.

〔2〕 ALLENDER S，PETO V，SCARBOROUGH P，et al. Coronary Heart Disease Statistics ［M］. London：British Heart Foundation，2006.

〔3〕 PETERSEN S，PETO V，RAYNER M. Coronary Heart Disease Statistics ［M］. London：British Heart Foundation，2004.

〔4〕 SALLIS J F，OWEN N. Physical Activity and Behavioral Medicine ［M］. California：Sage，1999.

〔5〕 The Royal Parks. The Hub：The New Pavilion. Available at：http：//www. royalparks. gov. uk/press/current/press_ release_ 52. cfm. Accessed：3 November 2005.

〔6〕 THOMAS J R，NELSON J K. Research Methods in Physical Activity ［M］. 3rd ed. Champaign，IL：Human Kinetics，1996.

〔7〕 MULVIHILL C，RIVERS K，AGGLETON P. Physical Activity "At Our Time"：Qualitative Research among Young People Aged 5 to 15 Years and Parents ［M］. London：Health Education Authority，2000.

〔8〕 BOSTOCK L. Pathways of disadvantage? Walking as a mode of transport among low income mothers ［J］. Health Soc Care Community，2001 (9)：11 –8.

止他们的孩子在不安全的环境中参与身体活动[1]。波特指出，父母们愿意让孩子在便捷、安全的活动环境中参与具有良好设计的身体活动，在这一环境中，其他家庭成员也可以参与各项活动[2]。史提芬等学者（2006）在《儿童和成人参与身体活动的定性研究》中通过定性研究试图回答这样的问题：为什么成人和儿童愿意或者不愿意参与身体活动。研究查阅了1990—2004年的学术文献发现，英国的青年人参与身体活动与否与社区体育设施配套、自身体重、社会交往以及个人爱好有很大相关性，而老年人则能清晰地认识到身体活动在延缓衰老和提供社会支持系统方面的重要作用。个人参与体育运动面临的最大挑战是：因自身对健康的身体缺乏信心，因不能掌握某项体育运动技能而缺乏信心，担心过多的身体活动会出现男性化的肌肉特征[3]。

根据世界卫生组织的指导方针，参照相关国家有关幼儿身体活动的建议，英国政府建议儿童每天参与至少60分钟适度的身体活动。但通过对英国1 110名儿童的自述性调查发现，儿童参与身体活动与年龄、性别和社会经济地位有显著的相关性[4]。同时，英国的2008年健康调查报告显示，在英国2～15岁少儿中只有32%的男孩和24%的女孩遵照执行这项体育政策。

成立于2000年的英国心脏病基金会全国体力活动与健康中心（The British Heart Foundation National Centre for Physical Activity and Health，BHFNC）2009年的调查数据显示，每3个成人中就有2人、每3个儿童中就有1人超重或者肥胖。研究表明，如果没有适当的干预，预计到2050年，英国每10个成人中就有9人、每3个儿童中就有2人超重或者肥胖[5]。2004年，英国卫生署的报告明确指出了儿童及青少年身体活动对现在及未来健康的效益。

---

〔1〕 BOSTOCK L. Pathways of disadvantage? Walking as a mode of transport among low income mothers [J]. Health Soc Care Community，2001 (9)：8－11.

〔2〕 PORTER S. Physical Activity：An Exploration of the Issues and Attitudes of Parents of pre Fives [M]. London：Scott Porter Research and Marketing，2002.

〔3〕 Understanding participation in sport and physical activity among children and adults：a review of qualitative studies [EB/OL]. http：//her. oxfordjournals. org/content/21/6/826. full.

〔4〕 SARAH PAYNEL，NICK TOWNSEND & CHARLIE. Foster the physical activity profile of active children in England [J]. International Journal of Behavioral Nutrition and Physical Activity，2013，10 (136)：2－8.

〔5〕 Couch kids：the nation's future [EB/OL]. http：//www. bhfactive. org. uk/userfiles/Documents/New-CouchKids1. pdf.

三、英国幼儿体育制度的政策保障

（一）《儿童法》（*Children Act* 1989）

《儿童法》（*Children Act* 1989）将英国政府颁布的所有有关儿童的法律集合到了一起，对儿童权利、儿童卫生保健以及儿童福利和教育等内容做了全方位的规定，是英国最为重要的儿童保护法，被当时的大法官称颂为“议会立法有史以来最全面深入的改革”，英国媒体则称之为“称民心的立法”。这部法律在 2000 年和 2004 年分别被修订，在 2004 年修订的《儿童法》中，关于儿童游戏权的规定主要体现在第 17 条“儿童与少年之计划”中[1]。

（二）“确保开端”（*Sure Start*）

“确保开端”（*Sure Start*）是一项由英国政府发起的针对 4 岁以下婴幼儿的计划，目的是使幼儿有一个良好的开端，这一计划实施效果显著。

（三）《开始活动，保持活动》（*Start Active*，*Stay Active*）

英国是由英格兰、苏格兰、威尔士和北爱尔兰共同组成的联合王国。早在 20 世纪 50 年代英国研究者就发现，公交车司机、售票员、邮递员等体力劳动者心脏病患病率低，从而指出身体活动对健康的重要性。

到了 2009 年，英联邦政府的 4 个共和国均有了各自的身体活动指南（表 7－1），身体活动指南被大多数英国人所认同，但是他们对身体活动指南的意识非常薄弱，只有 10% 的男孩和女孩能够正确地记得身体活动指南。而在北爱尔兰，只有 8% 的家长能记得身体活动指南[2]。

2011 年，英联邦政府在英格兰、苏格兰、威尔士和北爱尔兰 4 个共和国各自的身体活动指南（表 7－1）的基础上发布了共同的身体活动指导方针《开始活动，保持活动》（*Start Active*，*Stay Active*），该指导方针首次强调了所有年龄组久坐行为的风险，旨在通过专业人士向不同年龄组的人们提供有益于健康的身体活动。

---

〔1〕 刘智成．英国儿童游戏权的保障及其启示［J］．学前教育研究，2015（2）：22－26，36.

〔2〕 Craig，R. and Shelton，N. Health Survey for England 2007 Volume 1：Healthy lifestyles：knowledge，attitudes and behaviour［M］. Leeds：The NHS Information Centre for health and social care，2008.

表 7－1　2009 年英国各地身体活动指南

地点	青少年身体活动指南
英格兰	每天至少有 60 分钟的中等强度身体活动，这应该包括每周至少 2 次改善骨骼健康、肌肉力量和柔韧性的活动
北爱尔兰	每天至少有 60 分钟的中等强度身体活动
苏格兰	大多数时间每天至少有 60 分钟适度活动
威尔士	每周至少 5 天参与 60 分钟的中等强度的身体活动

引自：*Start active*，*stay active*. https：//www. gov. uk/government/publications/start－active－stay－active－a－report－on－physical－activity－from－the－four－home－countries－chief－medic.

根据已有的身体活动指南（英格兰和北爱尔兰依据每天 60 分钟以上中等强度身体活动这一指南标准，威尔士和苏格兰依据每周 5 天中等强度或 60 分钟以上身体活动这一指南标准），英格兰 2～15 岁的儿童中有 32% 的男孩、24% 的女孩能够达到标准，北爱尔兰 8～18 岁的儿童中有 19% 的男孩、10% 的女孩能够达到标准，威尔士 4～15 岁的儿童中有 63% 的男孩、45% 的女孩能够达到标准，苏格兰2～15 岁的儿童中有 76% 的男孩、67% 的女孩能够达到标准。数据显示，在英国几乎每个年龄段都表现出男孩比女孩更活跃，同时男孩、女孩均表现出随着年龄的增长身体活动下降的趋势，其中女孩身体活动下降得更加明显。数据同时显示，英国 3～4 岁的幼儿每天仅有 120～150 分钟的身体活动时间，有 10～11 分钟是久坐不动的。

《开始活动，保持活动》指导方针认为，提倡积极的生活方式可以帮助英国解决当前面临的一些重要问题，如增加身体活动可以挖掘民族身心健康的潜力、降低死亡率和提高寿命；通过身体活动可以显著降低慢性病对健康和社会保健服务带来的负担，从而节省开支；增加自行车骑行和步行可以减少运输成本，节省资金和减少交通拥堵与环境污染，提高全民族的健康；同时，青少儿参加身体活动还有一些潜在的好处，比如通过身体活动培养自身领导力、团队合作能力等。

《开始活动，保持活动》认为，身体活动包括各种形式的活动，如步行、骑自行车、玩耍、与工作有关的身体活动、健身娱乐、舞蹈、园艺以及有组织和竞争性的身体活动。久坐行为是多方面的，包括在学校、家里以及工作、交通、闲暇中的行为。通常，久坐的行为包括看电视，使用电脑，乘汽车、公共汽车或火车，坐着读书、说话、做作业或听音乐等。

1.《开始活动，保持活动》基本概要

将全人群进行了分类：幼儿，5 岁以下；青少儿，5～18 岁；成人，19～64 岁；老年人，65 岁及以上。

（1）对于 5 岁以下的幼儿

《开始活动，保持活动》指出，应鼓励幼儿从出生开始就从事相应的身体活动，让幼儿在地上或水上等安全环境中玩耍，如爬、玩、打滚等，尤其对于不会行走的幼儿来说是非常必要的；会独立行走的幼儿每天至少步行 180 分钟；除了睡觉以外，减少幼儿在 5 小时内久坐不动的时间，如长时间地限制于婴儿车或餐椅上。鼓励幼儿使用大肌肉群练习各种不同的动作，体验各种不同的游戏和设施，建立自己的游戏空间，感受身体活动的乐趣。

为了更好地诠释上述要求，《开始活动，保持活动》针对 5 岁以下幼儿举例如下。

奥利维亚（尚未步行）：奥利维亚 8 个月大，是约翰和劳拉的第一个孩子。约翰全职工作。劳拉正在休产假，全职照顾奥利维亚。劳拉一直很活跃，她想把这种活跃的感觉传递给奥利维亚。由于奥利维亚还不会走，劳拉经常花时间在天气好的时候陪她在客厅或外面的游戏垫上玩耍。劳拉使用玩具和其他物体，鼓励奥利维亚移动和爬行，让她伸手够物体并探索不同形状的物体。劳拉在当地休闲中心每周参加 1 次亲子游泳活动。这些活动由一个合格的游泳教练引导，目的是让奥利维亚有机会探索不同的身体活动。劳拉也非常注意控制奥利维亚在婴儿车或餐椅上的时间，虽然这是她和朋友在咖啡馆最容易选择的一种看护方法。劳拉的朋友也都有年幼的孩子，他们每周 2 次在其中一个朋友的家里或在当地公园，让孩子们四处走动和自由玩耍。

（2）对于 5～18 岁的青少儿

《开始活动，保持活动》指出，5～18 岁的青少儿每天应从事 60 分钟以上的中等强度运动，每周至少参加 3 次强化肌肉和骨骼的剧烈身体活动。所有的青少儿应该尽量减少久坐不动的时间，如长时间坐着或者躺着学习和阅读等，减少花在电视或其他屏幕前的时间。

为了更好地诠释上述要求，《开始活动，保持活动》针对 5 ~ 18 岁青少儿举例如下。

彼得（7 岁）：彼得生在一个热爱运动的家庭里，他在家里排行最小。他家住在一个繁华的小镇，有着良好的环境和设施。他的父亲和母亲都是当地足球俱乐部的活跃成员。他 14 岁的哥哥——杰姆斯，擅长足球。他 11 岁的姐姐——简，是当地舞蹈学校的活跃成员，同时还是学校篮球队和田径队的成员。平日，彼得至少进行 60 分钟的中度到剧烈的身体活动。他和姐姐一起去上学。在学校，彼得经常在操场参加各种活动。他每周有 2 次体育课，在体育课上他锻炼了自己的体力，在比赛期间他参加有氧健身。他在大多数时间里也踢足球。在课上，他的老师采用积极的学习方法来减少彼得和他的同学久坐的时间。星期三放学后，彼得和他的姐姐及他的最好的朋友约翰一起去舞蹈学校，在那里他通过有趣的舞蹈来培养自己的动作和节奏技巧。冬季，他的母亲通常开车送他们到舞蹈学校，偶尔会在春天和夏天陪他们走 1 500 多米的路程回家。彼得在星期六上午上游泳课，星期天打橄榄球。在业余时间，他喜欢玩电子游戏，但他的母亲限制他的游戏时间。每逢星期天，一家人通常会去看望他们的祖母。他们的祖母住在离他家 1 500 多米远的地方，不管天气如何，彼得和他的父亲、哥哥都会在他祖母家对面的公园里踢足球。

2. 不同年龄段幼儿的身体活动行为

哪些类型的活动与尚未行走的婴儿有关？对于婴儿来说，身体活动意味着允许他们在不同的自由空间用腹部或背部躺着，在不受衣服约束的情况下移动他们的胳膊和腿，这包括伸手够取和抓住物体，把头转向刺激物，拉、推或与他人玩耍。需要幼儿学习新动作，让他们使用大肌肉群踢、爬、拉直至站立，爬行到最终步行。把物体放在幼儿伸手可及的地方，鼓励他们朝物体移动。

哪些类型的活动与学龄前儿童行走有关？学龄前儿童可以自己走路，但他们的身体活动强度低。大多数英国学龄前儿童每天在身体活动上花费 120 ~ 150 分钟，因此达到这一要求意味着每天需要另外增加 30 ~ 60 分钟。

对于学龄前儿童来说，身体活动主要包括非结构性、主动性、学习性、稳定性和目标控制能力。重要的是，他们有机会在各种有利的环境下练习这些技能，他们可以从家长那里得到鼓励、反馈和支持。积极发挥一般包括移动躯干和简单的日常行为，如洗漱、洗澡、穿衣，或适量的身体活动，如玩棋盘游戏等。

那么，多大的活动强度适合 5 岁以下的幼儿呢？《开始活动，保持活动》指出，建议 5 岁以下的幼儿每天走路 180 分钟，可以包括积极的玩耍和更有活力的身体活动，如跑步、游泳和跳绳。这些活动能够使他们学会“吞吐”，这将促进他们心肺功能的发展。

四、英国幼儿体育保障措施

英国的一项研究表明，所有年龄段的儿童，兴趣、团队、社会交往以及父母、家庭和同伴的支持是促进他们参与身体活动的主要因素。在身体活动中，儿童获得选择体育项目的权利，与同伴一起游戏并获得归属感，参与竞争并感受到成功的喜悦。另外一项调查显示，61% 的男孩和 74% 的女孩想做更多的身体活动，女孩更看重身体活动的塑形、控制体重等功能，这些令英国政府非常兴奋。

英国称当今一代的儿童为“沙发上的儿童”[1]。为了让儿童远离久坐，远离沙发，英国国家、社会组织以及学校等机构提出了保障儿童参加身体活动的措施。

（一）国家的保障措施

英国前首相梅杰在 1995 年发布的《体育：提升游戏》中指出，体育教师是完成目标的核心，并为此通过国家教练员委员会提供 100 万英镑予以保障[2]。为确保青少儿的身体素质得到改善和提高，英国教育与技能部联合文化、媒体与运动部发布“英国体育、学校运动和俱乐部战略”，指出 2006 年英国 75% 的 5 ~ 16 岁青少儿每周至少开展 2 小时的高质量体育活动，到 2008 年这一比例提高到 85%，到 2010 年所有的青少儿每周至少进行 4 小时的体育锻炼和校外运动（各 2 小时）。

解决青少儿肥胖问题已经成为英国政府优先解决的工作事项，政府试图在交通、教育政策和规划等方面找到解决之道。2009 年，英国议会下议院卫生委员会公布了国家健康规划政策[3]，确保 5 岁以下幼儿的资源。同时，英国政府利用伦

〔1〕 Couch kids：the nation's future ［EB/OL］. http：//www. bhfactive. org. uk/userfiles/Documents/New-CouchKids1. pdf.

〔2〕 周冬，贾文彤. 近 30 年来英国学校体育政策研究［J］. 河北师范大学学报（教育科学版），2015（4）：98 – 102.

〔3〕 House of Commons Health Committee. Health Inequalities ［M］. London：The Stationery Office，2009：194.

敦2012年奥运会、残奥会和2014年格拉斯哥英联邦运动会的举办，宣传身体活动对个人、对国家的重要价值。

当然，也有研究者指出，这些提高儿童身体活动能力的策略目前大部分仅仅停留在政治层面，目前面临的真正考验就是将这些区域性或地方性的策略付诸实施[1]。

（二）社会力量的保障措施

1. 青少年体育信托基金会（Youth Sport Trust）

创建于1994年的青少年体育信托基金会（Youth Sport Trust），作为独立的非营利机构，倡导“体育改变生活”，旨在通过高质量的体育教育和运动使所有青少年实现在生活和体育方面的潜能，让青少年认识到体育、旅行等身体活动的重要性，强调安全步行和骑自行车上学。

2. NICE 健康指南

国家健康与临床研究所（The National Institute for Health and Clinical Excellence，NICE）出版了详细的健康指南，其中还包括建议地方当局与青少年磋商制订身体活动计划，并对身体活动进行评估和干预。苏格兰表示响应这些建议。目前，确保NICE健康指南全面实施虽然仍面临着挑战，但社会力量呼吁英国政府应承担青少年身体活动的部分成本，并提供身体活动指导所需的良好专业资源。

3. 英国国家心脏病基金会的措施

英国国家心脏病基金会（BHF）致力于促进心脏健康和公共卫生与健康。在过去的几年里，该基金会帮助儿童和家长选择健康的食物和身体活动。该基金会针对儿童、教师、政策制定者以及家长进行多维的社会营销，通过网络、公关和广告让他们了解体育活动的好处。在英国各地，该基金会每天进行60分钟的海报宣传。这一海报宣传同时也针对中小学生。2000年，该基金会资助的拉夫堡大学体育与健康学院的BHF体育与身体健康活动中心，向社会提供数据信息，并在健康议程中提出身体活动的内容。在学校，该基金会提供海报和教学包，为学校提供开展身体活动的发展计划。该基金会的行动有助于确保英国青少儿更积极地参加身体活动，以减少他们未来健康的风险。

---

〔1〕 Couch kids：the nation's future ［EB/OL］. http：//www. bhfactive. org. uk/userfiles/Documents/New-CouchKids1. pdf.

4. 学校的措施

英国各地的学校最大限度地保障儿童在上学期间参加身体活动的机会，激励和促进他们利用课余时间参加身体活动。苏格兰在提交给议会卫生与社会保健委员会的信中提到，每周 2 小时的体育课程目标应纳入单项成果协议中。学校的规定和方法应该注重多样性，以确保儿童的身体活动能够尽可能地达到要求。学校需要说明他们是如何满足女孩和最不活跃群体的需求的。英格兰不少学校开展学校旅游计划取得了良好的进展，研究者们认为苏格兰、威尔士等地应该设法复制这一成功经验。

五、英国幼儿体育制度的基本启示

英国幼儿身体健康离不开国家政策的调节作用。

1997 年，首相布莱尔执政，改变了以往不干预或者少干预学前教育的做法，先后颁布了一系列学前教育政策，提供了大量行之有效的法律、规章和标准，促进幼儿教育的发展，实现教育起点的公平，这是英国学前教育发展的重要转折点。自 1998 年以来，英国政府积极鼓励并扶持“国家儿童保育战略”（National Childcare Strategy）和“确保开端”（Sure Start）项目，通过加大财政支出予以加强、扩充和改善对儿童和家庭的服务，政府对学前教育事业的发展承担起越来越多的责任[1]。《儿童法》（1989 年、2004 年）、《每个儿童都重要》（2003 年绿皮书）、《儿童保育十年战略》（2004 年）、《儿童保育法案》（2006 年）等相关法律法规的制定无不彰显着英国政府在加强自身对学前教育事业发展宏观指导、规划、组织领导与协调方面的职责，这些政策和法律报告为英国学前教育的全速发展提供了有力的政策与法律保障，大大加强和改善了英国儿童的教育与保育质量，为幼儿的潜能发挥和健康发展起到了重要的政策保障和法律救济作用。

〔1〕 庞丽娟，刘小蕊．英国学前教育管理体制改革政策及其立法［J］．学前教育研究，2008（1）：32－35.

第8章　日本幼儿体育制度

一、日本幼儿体育管理制度和幼儿体育概念

日本学前教育实行“双轨制”，分为幼稚园和保育园。幼稚园招收3～6岁幼儿，是由文部科学省依据《日本学校教育法》对幼儿实施正规学前教育的机构；保育园招收0～6岁幼儿，是由社会福利机构依据《日本儿童福利法》专门针对家人照看有困难的儿童实施学前教育和保育的机构[1]。值得一提的是，我国台湾地区在2011年之前也沿用这一体系，2011年之后实行幼托整合政策。

日本幼儿体育先驱水谷英三先生认为，幼儿运动游戏是使幼儿致力于配合其年龄的身体层面、精神层面以及社会的成长与发展的过程，同时给予幼儿适当的刺激，促进其成长及发展，以培养作为将来生存于复杂社会中的社会人所应有基本能力的教育[2]。水谷英三所说的“幼儿运动游戏”与现在日本学术界研究的“幼儿体育”为同一概念。

二、日本幼儿健康环境

第二次世界大战后，日本逐渐扭转学校体育与军事体育相联系的形式主义教育，学校体育从以体操为中心转向以游戏和运动为中心。随着生活水平的提高，

---

〔1〕 谢勇娟，许之屏．日本的幼儿体育教育及对我国的启示［J］．内江科技，2016（8）：110－111.

〔2〕 水谷英三．幼儿体力理论与实际［M］．林春生，赖和海，林曼蕙，等译．台北：幼狮文化事业公司，1981.

1960 年前后日本出现了青少年体力下降的问题，不能坚持整天工作的青年日益增多，为此文部科学省成立了“青少年体力问题恳谈会”[1]。

针对幼儿这一群体的体育教育，日本文部科学省 1999 年颁布的《幼儿园教育纲要》明确指出，要不失时机地对幼儿进行健康、社会、自然、语言、音乐和绘画创作 6 个方面的教育，以促进幼儿身心的和谐发展，最大限度地挖掘和发挥幼儿的各种能力。在 6 个方面的教育中，健康教育名列首位，其主要包括保健、运动和安全教育 3 个方面[2]。1995 年，日本的《全国儿童计划》（紧急三年战略）要求在各地区设立“儿童长期自然体验村”，供儿童在暑假期间体验生活；对适合作为儿童游玩场所的水边进行调查、登记、整理，选定并建立“孩子的水边”，供儿童嬉戏与开展身体活动……尽量让儿童自己触摸、尝试、发现、思考[3]。1990 年，日本颁布了《幼稚园教育要领》，强调体育游戏的目标是：形成健康、安全的生活所必需的习惯和态度，充分活动自己的身体；主动在户外游戏；熟悉各种活动，快乐地展开游戏[4]。

多年来，日本相继出台的与幼儿教育相关的政策主要有《儿童福利法》（1997 年）、《少子化社会对策基本法》（2003 年）及《下一代培育支援对策推进法》（2003 年）、《关于综合推进日本幼保一体化的法律》（2005 年）；另一部分是文部科学省等相关部门制定的一些具有规范性的纲领性文件，如《关于今后育儿支援的基本方向》（1994 年）、《天使计划》（1994 年）、《紧急保育对策 5 年计划》（1995 年）、《少子化对策》（2002 年）。截至 2005 年，日本政府共制订了 5 次幼儿教育振兴计划以及发表了一些较为重要的报告，如 2004 年的《关于幼儿教育、保育一体化的综合机构的报告》和 2005 年的《关于适合环境变化的今后的幼儿教育的应有状态——为了孩子的最佳利益》报告。

2000 年，日本政府颁布了《体育振兴基本计划》。《体育振兴基本计划》明确了从 2001 年到 2010 年日本体育发展的总体目标及其方针政策，这是一部依据 21

---

〔1〕 谭华．体育史［M］．北京：高等教育出版社，2009：246.

〔2〕 李鸿江．日本幼儿身体教育［J］．体育教学，1991（4）：51－53.

〔3〕 霍力岩．日本“幼小一贯学校”述评［J］．外国教育研究，2006（5）：41－45.

〔4〕 日本幼儿体育初探［EB/OL］．http：//wenku.baidu.com/view/7b0163e9aeaad1f346933fdc.html.

世纪日本社会政治、经济、文化发展而出台的具有战略意义的体育法规[1]。《体育振兴基本计划》规定："到2010年全国各市区町村至少建立一个综合型区域体育俱乐部。到2010年全国各都道府县至少建立一个泛区域体育中心。"在这样的综合型区域体育俱乐部中，从儿童到老年人，从初学者到高水平运动员，区域内的任何人都可以根据自身的年龄、兴趣、技术和技能水平，在任何时候都能进行身体活动[2]。多样的身体活动推动了学校—社区—区域体育俱乐部三方之间的协调发展，丰富了幼儿、儿童、青少年的体育生活。2005年，日本政府对该计划进行了修订，把"抑制学生体质下降，增加学生体质"作为体育振兴的首要目标。

儿童肥胖、身体活动不足等问题在世界范围内普遍存在，日本同样存在"儿童运动水平低下"这一世界性问题。根据日本文部科学省的调查，日本儿童的体力、运动能力在10年内降低了大约10%，学习欲在20年内下降了25%[3]。在处理儿童体质连续下降这一问题上，世界上很多国家和地区都采用不同的方式、手段颁布政策，从客观上保证儿童体育锻炼的时间，虽然方式、方法有所不同，但"每天必须强制1小时以上的运动（包含游戏）"成为一个共同点。中村和彦教授作为日本文部科学省的幼儿期运动指针测定委员会的一名委员，表示日本也必须参考"幼儿每天保证至少1小时的运动和玩要时间"这一世界性的共识。

日本科学委员会调查数据显示，日本儿童所占有的室外身体活动空间仅相当于10年前的1/10或者1/20，而自然身体活动空间仅占1/80[4]。因此，日本试图用拓宽身体活动空间的方法增加幼儿的身体活动，最具代表性的人物就是"森之幼儿园"的创办人仙田满先生，其理念就是让幼儿走到大自然环境中，与各类自然元素接触，拓宽活动空间，培养幼儿的感性认识，进而培养幼儿的主动性和创造性。

日本在长期实践中创造和开发出不少游戏经典教具，如彩虹伞，这是一种用与降落伞相同的五彩布料缝制的7~8米的四角布，幼儿拿着布的边缘摇晃，让里

---

〔1〕 周爱光．日本体育政策的新动向——《体育振兴基本计划》解析［J］．体育学刊，2007（2）：16－19.

〔2〕 周爱光．日本体育政策的新动向——《体育振兴基本计划》解析［J］．体育学刊，2007（2）：16－19.

〔3〕 吕和武，王德涛．日本儿童的身体活动及其启示［J］．体育文化导刊，2015（12）：84－87.

〔4〕 吕和武，王德涛．日本儿童的身体活动及其启示［J］．体育文化导刊，2015（12）：84－87.

面进入空气像气球一样地鼓起，当伞面呈半圆形时，老师便喊口令，幼儿跑进伞内躲避或做其他游戏；再如，鸭子曲棍球等教具。这些幼儿体育用具现在已经风靡全球。此外，“裸保育”“赤足教育”也在日本幼儿体育中非常盛行，独具特色，有利于培养幼儿的意志品质和体育精神。

三、日本幼儿体育制度的政策保障

日本幼儿体育发展是在日本幼儿教育政策的指导下实施和完成的。20世纪70年代，日本少子化现象开始显现，幼儿教育被提到了前所未有的重要位置，同时，日本幼儿教育更追求质量，更注重政策之间的连续性（表8－1）。

表8－1 日本与幼儿体育有关的政策[1]

序号	实施时间	名称	发文机构	主要内容
1	1964年	《幼儿园教育振兴计划》	文部科学省	
2	1972年	《幼儿园教育振兴计划》	文部科学省	
3	1991年	《幼儿园教育振兴计划》	文部科学省	提供入园奖励补助费，加强3岁幼儿入学率
4	2001年3月	《幼儿教育振兴计划》	文部科学省	充实幼儿园的教育活动和教育环境，促进教师对《幼儿园教育要领》的理解，推进幼儿园设施建设。促进幼小衔接
5	2005年10月	《幼儿教育振兴计划》	文部科学省	向3～5岁幼儿提供高质量、体贴入微的教育。创设良好的家庭和社区环境，使幼儿能轻松、愉快地成长
6	1990年4月	《幼儿园教育要领》	文部科学省	确定幼儿园教育的课程为健康、人际关系、环境、语言和表现五领域，通过环境进行幼儿教育。游戏是幼儿身心协调发展的基础，是重要的学习

〔1〕 曹能秀．近十年来日本幼儿教育改革政策：演进及特色［J］．外国教育研究，2013（6）：3－10.

续表

序号	实施时间	名称	发文机构	主要内容
7	1990 年 4 月	保育所保育指针	厚生省	以游戏为中心
8	2005 年 1 月	《关于适合环境变化的今后幼儿教育的应有状态——为了幼儿的最佳利益》	中央教育审议会咨询报告	整合家庭、社区、幼儿园的力量为所有的幼儿服务，保证幼儿生活、发展和学习连续性
9	2006 年 6 月	《关于推进综合的学前儿童教育、保育服务的法律》	日本政府	日本除幼儿园、保育所之外的第三种幼儿教育机构“认定幼儿园”正式成立，“幼保一体化”取得实质性进展
10	2006 年 8 月	根据《关于推进综合的学前儿童教育、保育服务的法律》的规定，文部科学大臣和厚生劳动大臣协议制定的机构的设备及运营基准	文部科学省和厚生劳动省	规定认定幼儿园的宗旨、职员配置和资格、设施设备和管理运营
11	2006 年 12 月	修订《教育基本法》	日本政府	鉴于幼儿教育是为人格终身发展奠定基础的重要因素，国家及地方公共团体必须为幼儿的健康成长提供良好的环境以及适当的方法，努力使之振兴
12	2007 年 6 月	修订《学校教育法》	日本政府	幼儿园教育作为义务教育及其今后教育的基础，幼儿园的目的是：为幼儿提供保育和教育，创设适合幼儿健康成长的环境，促进幼儿的身心发展。幼儿园教育的目标包括 5 方面：健康、人际关系、环境、语言和表现

续表

序号	实施时间	名称	发文机构	主要内容
13	2008 年 3 月	修订《幼儿园教育要领》	文部科学省	强调幼儿教育的奠基作用，指出幼儿教育是为幼儿人格终身发展奠定基础的重要阶段
14	2009 年 12 月	《为了明天的安心和成长的紧急经济对策》	日本内阁	消除等待进入保育所儿童的数量，推进保育一体化的具体措施

（一）《幼儿运动指导方针》

进入 21 世纪，日本儿童出现了运动量减少、体力下降、肥胖增加的趋势。2006—2009 年，日本文部科学省开展了 5 期“幼儿期开展‘体力向上’实践活动现状相关调查”。调查研究指出，现代社会随着科学技术的飞速发展，人们的生活变得更加方便，走路等身体活动的机会减少，就幼儿而言，参与家务劳动的机会也减少了。随着城市化和少子化的发展，社会环境和人们的生活方式发生了很大的变化，表现在幼儿玩耍的地方、玩耍的伙伴、玩耍的时间减少了，同时对交通安全和犯罪的担忧，使得幼儿身体活动的机会减少。幼儿身体活动的减少，将影响其在少年期、青年期的运动能力、运动项目喜好以及人际关系的良好构筑。因此，确保幼儿参加以身体运动游戏为中心的身体活动，派遣幼儿体育指导者亲临保育现场，对幼儿园幼儿的运动能力进行专业性指导，成为日本幼儿体育迫切需要解决的问题。

2012 年 3 月，日本文部科学省幼儿期运动方针制定委员会出台了《幼儿运动指导方针》（以下简称《方针》）。《方针》所指的幼儿指 3 ~6 岁的儿童[1]。

1. 幼儿身体运动的意义

《方针》指出，运动不仅增强幼儿体力和运动能力、促进生长，在体育和娱乐中还可以培养幼儿健康的心灵和社会适应能力。幼儿身心发展是相互关联的，在

〔1〕 幼儿运动指导方针［EB/OL］. http：//www. mext. go. jp/a_ menu/sports/undousisin/1319771. htm.

幼儿期开展以游戏为中心的身体活动，可以让幼儿掌握多样的身体活动方式，促进幼儿心肺功能和骨骼的发育，有利于幼儿保持终身健康，并形成健康而积极的心态。其具体表现在幼儿体力和运动能力的提高、健康身体的养成、积极心态的养成、社会适应能力的提高、发展认知能力的提升等方面。此外，幼儿身体运动能力的提高，自然身体调节能力也会提高，对周围环境的判断和预测就会更加准确，运动伤害事故就会减少。

2. 幼儿运动的基本方法

幼儿期是人类获得终身运动和动作习惯的重要时期。幼儿期动作的获得，分别为“动作的多样化”和“动作的习惯化”2 个方向。

动作的多样化是指幼儿随着年龄的增长获得不同的动作。幼儿期基本的动作有身体平衡类动作，如站立、坐、躺、撑、转动、滚、悬空等；身体移动动作，如行走、奔跑、跳跃、攀登、跃下、滑动等；以及使用用具的动作，如抓握、搬运、抛、投掷、滚动、踢、挖掘、按、拉等。这些动作往往来自身体的活动和生活经验。

动作的习惯化是指幼儿随着年龄的增长，徒劳的动作及多余的动作减少了，动作变得流畅起来，出现了具有目的性的、合理的动作。

《方针》同时提出了幼儿动作形成的 3 个重要阶段：3 ~ 4 岁是基本动作尚未成熟的阶段，这个时期的幼儿，会通过游戏获得多种多样的活动经验；4 ~ 5 岁是幼儿基本动作固化的阶段；5 ~ 6 岁是平衡类动作、身体移动动作以及使用用具的动作 3 类动作成熟的阶段。

3. 幼儿运动的时间参考

《方针》指出，幼稚园、保育所或幼儿中心，每天要保证幼儿至少 60 分钟的身体活动时间。

（二）《3033 运动计划》

《3033 运动计划》（以下简称《计划》），最初由日本神奈川市发起，随后逐渐为全国所接受。《计划》的基本含义是：每天 30 分钟、每周 3 次、持续 3 个月的身体活动，使身体活动成为一种生活习惯。一天需要 30 分钟的身体活动时间，是能够产生运动效果的最低需要时间。在时间不充足的情况下，每天可以进行约 3 次 10 分钟的身体运动。每周 3 次的运动频率，运动效果最好。3 个月连续进行身体活动，有利于使身体活动成为生活习惯。为了让市民能了解和接受这一身体活动理念，日本向市民发放印有《计划》宗旨的旗子、笔记本、传单、海报以及手帕、标签等进行宣传。根据《计划》，针对婴幼儿期，日本在市町村等实施亲子体操等身体活动，保证各个年龄阶段的人群都能够有足够的身体活动。《计划》对日本幼儿身体活动起到了重要的指导作用。

（三）幼儿教育振兴计划

日本政府和地方公共团体致力于为幼儿的健康成长提供良好的环境，文部科学省于1964年、1972年、1991年、2001年、2005年先后发布了5次幼儿教育振兴计划。2001年颁布的《幼儿教育振兴计划》规定：充实幼儿园的教育环境和教育活动，在幼儿园教育中，开展适合每个孩子发展的集体活动，并通过能突出幼儿主体性地位的游戏进行综合性指导[1]。

四、日本幼儿体育发展的科研保障

日本幼儿体育理论研究为日本幼儿体育的发展提供了坚实的理论和实践基础。

（一）日本幼儿体育学会的大力推进

日本幼儿体育学会（The Japanese Society of Physical Education of Young Children，JPEC）成立于2005年8月。作为亚洲幼儿体育学会（The Asian Society of Physical Education of Young Children，APEC）的分支组织，日本幼儿体育学会从事幼儿体育科学理论与实践研究，“以国际化以及学术研究的进步与发展为基准，以结合理论、实践性指导的普及与振兴为目的”。日本幼儿体育学会同时出版发行期刊《幼儿体育研究》，每年召开1次学术大会。

日本幼儿体育学会在亚洲幼儿体育的研究和实践方面同样扮演着重要的角色。2005年8月，由日本早稻田大学前桥明教授倡议，日本、韩国等在日本东京召开了第1届亚洲幼儿体育大会，即“亚洲幼儿体育健康福祉学术论坛”，与会专家商定，定于每年在亚洲各国和地区巡回召开幼儿体育国际会议，共同讨论关于幼儿体育的国际动向，并且向新加盟的国家和地区发出承办会议的邀请。多年间，亚

---

〔1〕 韩瑞敏．日本第四次幼儿教育振兴计划对我国的启示［J］．吉林广播电视大学学报，2015（1）：107－108.

洲幼儿体育大会已经成为拥有包括中国、日本、韩国、新加坡等 6 个国家和地区的区域性学术研究机构（表 8 –2）。

表 8 –2　历届亚洲幼儿体育大会召开时间和地点列表

届次	时间	地点
第 1 届	2005 年 8 月	日本，早稻田大学，东京市
第 2 届	2006 年 8 月	韩国，中央大学，首尔市
第 3 届	2007 年 8 月	中国，台湾体育大学，台北市
第 4 届	2008 年 9 月	中国，天津师范大学，天津市
第 5 届	2009 年 8 月	日本，西南学院大学，福冈市
第 6 届	2010 年 9 月	韩国，中央大学，首尔市
第 7 届	2011 年 4 月	中国，台湾体育大学，台北市
第 8 届	2012 年 8 月	中国，首都体育学院，北京市
第 9 届	2013 年 8 月	日本，大阪成蹊大学，大阪市
第 10 届	2014 年 10 月	韩国，济州大学，济州岛
第 11 届	2015 年 5 月	中国，台湾体育大学，台北市
第 12 届	2016 年 12 月	中国，广州体育学院，广州市
第 13 届	2017 年 11 月	新加坡，新加坡南洋理工大学
第 14 届	2018 年 8 月	日本，早稻田大学所泽校区，所泽市

（二）日本幼儿体育理论研究成果丰硕

日本是国际上较早开始幼儿体育理论研究的国家。1970 年，日本幼儿体育指导法创始人、甲南女子师范大学教授水谷英三将幼儿体育指导方法引入神户市长田区千岁町的千岁（Chitose）幼儿园（千岁幼儿园之后成为基督教青年会，Young Men's Christian Association，YMCA），奠定了日本幼儿体育的基本教法，为日本乃至亚洲幼儿体育的发展奠定了基础。

近几年，日本相继出版了大量有关幼儿体育的理论和实践书籍。2007 年，日本幼儿体育学会出版了由前桥明、米谷光弘、田中光等在幼儿体育领域颇有建树的幼儿体育专家编写的《幼儿体育理论与实践》（分初级、中级和高级，共 3 册）。2010 年，这套书修订再版，成为指导日本幼儿体育的专业书籍。2012 年，日本幼儿体育学会又出版了由前桥明等编著的《幼儿韵律运动》一书，该书图文并茂，从实践角度探讨了幼儿体育的实施手段和方法。值得一提的是，我国台湾地区受日本幼儿体育的影响较大，翻译引进了日本多版幼儿体育书籍。2015 年，我国复旦大学翻译了前桥明的《0 ~ 5 岁儿童运动娱乐指导百科》，为中国幼儿体育提供了可以借鉴的实操技术和方法。

（三）日本幼儿体育理论研究的多维度拓展

幼儿的健康除了和身体活动有直接的关系，还和哪些要素相关呢？日本幼儿教育理论界指出，现代化的科技发展，不仅造成了经济上的差距，同时还对自然环境和幼儿生活的社会环境产生了消极的影响，对幼儿的身心健康带来负面影响，表现在：幼儿的运动时间缩短、运动场地减少、就寝时间变晚、生活节奏混乱、饮食不规律、生活习惯不好、肥胖增加、运动不足等。因此，日本幼儿教育理论界认识到幼儿健康必须依赖于不同领域研究的相互协作和配合。例如，幼儿的睡眠与幼儿体温、幼儿运动的相关性问题等，即幼儿只有养成“吃好、睡好、玩好和运动好”的生活习惯，才能促进体质健康。研究指出，足够的睡眠时间、有规律地吃早饭是保证幼儿体力的生物要素。幼儿的睡眠时长最好在 9.5 小时以上，才能保证幼儿的基本体力。睡眠作息紊乱，会直接造成幼儿昼夜体温规律紊乱，由此引发幼儿整个上午活动能力低下、运动量减少、自律神经机能低下以及学习能力和体力能力低下。

日本还推进理论的论证和普及，促进运动、营养、保育等各类指导员的培养和资格认定。如日本幼儿体育学会针对幼儿体育指导员颁布了《幼儿体育指导员资格制度》，幼儿体育指导员资格共分 6 种，分别是初级、中级、高级、专业幼儿体育指导员以及幼儿律动指导员和运动游乐设施安全管理指导员[1]。其中，初级幼儿体育指导员、幼儿律动指导员和运动游乐设施安全管理指导员 3 种资格永久有效，中级、高级幼儿体育指导员每 4 年审核 1 次，专业幼儿体育指导员每 5 年审核 1 次（表 8 – 3）。

---

〔1〕 指导员资格制度［EB/OL］. http：//www. j – pec. jp/seido. html.

表 8-3 日本幼儿体育学会认定幼儿体育指导员资格制度

等级	要求	有效期
初级幼儿体育指导员	对幼儿体育指导感兴趣的人，参加相应的培训学习，并审查合格者	永久资格
中级幼儿体育指导员	初级+在幼儿体育方面有实践经验或者参加日本幼儿体育学会的实践指导	每4年审核1次
高级幼儿体育指导员	中级+由亚洲幼儿体育学会理事推荐	每4年审核1次
专业幼儿体育指导员	高级+亚洲幼儿体育学会认定为“本次学会讲师资格”	每5年审核1次
幼儿律动指导员	对幼儿节奏运动的指导感兴趣的人，参加了幼儿的节奏运动指导员培训并审查合格者	永久资格
运动游乐设施安全管理指导员	对运动游乐设施安全管理和安全指导感兴趣的人，参加了运动游乐设施安全管理和安全管理指导员培训并审查合格者	永久资格

五、日本幼儿体育制度的基本启示

日本与我国一衣带水，文化相近、体格相似，且都受儒家文化的影响，幼儿园的“小学化”倾向严重。1985 年，日本儿童与青少年的体质健康达到巅峰，之后连续 10 年下降。同时，参加身体活动的儿童和青少年两极分化的现象严重，且不参与身体活动的比例加大。日本政府在 3 个方面采取措施：一是提高幼儿体育课程质量；二是使幼儿身体活动成为习惯；三是改善幼儿的生活习惯。在幼儿体育制度方面，日本构建起学校、社区和家庭幼儿身体活动的联动机制，建立幼儿体质健康的测试和评估机制，发挥社会组织的合力，从而形成了由外部推动力和内部支持力构成的动力机制，政府部门和相关组织的责权利机制以及法律保障、组织保障、人才保障、资金保障构成的保障机制[1]。

〔1〕 周强．日本青少年儿童体质健康促进政策及其借鉴研究［J］．运动，2014（2）：1-2，19.

第 9 章 国际上其他国家幼儿体育制度

美国、加拿大、澳大利亚、英国、日本 5 国幼儿体育制度发展完备，另外一些国家，幼儿体育发展也各有特色，各有千秋。本部分主要对法国、德国、瑞典、芬兰以及韩国 5 个国家的幼儿体育制度和幼儿体育发展做简要概述。

1816 年 1 月 1 日，英国空想社会主义者欧文为 1 ~ 6 岁幼儿创办公共学前教育机构——幼儿学校（Infant School），这所幼儿学校成为英国乃至世界上第一所幼儿学校。幼儿园，最早起源于德国福禄贝尔 1840 年创办的“幼童活动学校”，福禄贝尔将其命名为“幼儿园（kindergarten）”，并于 1840 年 6 月 28 日正式公布于世。至此，“幼儿园”作为学校机构名称取代“幼儿学校”在欧洲乃至整个世界流行起来。

进入 21 世纪，欧洲一体化的进程不断深化，2000 年“里斯本战略”达成 10 年发展战略。在学前教育领域，欧盟建议成员国 2010 年 90% 的 3 岁以上的幼儿和 30% 的 3 岁以下的幼儿能够接受学前教育。在体育方面，欧盟及其成员国建议儿童和青少年每天至少 60 分钟的中等强度身体活动，但是也有人担心，这一强度是不够的，尤其是面临防止肥胖比例升高这一客观现实。

一、法国幼儿体育制度

法国作为欧盟成员国，其教育管理体制为中央集权制，初等教育、中等教育和高等教育构成法国完整的教育体系，学前教育是初等教育的准备阶段和组成部分。

法国将学前教育机构称为“母育教育”，招收对象为3～6岁幼儿。在法国，虽然学前教育不属于义务教育的范畴，但是法国的学前教育实行免费入学，所有3～6岁的幼儿都可以就近免费入学。

法国学前教育的主要任务是教育、诊断和治疗[1]。学前教育的目的是促进幼儿在身体、社会、智力、艺术、能力等方面的全面和谐发展，为幼儿未来的社会生活做好准备。就体力方面，强调锻炼幼儿的身体、发展幼儿的动作、增强幼儿的体质、促进幼儿身体的健康发展[2]。

二、德国幼儿体育制度

德国是联邦制国家，学前教育由州文化事务部门管辖，联邦政府对学前教育负监管职责，具体事务则由地方（县、市、区）青年局负责管理，只有巴伐利亚州直接归州教育部管理。在德国，幼儿园的举办者通常为福利协会、教会、非政府组织（NGO）、私人协会等。

1837年，“幼儿教育之父”福禄贝尔在德国勃兰登堡开办了世界上第一所幼儿教育机构，德国因此成为世界幼儿园的发源地。自福禄贝尔之后，德国的学前教育成为一门独立的学科发展起来，再加上德国政府对学前儿童的重视，学前教育逐渐走上正轨并日渐发展壮大起来。崇尚自然、尊重幼儿自然成长是德国幼儿教育的主要特色[3]。

德国有关学前教育的法律有《3岁以下儿童幼儿园和托儿所促进法》《扩大幼儿园教育联邦经济资助法》《联邦教育促进法》等。2013年8月生效的《学前教育新规》规定，满1周岁的幼儿即有法定入园权。实际上，很多幼儿园已经开始接收满6个月的幼儿入园，未来德国幼儿入园的低龄化将是大势所趋。

各州根据联邦政府的政策颁布具体的州政策，如柏林州颁布的《幼儿园促进

〔1〕 童宪明. 法国、德国、瑞典学前教育目标的比较［J］. 学前课程研究，2008（7、8）：120－121.

〔2〕 左茹. 法国学前教育的特点及其对我国的启示［J］. 学前教育研究，2010（6）：49－51.

〔3〕 何惠丽. “崇尚自然”的德国森林幼儿园对我国学前教育的启示［J］. 黑河学刊，2016（3）：161－162.

法》规定：幼儿园应考虑每个幼儿的需求和家庭生活背景，幼儿应尝试并发展其运动、认识、社会和艺术能力。运动教育是通过游戏给予幼儿自由活动的机会，发展幼儿的动作能力，包括触摸、手工操作、跳跃、跑步等，提高幼儿的行动欲望，促进幼儿个性发展。在硬件设施方面，德国要求幼儿园应保证幼儿人均 3 平方米的教育场地，尽量达到 4.5 平方米，包括相应的室外场地[1]。

身体活动的理论来自德国的运动理论先驱齐默（Zimmer）。他认为身体活动包括体育锻炼和游戏，也即“The concept physical activity includes both the physical exercise and the play”[2]。齐默指出，幼儿体育具有多项功能：内省功能、社交功能、产出功能、表达功能、探索功能、比较功能和自适应功能[3]。

幼儿体育的内省功能指幼儿通过身体活动认识、了解自己的身体。

幼儿体育的社交功能指幼儿与同伴一起游戏、玩耍和参加身体活动，学会让步和妥协。

幼儿体育的产出功能指幼儿通过体育运动感受到个体身体的变化。

幼儿体育的表达功能指幼儿通过身体活动的动作，表达出个人的情感和现实生活情境。幼儿参与身体活动时，便感受着个人一系列的情绪变化。

幼儿体育的探索功能指幼儿参加身体活动的过程是个体学习、了解活动材料和适应环境的过程。

幼儿体育的比较功能指幼儿在进行身体活动的过程中不断地将自己与他人进行比较，进而学会处理成功和失败。

幼儿体育的自适应功能指幼儿在身体活动中能够充分发挥体力，达到个人的体能边界，并逐步提高个人的身体素质和能力。

三、瑞典幼儿体育制度

瑞典是北欧体育强国，类似足球、滑冰这样的运动，几乎每个儿童都会。同时，滑冰、冰球等冬季运动项目也是瑞典儿童的体育强项。

---

[1] 潘孟秋．德国学前教育立法简况［J］．基础教育参考，2013（13）：65－67，71.

[2] ZIMMER，R. Liikuntakasvatuksen käsikirja – Didaktis – metodisia perusteita ja käytännön ideoita［M］. Helsinki：LK – kirjat，2002.

[3] ZIMMER，R. Liikuntakasvatuksen käsikirja – Didaktis – metodisia perusteita ja käytännön ideoita［M］. Helsinki：LK – kirjat，2002.

瑞典主管学前教育的中央业务部门有国家教育署、学校督导局，这2个部门的主要职能是制定教育活动的课程目标和工作准则及要求，并就各地区、各学校教育教学和管理工作的过程和结果进行评估和督导。在地方政策层面，各自治市市政当局是学前教育的责任主体。幼儿园的审批和撤销许可由自治市市政当局管理学前教育的委员会负责。根据《瑞典教育法》，私立幼儿园的举办条件是要保证幼儿园的业务活动质量和安全性达到要求。对达到运营要求的私立幼儿园，市政当局给予与同类公立幼儿园学生人均经费相当的财政资助。

瑞典政府于2010年修订了《学前教育课程》，将学前教育规定为一种独立的学校类型[1]。《学前教育课程》指出，要全面而细致入微地关心幼儿，促进幼儿身心健康发展。游戏是学前教育课程实施的最主要的途径，游戏能潜移默化地培养幼儿的自信心以及主动探索世界的精神，因此教师应将课程教学与游戏结合起来，通过游戏让幼儿自己主动想象和创造。

四、芬兰幼儿体育制度

根据芬兰国家健康与福利研究所估计，在2011年大约有1/3的儿童没有足够的身体活动，这一数字一公布便引起了公众的关注。芬兰大部分民众认为，幼儿园在促进人的终身体育实践活动中具有重要的作用。因此，幼儿园开展身体活动需要得到家长的支持和配合[2]。

关于身体活动，芬兰大多采纳德国运动理论先驱齐默的观点。同时，芬兰学者也提出了补充性的观点。对于3~4岁的幼儿，芬兰也有学者认为，身体活动指体育锻炼、游戏和精神活动或其中的2个或3个组合[3]。根据学者多尔蒂和贝利2003年的观点，3~4岁幼儿每周至少参加3次身体活动，每次20~30分钟，心跳每分钟140次或更多。

芬兰社会和卫生部在2005年提出的早期儿童教育计划中指出，幼儿身体活动

---

〔1〕 李慧．学前教育，终身教育的起点——瑞典学前教育新课程标准的启示［J］．江西教育，2015(19)：85－86.

〔2〕 Physical activity of children aged 3－4 Parents' viewpoint ［EB/OL］. https：//www. theseus. fi/bitstream/handle/10024/49143/Paula_ Hartikainen. pdf? sequence＝1.

〔3〕 Physical activity of children aged 3－4 Parents' viewpoint ［EB/OL］. https：//www. theseus. fi/bitstream/handle/10024/49143/Paula_ Hartikainen. pdf? sequence＝1.

方针是国家幼儿教育课程指南的一部分，实施的环境并不仅仅是大的健身房，还可以是教室或者操场。决策分为 3 个层面：政策层面是为幼儿和家庭创造更多的机会，鼓励健康的生活方式；家庭层面就是养育者要鼓励幼儿并给幼儿做好榜样；社会层面就是要营造积极的身体活动的氛围。不同于其他国家的研究，芬兰的研究者发现，父母的教育程度与幼儿的锻炼量之间几乎没有相关性。在父母每周至少有 2 ~ 3 次身体活动的家庭中，他们的孩子中有 91% 的人每天至少进行 2 小时的户外运动和其他身体活动。在父母一周少于 2 ~ 3 次身体活动的家庭中，有 89% 的孩子仍然有每天 2 小时的身体活动[1]。

五、韩国幼儿体育制度

（一）韩国幼儿健康环境

韩国青少年身体活动根据年龄分为 3 类：第一类是以 3 ~ 7 岁幼儿为对象的幼儿体育；第二类是以 8 ~ 13 岁的小学生为对象的儿童体育；第三类是以 14 ~ 19 岁的中学生为对象的身体活动。

韩国幼儿体育始于 20 世纪 60 年代，在基督教青年会（Young Men's Christian Association，YMCA）的幼儿体能团开始实施，目的是培养幼儿身体活动的技能和兴趣。从 20 世纪 80 年代开始，韩国幼儿体育机构开始介入幼儿的体育教育中，由这些机构派专门的体育教师到幼儿园实施体育课程。

在之后的 30 年时间里，韩国幼儿体育课程得到了质的提升，但是韩国政府并没有颁布相应的政策，也没有出台幼儿体育公共政策[2]。

许多幼儿室、托儿所、幼稚园等机构主要根据园所自身特点开发多种类型的身体活动，但因为幼儿每天都重复相同的体育课程，因而对相应的课程缺乏新鲜感和兴趣；而幼儿家长往往也因为幼儿体育课程实施和教材不足等问题而心生不满。近 10 年，韩国同样出现了青少年体力下降、体质恶化的现象。韩国肥胖儿童的比例增加了 1 倍，韩国政府意识到这也是造成成人肥胖和引起成人病的危险因

---

〔1〕 DOHERTY，J and BAILEY，R. Supporting Physical development and Physical Education in the early years [M]. Buckingham：Open University Press，2003.

〔2〕 崔庆根. 韩国幼少年运动之现况与展望 [J]. 侯碧燕，译. 幼儿运动游戏年刊，2012（6）：36 - 39.

素，同时也为国民医疗费用支出和国家福利预算增加了负担。

（二）韩国幼儿体育课程

韩国幼儿教育界普遍认为，在幼儿教育方面，除了日常生活的照顾以外，还应以幼儿的成长需要和成长特点为基础，进行相关的身体活动课程开发。也就是说，幼儿成长不仅要有技能层面的身体活动，还要有能够提高思考与感性相关的活动，这类活动不能是简单的重复的活动，必须是能够通过多样的表现形式来培养幼儿创造性的身体活动[1]。幼儿体育具有社会性价值和国家战略价值：幼儿身体活动可以培养幼儿的社会性，通过身体活动提高了儿童的社会智力商数（SQ）；同时，以正确、健康的方式指导幼儿身体活动，教育他们要成为社会健全公民的一员，这也是国家的重要任务之一，是提高国家竞争力的重要内容之一。韩国理论界普遍认为，抑制少年儿童肥胖，充分满足少年儿童身体活动的本能要求，最经济、最有效的方案是推动少年儿童运动并为此达成行动方案，这一方案应在学校和幼儿、青少年运动俱乐部中一同实施。

韩国幼儿体育发展脉络和国际现代幼儿体育发展基本一致，幼儿体育随着家庭收入水平和教育水平的提升而增强。幼儿家长和学校基本能意识到培养幼儿健康和社会性的重要性，但现实是身体活动不足的幼儿在逐年增加，因此从 20 世纪 90 年代开始出现了以首都圈为主的周末幼儿体育补习班和幼儿体育俱乐部。韩国早期的幼儿体育补习班和幼儿体育俱乐部是没有自己设施和设备的，他们都是在运动场或者公园进行足球等课程的练习。目前出现的大型运动补习班，则拥有专门的指导员和室内外专用设施以及草地球场。有些教育企业，为进入幼儿体育市场，不断地关注幼儿身体活动这一领域；而有些企业，在各地区已经配备了完备的体育设施，它们常常通过特许加盟的管理模式进入幼儿或者少年的体育市场[2]。

在幼儿体育课程方面，韩国幼儿体育实施者认为，幼儿体育的活动场地既可以是体育馆、体育场，也可以是教室、走廊以及室外游戏场。幼儿体育教师作为幼儿身体活动的主导者，必须能够掌握与幼儿相关的教育学、心理学基本知识以

---

〔1〕 黄钟文，申湖准．韩国婴、幼儿游戏体育课程之现状［J］．侯碧燕，译．幼儿运动游戏年刊，2012（6）：96－100.

〔2〕 黄钟文，申湖准．韩国婴、幼儿游戏体育课程之现状［J］．侯碧燕，译．幼儿运动游戏年刊，2012（6）：96－100.

及各年龄幼儿身体发展特征；在教学组织中能够使用幼儿理解的语言，同时幼儿体育教师应具备急救、休闲娱乐、气球艺术以及魔术等多种技能。

2015 年第 11 届亚洲幼儿体育大会在台湾体育大学召开，韩国幼儿体育学会会长徐相玉提出将“新体育”的概念用于幼儿体育的理论和实践中。“新体育”在韩国属于舶来词，它是 1979 年日本首先使用的日式英语，是 20 世纪后期日本开发、推广、改造之后的欧美国家体育项目的总称，不同于传统的体育项目，新体育项目主要指“以锻炼身体、促进健康、休闲娱乐为主要目的，不需要很高的技能和很长的训练实践，简单易行、趣味性很高的身体活动”[1]。新体育项目门槛低、趣味性高，适合在幼儿这一人群中开展，有利于调动幼儿参加身体活动的积极性和持久性。截至 2015 年，新体育项目在幼儿体育中已经开展有 30 多个项目，成为韩国幼儿体育发展的一个风向标。

〔1〕 李捷．新体育项目的发展及在我国大众健身中的应用研究［J］．体育文化导刊，2016（3）：8－11，41.

第10章　中国幼儿体育制度

中国古代绵延几千年的幼儿体育发展，精彩纷呈。

体育源于人们的生产劳动，如狩猎和耕作，游戏是体育的重要载体。有研究指出，原始社会后期，在儿童群体中就流传着角力、跳高、滑雪、玩石子、射箭（有射准，河边射鱼）、打板等身体活动[1]。

蹴鞠，发源于春秋战国时期，作为足球的前身，一直为我国长盛不衰的身体活动项目，在幼儿中间也极为流行。《儿世说》便记载了北宋著名书法家、杰出的政治家文彦博少时与同伴击球的故事："文潞（文彦博封潞国公）幼与群儿击球，球蹴入穴柱中，公以水灌之，球即浮出。"2010年6月1日，中国邮政发行了《文彦博灌水浮球》特种邮票，全套2枚，重现了这一历史事件，以弘扬中华民族优秀的传统文化。

秋千，相传为春秋时期齐桓公冉山戎传入中原。《古今艺术图》记载："秋千，本北方山戎之戏也，自齐桓公北伐山戎，此戏始传入中国……"秋千也成为儿童和妇女最为喜爱的一项身体活动。春秋战国时期还有一项幼儿身体活动便是飞鸢（即放风筝），这是我国民间最为流行的游戏。

打板，作为幼儿游戏，在《顺天府·府志》中记载："小儿以木二寸，制如枣核，置地而棒之。一击令起，随一击令远，以近为负，曰打柭柭，古所称击壤者也。"明代刘侗在《帝京景物略》卷二中记载："二月二日龙抬头……小儿以木二

〔1〕 魏春生．我国体育游戏的起源和发展［J］．伊犁师范学院学报（社会科学版），1995（4）：61－69.

寸，制如枣核，置地而棒之，一击令起，随一击令远，以近为负，曰打柭柭，古所称击壤者耶。”其谣云：“杨柳儿活，抽陀螺。杨柳儿青，放空钟。杨柳儿死，踢毽子。杨柳发芽儿，打柭儿。”此段话记载了抽陀螺、放空钟、踢毽子、打柭儿4项幼儿身体活动项目。放空钟，是北方传统的儿童游戏。空钟外形像圆筒，一根木棒从中间穿过作为转轴，筒侧有狭长的小口，空钟旋转时空气流入里面引起共鸣，空钟后发展为空竹。

不能忽视的一个问题就是中国古代儿童的基本权利问题。长期以来，我国受儒家思想的影响，“父为子纲”的封建伦理观念严重制约了儿童人权的发展，儿童的社会地位极为低下，没有自主权、人格权，亲子关系以教令及惩戒为主要内容，子女应顺从父母、听从父母的教令[1]。儿童的生存权、受教育权不受保护，体育权利更是无从谈起，这在长达2 500年的封建社会尤为突出。真正开始关注幼儿成长，从幼儿的生长发展出发制定政策始于清朝末年《奏定蒙养院章程及家庭教育法章程》的颁布，章程规定“以蒙养院辅助家庭教育”“收三至七岁儿童”，这是中国有史以来第一次将幼儿教育列入学制系统。

一、中国幼儿体育发展概述

中国几千年的幼儿体育发展，精彩纷呈。从萌芽于战国、盛行于唐宋，大量存在于玉器、漆器、陶瓷和织绣等工艺美术中的婴戏图上可以发现我国古代民间存在着丰富多彩的少儿身体活动，包括钓鱼、赶鸭、玩木偶、骑竹马、抓鸟、戏猫、捉蝴蝶、斗蟋蟀、骑马打仗、唱歌跳舞、下棋对弈等，但这些活动仅为民间活动。1904年1月13日，清政府颁布《奏定蒙养院章程及家庭教育法章程》，该章程是《奏定学堂章程》（即“癸卯学制”）的一部分，它将幼儿教育放入国家教育章程、纳入国家教育学制，这无疑是幼儿教育史上的里程碑，它是我国第一部关于幼儿教育的法规。此后，1932年，国民政府教育部门制定了《幼稚园课程标准》，内容包括幼稚教育总目标、课程范围和教学方法要点3个部分。总目标包含4个方面内容：增进幼稚儿童身心的健康；力求幼稚儿童应有的快乐和幸福；培养人生基本的优良习惯（包括身体、行为等各方面的习惯）；协助家庭教养幼稚儿

---

〔1〕 陈文雅．论儿童权利保护法上的“最大利益原则”——以英国儿童法之福利原则为视角［D］．重庆：重庆大学，2008：26.

童，并谋求家庭教育的改造。

（一）大陆幼儿体育发展概貌

中华人民共和国成立以后，宋庆龄不止一次地谈到儿童身体健康的重要性。她深刻地认识到体育锻炼是保证身体健康的最佳手段之一，因此她非常重视儿童体育，要求帮助儿童从小养成锻炼身体、讲究卫生的良好习惯。因为只有这样，才能使他们成为“体魄健壮的、勇敢的、能够吃苦耐劳的新一代，使他们能够担负起建设祖国和保卫祖国的重任”。1951 年 7 月，《幼儿园暂行教学纲要（草案）》出台。该纲要旗帜鲜明地指出，“幼儿教育的设施，包括整个幼儿生活的保育、教养，并非狭义的只是某些作业的教学，它和学校教育的性质不完全相同”，幼儿园教学首先就应该注意“幼儿园和幼儿教育的条件，包括幼儿园的体、智、德、美等四重教学任务及其必须注意的基本条件”。1981 年 10 月，教育部颁发了《幼儿园教育纲要（试行草案）》，将 1951 年的“幼儿园教学”改为“幼儿园教育”，把幼儿园教育内容拓展为生活卫生习惯、身体活动、思想品德、语言、常识、计算、音乐、美术 8 个方面。该纲要第三部分指出幼儿园的教育任务是通过游戏、身体活动、上课、观察、劳动、娱乐及日常生活等各种活动完成的，强调每一种活动都不可偏废，每一种活动都有其应该注意的事项。之后，《托儿所、幼儿园卫生保健制度》（1985 年）、《关于进一步办好幼儿学前班的意见》（1986 年）、《托儿所、幼儿园建筑设计规范》（1987 年）、《幼儿园工作规程（试行）》（1989 年）、《幼儿园管理条例》（1989 年）先后被颁布，为幼儿体育的发展提供了强劲的动力。

在大陆，幼儿体育实践活动主要指幼儿通过户内或者户外的身体活动达到教育目标的过程，它包括跑、跳、攀、爬、钻等身体锻炼活动。各类幼儿园根据自身特点开发和创设不同的体育课程，有的幼儿园独具特色的身体活动被教育部门授予“体育特色园”，政府的这一举措为幼儿园的体育课程开发提供了政策上的支持。但目前，在大陆大部分幼儿园尚没有专职的幼儿体育教师，幼儿体育的开展主要由班主任组织和实施，条件好的幼儿园则与幼儿体育俱乐部（培训班）合作，俱乐部老师会进园为每班提供 1 周 1 次的体育课程实践。随着中小学体育达标政策的出台，幼儿体育培训在大陆如火如荼地开展起来，其规模和多样性直逼文化课，这也是中小学教育考试政策改革带来的结果。

2016 年是大陆学前教育事业引起高度关注的一年。3 月 22 日，习近平总书记在中共中央全面深化改革领导小组第二十二次会议上指出，儿童健康事关家庭幸福和民族未来；8 月，习近平总书记在全国卫生与健康大会上强调，要重视少年儿童健康，全面加强幼儿园、中小学生的卫生与健康工作；2016 年 10 月中共中央、国务院发布的《“健康中国 2030”规划纲要》指出，“加强对学校、幼儿园、养老机构等营养健康工作的指导”，可以看出，党和国家对推进幼儿事业发展的决心和做出的努力。大陆幼儿体育正面临着多出实践、多出成果的快速发展时期。

（二）台湾幼儿体育发展概貌

1. 台湾“幼儿”相关概念的界定

2011 年以前，台湾的学龄前儿童教育分为幼稚园和托儿所。2011 年 6 月 29 日，象征幼托整合的重要法案《幼儿教育及照顾法草案》颁布，该法案落实了幼托整合政策，法案明确幼儿指“2 岁以上至入国民小学前之人”，幼儿园指“对幼儿提供教育及照顾服务（简称教保服务）之机构”[1]。幼儿教育管理构架与大陆一致。

2. 台湾幼儿健康环境概述

在台湾，幼儿健康环境在经济的突飞猛进下日渐恶化，因幼儿身体活动空间不足、时间不够、玩伴缺乏、父母过度保护的养育态度及电视、电玩泛滥等，幼儿体育游戏和身体活动的种类受到限制，进而影响幼儿身体活动的质量和数量，由此衍生出幼儿体能减退、肥胖率增加，并产生了自闭、多动、自私等心理发展障碍。

台湾林曼蕙 2004 年的研究显示：“台湾幼稚园的幼儿肥胖率达到 10%，且幼儿的体能状况几乎全面落后日本。”而 1993 年台湾教育事务主管部门的调查发现，台湾中小学学生及幼儿体格发展有提早肥胖的趋势，而肥胖造成身体机能、柔软度、平衡性以及协调性等整体能力的下降。此外，久坐不动行为将会造成幼儿体能与心肺功能的衰退。另一项研究显示，儿童花费在看电视、打电玩等静态活动上的时间与肥胖呈高度的正相关。尤其是“看电视”一项，不但能量消耗低于基

---

〔1〕 幼儿教育及照顾法草案［EB/OL］. http：//wenku. baidu. com/link？ url = ypOOul6DiMOqFE1aBPEBc_ 24Ap1ftw2pucV563oPS6Yg_ Ubbuaxz9E - QBwLNIoKR0jfNk6lSt2LlFg4rR8LJ4nR4 - VT5JlkLXRAd11I3hG7.

础的新陈代谢，而且因为双手是无束缚的，很容易不知不觉吃下多余的食物，长时间造成体能下滑。2004 年，台湾的一项调查统计显示台湾发展迟缓的儿童高达 11 981人。而另一项研究显示，台湾 9 ~ 10 岁高达 20. 6% 的学龄儿童出现发展协调性障碍[1]。

近年来，台湾幼儿体育学术研究将视角深入幼儿的睡眠与身体活动状况之间的关系上。台湾体育大学体育研究所张凤菊博士的一项研究显示，中国台湾地区幼儿放学后回家的游戏时间较日本幼儿的长；中国台湾地区幼儿的户外游戏时间也比日本幼儿的长；中国台湾地区幼儿的电视观看时间较日本幼儿的少，中国台湾地区幼儿的身体活动状况与日本幼儿有显著差异。中国台湾地区幼儿放学后游戏时间（超过 2 小时）与户外游戏时间（超过 1 小时）长，其睡眠时间不足 10 小时的比例明显高于日本的幼儿。日本幼儿放学后电视观看时间（超过 2 小时）与户外游戏时间（超过 1 小时）长，但幼儿睡眠时间超过 10 小时的比例明显较中国台湾地区幼儿多。研究认为，中国台湾地区幼儿与日本幼儿的身体活动状况有较大区别，同时，幼儿的游戏时间、户外游戏时间会影响幼儿的睡眠时间。

3. 台湾幼儿体育制度演进

1905 年，台湾公布《幼稚园规程》，称幼稚园教师为“保姆”，之后《台北幼稚园规程》《台湾公私立幼稚园官制》相继颁布，幼儿教育制度基本完备。这些规程有一个共同的教育宗旨：保护幼儿身心健全发育。当然，规程“日据”教育特点明显，幼儿要养成良好习惯，听说日语。

结合黄绣婷对台湾 1945—2006 年幼儿教育制度发展路径的分析[2]，本研究将台湾幼儿体育制度分为 4 个阶段进行阐述。

（1）台湾幼儿体育制度过渡期（1945—1952 年）

1945 年，台湾结束了长达半个世纪的殖民统治。1946 年 12 月，大陆学前教育先驱张雪门赴台创办台北育幼院，育幼院设有育婴部、幼稚部和小学部。同时，为了提高师资素质，1950 年张雪门组织创办了为期 2 年的导生训练班。随后，他又因地制宜开办保育人员训练班，在 1 年时间里创办了 62 所幼稚园。张雪门对台

[1] 詹俊成．“推动幼稚园运动游戏方案”之简介与展望［J］．学校体育，2004，14（80）：5 – 12.

[2] 黄绣婷．台湾幼儿教育制度之发展（1945—2005）［D］．嘉义：台湾中正大学，2006：55.

湾地区幼教民主化运动起到了极大的推动作用，同时他高度重视游戏的重要价值，他指出："经过适宜而积极活动的游戏，才能训练儿童的肌肉，发展其感官，增进其知识，培养其国民性；从游戏里儿童可以有实验、观察、学习与试行错误的机会；游戏不但可以树立工作兴趣，还可以刺激思想，锻炼儿童自制、忠实、独立、合作、理性服从等美德。"[1]

（2）台湾幼儿体育制度萌芽期（1953—1969 年）

1956 年，台湾教育事务主管部门将各地公私立幼儿教育机构名称，一律依法改为幼稚园，从此幼儿教育以幼稚园作为主要的教育机构名称。

由于接受幼儿教育的儿童人数不断增加，台湾教育事务主管部门修订了《幼稚园暂行设备标准》（1961 年）和《幼稚园课程标准》（1953 年）。《幼稚园课程标准》的雏形是 1929 年发布的《幼稚园暂行课程标准》，历经 1932 年、1936 年、1945 年 3 次修订，1953 年为第 4 次修订，修订由台湾教育事务主管部门主持，强调"知行训练"和"生活训练"，并将"游戏"和"音乐"列科，强调保育重于教育。

随着普及教育运动的开展，小学部学生不断增加，教育经费逐渐不够使用。1962 年在"附设的幼稚园不属于义务教育"的原则下，幼稚园不得占用教育经费，部分小学附设的幼稚园被迫停办。

（3）台湾幼儿体育制度发展期（1970—1987 年）

在幼稚园不得占用教育经费的排挤效应下，社会变化所带来的育儿需求下，台湾鼓励私人兴办幼稚园，私立幼稚园成为幼儿教育办学的主体，同时 3 次修订《幼稚园设置办法》。

1981 年，台湾颁布《幼稚教育法》。《幼稚教育法》的施行象征着幼儿教育发展正式进入一个崭新的发展里程。《幼稚教育法》作为台湾第一部幼儿教育专法，其颁布标志着将台湾幼儿教育正式纳入教育学制范围。

《幼稚教育法》的颁布带动了台湾多项政策的出台，这时期包括《优质教育法施行细则》、《幼稚园课程标准》（1987 年第 5 次修订）、《幼稚园设备标准》、《私立幼稚园奖励办法》等。此后，一系列的办法相继实施，包括 2000 年全面发放幼

〔1〕 张雪门. 儿童保育［M］. 北京：中华书局，1944：49.

儿教育券；2001 年进行台湾幼教普查，以健全幼教环境；2002 年提出教育向下延伸一年的政策；2003 年提出幼托整合政策草案。

1987 年，《幼稚园课程标准》将课程划分为健康、游戏、音乐、工作、语言、常识六大领域，健康居各领域之首，游戏位居其后，说明幼儿体育的重要地位和作用。《幼稚园课程标准》同时详述了每一领域的目标、内容、方法及评价，但《幼稚园课程标准》并不强制要求，目的是使教师在课程计划的制订和实施中有较大的空间。在健康领域就是要帮助幼儿拥有安定的情绪与健康的身心，养成自主的生活态度、习惯与技能。

（4）台湾幼儿体育制度茁壮期（1988 年至今）

台湾学龄前儿童教育分为幼稚园和托儿所，二者的行政主管机关不同。此外，二者在师资标准、课程与教学、管理等方面也不相同，造成 4 ~ 6 岁的儿童可能接受不同的照顾与教育质量。为此，台湾学前幼儿教保政策历经 14 年的推动之后，象征幼托整合的重要法案《幼儿教育及照顾法草案》终于在 2011 年 6 月 29 日公布，2012 年 1 月 1 日正式实施。该法案落实了幼托整合政策，使“托儿所”成为历史名词，代表了台湾的学前教育从此迈入一个崭新的时代[1]。法案明确幼儿指“2 岁以上至入国民小学前之人”，幼儿园指“对幼儿提供教育及照顾服务（简称教保服务）之机构”[2]。

与幼托整合相配套的是 2012 年颁布的《幼儿园教保活动课程暂行大纲》，取代了 1987 年《幼稚园课程标准》，大纲名称加入了“活动”二字，大纲涉及身体动作、认知、语文、社会、情绪、美感六大领域，“身体动作”位居各领域之首。

这一时期，台湾幼儿运动游戏课程与教学研究的数量在年度分布上，随着政策及大众关注程度呈现出上扬的趋势，仅 2000—2009 年就有 66 篇与幼儿运动游戏课程与教学研究有关的学位论文。2004 年，《推动幼稚园运动游戏方案》颁布，幼儿运动游戏课程与教学研究在数量上大幅增加。但是，研究成果受限于领域的局限，相关研究几乎全部为体育系及幼教系的研究成果，10 年间仅有 5 本出版物是

---

〔1〕 蒋姿仪．台湾幼托整合后学前教育之创新——台湾幼儿园教保活动课程新课纲解读［J］．湛江师范学院学报，2014（10）：5－11.

〔2〕 幼儿教育及照顾法草案［EB/OL］. http：//wenku. baidu. com/link？ url = ypOOul6DiMOqFE1 aBPE-Bc_ 24Ap1ftw2pucV563oPS6Yg_ Ubbuaxz9E－QBwLNIoKR0jfNk6lSt2LlFg4rR8LJ4nR4－VT5JlkLXRAd11I3hG7.

结合其他专业的跨领域的研究，因此有研究认为增加与不同学术领域学者专家的合作研究是台湾幼儿体育研究的当务之急[1]。

4. 台湾幼儿体育制度的政策保障和学术研究

在台湾，幼儿园教育并非义务教育，幼儿园在课程内容与时间的安排上由各园自行决定。近年来，台湾幼儿运动游戏在政府、学术单位及民间团体的大力推广下，已逐渐受社会各方面的重视。

台湾是亚洲较早进行幼儿体育研究和实践的地区，幼儿运动游戏是台湾推动幼儿体育的重要载体。

（1）台湾幼儿运动游戏教学发展的基础

台湾幼儿体育的发展可以追溯到1969年邱金松发表的《幼儿运动能力的发展研究》以及1972年翻译出版的英国伦敦教育局的《幼儿运动教育》。1971年，日本学者水谷英三将日本幼儿运动游戏的教学经验和方法引入中国台湾，并经王健次、邱金松等学者的推动，台湾幼儿运动游戏的教学逐渐开展起来。1987年，台湾教育事务主管部门颁布《幼稚园课程标准》，将锻炼幼儿身体动作、发展幼儿运动兴趣与能力设为课程目标。

在诸多条件的配合下，台湾幼儿运动游戏课程蓬勃发展。2010年由台湾的一项调查显示，在台湾，实施运动游戏课程的幼儿园比例开始由2002年的78%提升至2010年的85.88%；而由于亚洲幼儿体育学会的成立与推动，幼儿运动游戏的概念在亚洲地区也奠定了良好的基石。近年来，通过每年一度的国际研讨会进行实务交流与经验分享，亚洲幼儿体育交流研讨会已成为亚洲幼儿体育学会每年的盛事，也因此，中国台湾在亚洲幼儿运动游戏的推广方面，扮演极其重要的角色[2]。

什么是幼儿运动游戏？

40多年来，台湾学者从不同角度诠释着“幼儿运动游戏”。从教育的角度，王健次指出：“幼儿运动游戏是以幼儿为对象，施以有趣的身体运动而达到教育的目的。”[3]林风南在《幼儿体能与游戏》中这样界定幼儿运动游戏：“一种以运动为

---

〔1〕 詹俊成．《推动幼稚园运动游戏方案》之简介与展望［J］．学校体育，2004，14（80）：5－12.

〔2〕 台湾幼儿体育学会2011年第七届亚洲幼儿体育研讨会报告书［Z］．台湾幼儿体育学会，2011.

〔3〕 王健次．如何实施幼儿体育课程［M］．台北：欧语出版社，1981.

主体，以游戏为方法，以教育为指导，以培养幼儿身心发展的基础能力为目标的活动。"[1]因此，幼儿运动游戏教学是通过"运动游戏"来达到教育目的的一种教学方式。从发展的角度，邱金松认为："运动游戏是幼儿生长的泉源，应以良好的运动方式，来发展其生长的力量，这种教育不但可以使其身体强壮，增加抵抗力，还可以启发他的理想和感情。"[2]许丽风认为："幼儿运动游戏是透过幼儿的身体，以发展幼儿各阶段的人格为目的，使心理与身体皆可获得健全的发展。"[3]也就是通过幼儿运动游戏的方式，让幼儿达到身心的健全发展。从发展的观点，许义宗认为："幼儿运动游戏是伴随幼儿身体活动的游戏，让幼儿经由身体的活动，形成适合于幼儿时期的人格，使身心能圆满地达成活动的任务。"[4]郭志辉认为："幼儿运动游戏就是活动身体的游戏，在游戏中知道适切的运动，以满足幼儿对运动的欲望，提高幼儿体能充实生活，并透过游戏培养规律的生活习惯，增进良好的人际关系，使幼儿养成将来成为社会人所应有的基本能力。"[5]也就是说，幼儿运动游戏可以帮助幼儿为适应未来的生活做准备。从生理的角度，陈淑敏认为："幼儿运动游戏的主要特征包括愉快的情境、中度到很活泼的体能活动、加速体内新陈代谢作用。"[6]结合以上所有观点，台湾体育大学黄永宽教授总结幼儿运动游戏："对幼儿的成长有着举足轻重的地位，幼儿需借运动游戏来探索身体及环境，也需借运动游戏来累积经验进而产生智慧。幼儿借由身体的运动来吸收大量的感觉、知觉及运动刺激。而随着身体运动的刺激以增加幼儿身心技能的发展，也因运动游戏的参与，使得幼儿能与现实世界相融合，并渐渐地适应社会的各种变化。"[7]

那么，幼儿运动游戏教学怎么进行?

黄永宽等指出运动游戏教学"应以儿童生活为教材，融入角色之扮演，提供符合社会规范的情境，用简易的内容，以鼓励方式增加互动的教学，并容许儿童的犯错也是一种学习的教学概念"，在实施运动游戏教学的过程中，要防止"强迫

---

[1] 林风南. 幼儿体能与游戏 [M]. 台北：五南图书出版有限公司，1998：2.
[2] 邱金松. 儿童有学习体育的权利 [J]. 国教之友，1987，39 (3)：14 - 15.
[3] 许丽凤. 幼儿体能游戏 [M]. 台北：书泉出版社，1996.
[4] 许义宗. 幼儿体能游戏 [M]. 台北：理科出版社，1981.
[5] 郭志辉. 幼儿体育指导 [M]. 台北：台北市立体专体育学术研究会，1991.
[6] 陈淑敏. 幼儿游戏 [M]. 台北：心理出版社，1999.
[7] 黄永宽. 幼儿运动游戏理论与实务 [M]. 台北：洪叶文化，2009：9 - 10.

儿童就范、降低参与动机、使用排除性剥夺游戏机会、过度保护缺乏冒险、用手协助阻碍亲身经历、要求一致缺乏创意、忽略儿童能耐变成超负荷、外力介入造成伤害”等不宜进行的教学行为，从而形成幼儿运动游戏教学的基本概念[1]。儿童的运动游戏教学是以儿童为主体，教师在教学的过程中提供儿童游戏的情境以及角色扮演，并运用儿童的想象力，增加儿童探索的机会及培养其创造能力，使儿童从运动游戏教学的情境中获得技能、认知、情意的发展，并将所学的经验融合成自身的知识，以适应未来的社会生活[2]。

吴贤文、梁素娇于 2004 年发文指出，2 ~ 6 岁幼儿的动作发展可分为一般性动作和可训练动作（表 10 – 1）。结合黄永宽对幼儿运动游戏教学的认识，不难发现，台湾的幼儿体育强调以游戏的形式组织活动，弱化活动的竞争性，强调游戏的参与性，这也切合了台湾“全人教育”的幼儿教育理念。

表 10 – 1　2 ~ 6 岁幼儿的动作发展

年龄	一般性动作	可训练动作
2 ~ 3 岁	能自己步行 扶持他物，单脚站立 登上滑梯再滑下来 慢慢地上下台阶	
3 ~ 4 岁	能到处跑 能用脚尖站立且步行 并腿向上跳起	模仿大人的动作 平台上两脚交互前进 脚尖步行 1 米 从 30 厘米高的地方跳下
4 ~ 5 岁	能做各种跳跃动作 能模仿大人动作 会用单脚站立 能跑上高的地方又跑下来	熟练地使用各种玩具 跳绳（大波浪）、小波浪 跨过约 25 厘米高的高度 敲打动作、手指拎拿物品

〔1〕 黄永宽，张凤菊．“国小”体育课创意教学理论与实务［G］．中国台湾幼儿教育学会，2014：1.

〔2〕 黄永宽，张凤菊．“国小”体育课创意教学理论与实务［G］．中国台湾幼儿教育学会，2014：11.

续表

年龄	一般性动作	可训练动作
5~6岁	脚尖轻松走路 能在平台上走得很好 协调地做敲打动作 协调地做投掷动作	玩足球、躲避球等团体游戏 充分支持与控制身体 正确敲打标的物 掷远

摘自：周宏室．幼儿体育跨国合作的必要性［C］．2015年第11届亚洲幼儿体育研讨会论文集，2015：25－26.

台湾对幼儿体育的保障制度可以分为纵向和横向2个方面。在纵向管理制度方面，台湾从“2001年教育改革之检讨与改进”大会起即提出了加速推动幼托整合，建立专业化、社区化的全面性幼儿教育与照护体系，朝向“全人教育”向下延伸之规划。2003年，台湾某教育会议提出，5岁幼儿纳入台湾教育正规体制，台湾教育更向前延伸了。这标志着中国台湾地区的幼儿体育事业进入一个新的发展阶段[1]。

在横向管理制度上，台湾提出“在提升幼教品质过程中纳入强化幼儿情操及体能的正常教育”。2004年，台湾教育事务主管部门着手规划幼稚园运动游戏中程计划，并成立了“教育事务主管部门推动幼稚园运动游戏方案委员会”，聘请专家学者共同参与幼儿运动游戏的推动活动，使台湾幼儿运动游戏的推广与发展在5年内步入正轨。

（2）台湾《推动幼稚园运动游戏方案》（2004—2008年）

2004年，台湾颁布与实施了《推动幼稚园运动游戏方案》（2004—2008年），为幼儿园运动游戏的推行提供政策性保障。为了更好地贯彻和落实这一方案，促进幼儿身心健康，让幼儿建立起常常运动、天天运动、喜欢运动，而且终身都运动的健康观念与习惯，台湾教育事务主管部门制定了5项实施措施。

①建立推行机制。

1987年，台湾《幼稚园课程标准》将课程划分为健康、游戏、音乐、工作、语言、常识六大领域，除明文规定“游戏”以外，在“健康”的目标中还提到：

〔1〕 黄永宽．台湾幼儿运动游戏现况分析［J］．幼儿运动游戏年刊，2005（8）：4－8.

锻炼幼儿基本动作，发展幼儿运动兴趣与能力。而在范围中也指出，使用基本动作、简单的技巧、简单的运动器材，利用感觉、知觉等从事运动游戏；参与简单的团体游戏、模仿游戏、想象游戏、解决问题的游戏及随着音乐做简单的体操等。《推动幼稚园运动游戏方案》进一步要求幼稚园落实课程标准、增加访视机制或者试办种子学校作为典范加以辅导，以增进幼儿运动游戏的推广，让幼儿在幼稚园中享受幼儿运动游戏的乐趣。

②强化师资培训。

台湾相关职能部门经过调查认为，当时尚未实施幼儿运动游戏教学的幼稚园，多是因为师资不足、缺乏经费、缺少教材、教学空间狭小等原因，而实施后又停止的原因则主要是教师素质不高、教材内容不充实以及经费不足等，因此师资问题是影响幼儿运动游戏执行的最主要因素，进行幼儿运动游戏的教师是推动幼儿运动游戏的主力战将。所以，台湾相关职能部门着力结合学校及民间团体，培育幼儿运动游戏教师的专业技能。

③改善教学环境。

幼儿运动游戏开展需要的参考资料缺乏以及环境因素和教具设备同样影响着幼儿运动游戏推广的内容和效果。因此，台湾相关职能部门鼓励幼儿园增购幼儿运动游戏材料，号召专家学者编辑幼儿运动游戏教材，以提供给幼儿教师更多的选择。

④加强幼儿运动活动的推广。

幼儿活动既是展现幼儿运动游戏教学成果最好的方法，也是达到宣传效果最直接的方式。方案鼓励举办亲子运动会和亲子假日活动，鼓励推动社区幼儿运动游戏指导，幼儿运动游戏应以幼儿为主体，取得家长对幼儿运动游戏的认同和支持〔1〕。与此同时，在高校创办相关系所，推广幼儿身体活动，如台湾体育大学就设置了体育推广学系〔2〕。

⑤推广幼儿运动游戏的理念。

台湾通过多种手段和方法，如开办园长演习班、进行幼儿运动游戏的现状调查、建立幼儿运动游戏宣传网站、开办家长讲座、开设平面媒体宣传专栏来进行

〔1〕 詹俊成.《推动幼稚园运动游戏方案》之简介与展望［J］. 学校体育，2004，14（80）：5－12.

〔2〕 台湾体育大学［EB/OL］. http：//www. ntsu. edu. tw/bin/home. php.

幼儿运动游戏理念的推广[1]。

（3）台湾《幼儿园教保活动课程暂行大纲》

2012 年，台湾教育事务主管部门颁布《幼儿园教保活动课程暂行大纲》，正式取代了 1987 年第 5 次修订的《幼稚园课程标准》，成为指导台湾幼儿园教育教学的纲领性文件。《幼儿园教保活动课程暂行大纲》列出幼儿教育的九大目标：维护幼儿身心健康、养成幼儿良好习惯、丰富幼儿生活经验、增进幼儿伦理观念、培养幼儿合群习性、拓展幼儿美感经验、发展幼儿创意思维、建构幼儿文化认同、启发幼儿关怀环境。为了保障幼儿的身心健康与安全，台北护理健康大学编制了《幼儿园教保活动课程——健康安全实用手册》，保证幼儿活动的健康与安全。

台湾的幼儿体育课程主要体现在幼儿园的“身体与健康”课程中，身体活动课程与健康课程交替进行。为防止身体活动课程被挤占，《幼儿园教保活动课程暂行大纲》提出“统整课程”的概念，如“体育”与“健康”为统整课程，幼儿每天运动时间不少于 30 分钟，且主要指大肌肉活动。通过统整和标准的限定，保证幼儿身体活动的时间和强度。

（4）台湾幼儿体育制度其他问题探讨

台湾幼儿园缺乏专职的幼儿体育教师，原因是台湾体育院系的毕业生没有幼教证书，难以成为幼儿园的在编教师。目前全台湾地区只有台湾体育大学体育推广学系培养幼儿体育教师，在校学生主修一门 30 分钟的幼儿身体活动课程。虽然学生毕业后非常抢手，成为幼儿园幼儿体育课程的推广教师，但难以在幼儿园定岗定编。这一问题在大陆同样存在。

面对台湾未来幼儿体育的发展，黄永宽认为关键点集中在 3 个方面：一是幼儿体育教材的开发；二是幼儿体育师资的培训；三是幼儿身体活动、游戏活动的拓展[2]。

（三）香港幼儿体育发展概貌

香港的幼儿教育机构有幼儿中心和幼稚园 2 种，它们分别归两个不同的政府机构管辖：幼儿中心由社会福利署管辖，幼稚园由教育署管辖。香港教育统筹局曾建议幼儿每天进行 60 ~ 105 分钟的体育、音乐或艺术活动。

---

〔1〕 邹海瑞．台湾地区幼儿园运动游戏研究的经验及启示［J］．体育文化导刊，2015（9）：99 – 103.

〔2〕 孙科．幼儿体育：认知・成长・生命——中外学者访谈录［J］．体育与科学，2017（1）：27 – 36.

香港的幼儿中心和幼稚园大都由民众团体、宗教团体或私人创办。幼儿中心以照顾幼儿的饮食起居、培养良好的生活习惯为主要任务，但由于许多家长更关注幼儿的知识，因此一般在 3 岁之后，都将孩子转到半日制的或非正规全日制的幼稚园。为了迎合家长望子成龙的心理，为了多招生，香港幼稚园注重知识的传授，而不注重孩子的全面发展；注重活动结果，而忽视活动过程。目前，幼稚园的课程一般以写汉字、英文字母、数字为主，因为这些是家长看得见的成果，也是教师感到较易控制课堂秩序的课程〔1〕。而类似音乐、美术、体育这些课程却被视为“闲课”，往往以时间不够或没有合适场地为由，不予重视。为了改变现状，香港教育署接纳了民间已提出 20 多年的“在游戏中学习”的活动教学法。

在香港，教师普遍认为，教师的主要工作是传授学生知识和自我表达。在香港提供的办学手册中，并没有对儿童体育游戏的设施、器材做出建议，这也是幼儿体育在中国香港幼稚园不被重视的原因之一。在没有香港特区政府规范和建议的情况下，幼稚园每周只有 1 ~ 3 节体育课，幼儿体育课大多由班主任负责，幼儿体育对于班主任可能并不是专长。因此，幼儿接受的是没有完整课程方案、没有专业幼儿体育教师的幼儿体育课。

除了在幼稚园实施的幼儿体育课以外，香港幼儿体育还以幼儿体能（children fitness）、身体活动游戏（physical activity play）、游戏小组（playgroup）、儿童健身中心（kids gym）等形式开展着，近年来游戏小组颇为流行。游戏小组由志愿者团体或私人开办，开办地点多为商场、旧式工业大厦以及一般店面。招收对象为 1 ~ 6 岁的幼儿，每班人数控制在 8 ~ 12 人，课程开设有 8 ~ 12 个课次，幼儿需由父母亲或者监护人陪同参与。游戏小组提供不限于幼儿体育、语文、情商训练、多元智能的教学内容，但教学形式都离不开游戏。在开始与结束时多为幼儿律动，部分课程则是由教师以故事的形式增加儿童参与的动机。游戏包含了平衡、肌力、柔软度、手眼协调、沟通、态度、自信心、自我形象、社会规范、推理、概念发展、团队合作等元素，在一个或者多个教室，以色彩斑斓、软性器材为工具，进行律动、跑、跳、推、拉、爬、举、角力、追逐等内容的教学和参与〔2〕。其中，国际上流行的幼儿体育器材，如彩虹伞、隧道、海绵跳马等在课程中被广泛使用。就

〔1〕 陈淑安．香港幼儿教育的发展与展望［J］．幼儿教育，1997（6）：9 - 10.

〔2〕 徐志贤．香港幼儿体育实施情况［J］．幼儿运动游戏年刊，2012（6）：40 - 42.

教师而言，目前香港尚没有建立专业幼儿体育师资培训制度，市场上幼儿体育教师专业水平参差不齐，只在少数大学教师课程里设立了若干幼儿体育课程。

1996年，香港颁布了《学前教育课程指引》，文件指出，幼儿教育的目标之一是实现幼儿的体能与健康发展，在教学中向幼儿提供体育健康知识，注重发展幼儿的身体素质。2000年5月，香港教育统筹委员会发表《教育制度检讨改革方案咨询文件》，重申幼儿教育是终身学习的基础，而体艺兼备更是新时代教育重要使命之一[1]。文件指出，"学前机构应以游戏为主导，贯穿各学习范围内容，以整合方式设计课程"，所有学习活动都应包括知识、技能、态度这3个维度，所有发展目标和学习范畴的设计都应指向"均衡发展"和"学会学习"的课程宗旨[2]。

就政策的实施效果而言，由于香港幼稚园多属商业登记的私人机构，幼稚园教师的素质偏低，所以幼稚园表面上都采取活动教学法，但实际上难以达到预期的目标。

二、中国幼儿健康环境

2003年，我国颁布了《国民体质测定标准施行办法》，幼儿测试指标包括身体形态（身高、体重2项测试指标）和素质（包括10米折返跑、立定跳远、网球掷远、双脚连续跳、坐位体前屈、走平衡木6项测试指标），这一测试指标对应于加拿大身体活动评价指标体系的四大核心指标之一的"身体活动水平"这一指标类别，其他3项指标分别为久坐不动行为、上下学交通方式和组织化的体育参与。虽然我国目前还没有权威性的全国范围或大区域范围的调查数据和报告，但本部分还是在已有数据的基础上按照四大核心指标对我国幼儿健康环境做了简单描述。

（一）身体活动水平

我国幼儿身体活动水平不容乐观，青少年体质20多年来连续下降。例如，在江苏省，2000年、2005年、2010年3次国民体质监测结果显示，10年来江苏幼儿的肥胖率从6.3%上升至12.4%，几乎翻了一番[3]。

---

[1] 香港特别行政区教育统筹委员会．制度检讨改革方案咨询文件［Z］．香港特殊教育学会，2000.

[2] 香港课程发展议会．学前教育课程指引［S］．香港：教育署课程发展处，2006.

[3] 专家观点：幼儿肥胖率十年翻一番［EB/OL］．http：//news.3158.cn/2011102157/n5668392381.html.

令人欣慰的是，2014 年这一现状开始有了反转。由国家体育总局发布的《2014 年国民体质监测公报》显示，3 ~6 岁幼儿达到《国家体质测定标准》“合格”等级以上的百分比为 93.6%，比 2010 年增长了 0.7 个百分比。与 2010 年相比较，2014 年 3 ~6 岁男性幼儿的皮褶厚度（上臂部、肩胛部和腹部）、双脚连续跳、立定跳远、体重、胸围、身高、坐高、坐位体前屈等指标有所增长，幅度在 0.2% ~16.5%〔1〕。幼儿的体质水平增长幅度明显，部分指标“止跌回升”，出现积极变化。

（二）久坐不动行为

为了方便描述我国幼儿的健康状况，本研究于 2017 年以北京市 16 个区的幼儿为调查对象进行了调查和统计。调查统计发现，当前，我国幼儿体育面临两大障碍：一是幼儿社会性体育组织不健全；二是幼儿园“小学化”倾向严重。幼儿从 3 岁起便参加不同种类的培训班，根据本研究的抽样调查，在 5 097 名被调查的北京幼儿中，参加社会培训班的有 3 067 人次，占总调查人数的 60.2%。学龄前幼儿参加社会培训班，参加身体活动的时间受到挤占。本研究调查分析显示，北京市平日参加身体活动时间为 1 ~2 小时的幼儿占 43.8%，大于 2 小时的幼儿仅占 12.2%，这从侧面说明幼儿久坐不动时间比较长。

（三）上下学交通方式

幼儿的运动状况直接关系到其身体健康。有数据显示，各大城市中，山城重庆的幼儿以平均每天 6 082 步的运动量超过其他城市，北京幼儿平均每天只运动 3 508步。社区环境、人们的出行习惯、交通发达程度、每天活动安排等都在影响着幼儿们的运动量〔2〕。央视新闻客户端大数据显示，在全国主要城市中，北京儿童上学平均耗时约 11.3 分钟，排名全国首位，这一现象与城市拥堵密不可分。而上海儿童的上学距离在各大城市中最远，为 1 976 米〔3〕。学校距离的远近直接决定了幼儿选取什么样的上下学交通方式。

---

〔1〕 国家体育总局公布《2014 年国民体质监测公报》［EB/OL］. http：//sports. people. com. cn/n/2015/1125/c35862 -27855794. html.

〔2〕 国内首份“儿童成长状况大数据”发布［EB/OL］. http：//www. tongnian. com/blog/blogdetail? blogId =517972.

〔3〕 北京儿童上学耗时最多 上海儿童上学距离最远［N］. 新京报，2017 -01 -12（B04）.

（四）组织化的体育参与

组织化的体育参与反映了社会力量开展幼儿体育的深入程度。当前，随着社会对幼儿体育的重视，我国不同主办方、不同形式、不同项目的幼儿体育俱乐部如雨后春笋般发展壮大起来，幼儿体育培训市场成为体育培训业中份额较大、最为活跃的一部分，这势必带来多样的组织化体育参与。此外，为大力促进幼儿健康和体质发展，全国性的、区域性的幼儿体育组织逐渐成立，如全国幼儿体育（足球）发展委员会、天津幼儿武术教育研究会等；全国性的、区域性的幼儿体育单项赛事陆续举办，如全国幼儿足球联赛、全国幼儿篮球联赛、全国幼儿健美操联赛等。幼儿体育的组织化是幼儿健康促进的重要手段和形式，未来我们需要进一步关注的是幼儿体育的单项化、项目化对幼儿身体健康的利弊博弈分析。

三、中国幼儿体育管理制度和组织构架

经过多年的发展，截至 2015 年，我国幼儿园有 22. 37 万所，比 2014 年增加了 1. 38 万所；入园儿童达 2 008. 85 万人，比 2014 年增加 21. 07 万人；在园儿童（包括附设班）有 4 264. 83 万人，比 2014 年增加 214. 11 万人；幼儿园园长和教师共有 230. 31 万人，比 2014 年增加 22. 28 万人；学前教育毛入园率达到 75. 0%，比 2014 年提高 4. 5 个百分点[1]。这些成就离不开我国幼儿教育管理制度和组织构架，健康和体育尤其如此。本部分从纵向和横向 2 个方面描述我国幼儿体育管理制度和组织构架。

（一）中国幼儿体育管理纵向组织构架

从行政管理的角度来看，学前教育管理的中央职能机构是教育部基础教育二司幼儿教育处，幼儿教育处主要承担学前教育日常工作。2012 年，教育部调整成立了学前教育办公室，学前教育办公室的工作职责具体为拟定学前教育的宏观政策和事业发展规划，组织制定幼儿园保育教育质量标准和工作基本要求，指导幼儿园保育教育工作，指导学前教育改革等。此外。教育部体育卫生与艺术教育司

〔1〕 2015 年全国教育事业发展统计公报［EB/OL］. http：//www. moe. edu. cn/srcsite/A03/s180/moe_633/201607/t20160706_ 270976. html. 说明：以上各项统计数据均未包括香港特别行政区、澳门特别行政区和台湾地区。

具体负责指导幼儿体育教育工作（图 10－1）。

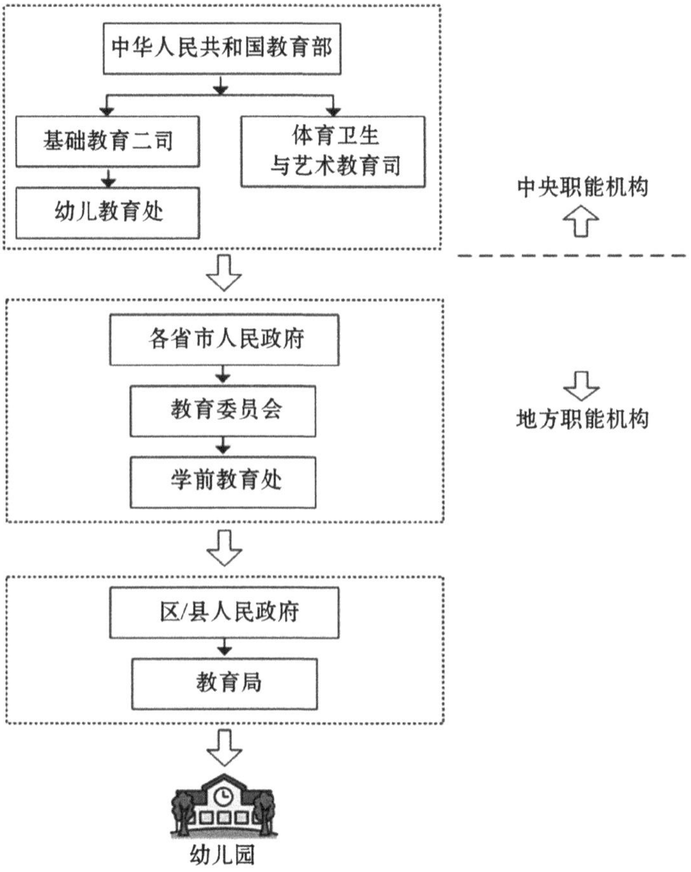

图 10－1　我国幼儿体育管理纵向组织构架

幼儿园管理的地方职能机构是各省市人民政府的教育委员会（教育局）学前教育处。幼儿园管理实行地方负责、分级管理和各有关部门分工负责的原则。

根据《幼儿园管理条例》，城市幼儿园的举办，由所在区、不设区的人民政府教育行政部门登记注册。农村幼儿园的举办，由所在乡、镇人民政府登记注册，并报县人民政府教育行政部门备案[1]。

〔1〕 幼儿园管理条例［EB/OL］. http：//baike. sogou. com/v6494604. htm？fromTitle = %E5%B9%.

就教育职能而言，幼儿园教育职能体现在5个方面：保障幼儿的身体健康，培养幼儿良好的生活、卫生习惯，促进幼儿的智力发展，培养幼儿热爱祖国的情感以及良好的品德行为。

（二）中国幼儿体育管理横向组织构架

幼儿早期发展和教育的政策制定、组织管理与协调、财政经费与服务保障等内容都是相互交织的。

国务院妇女儿童工作委员会：妇女儿童工作的协调议事机构，负责对各部委相关工作进行协调，它是3部中国儿童发展纲要的制定者、监督者和实施者，在宣传、推动幼儿体育工作方面承担着领导和组织角色。

国家人口和计划生育委员会：从提高人口素质的角度，关注幼儿早期健康与体质发展。

国家卫生健康委员会：拟定幼儿卫生保健的法规和规章制度，监督和指导幼儿园卫生保健等业务工作，为0～3岁幼儿提供健康指导服务。地方政府卫生部门每年对幼儿进行体检工作。

人力资源和社会保障部：制定为0～3岁幼儿提供服务的幼儿教师、育婴师、保育员的职业标准，并授权进行认证管理。

民政部：把发展幼儿教育，促进幼儿体质和健康作为社区服务的重要内容。

中华妇女联合会：妇女权利的倡导者，通过家庭教育、家庭发展，推动妇女权利的保障和救济。

非政府组织（NGO）和营利组织：它们承担着全国60%的幼儿园、托儿所的管理和教育工作。

我国幼儿体育管理的横向组织之间各司其职、各负其责，共同承担着幼儿教育和健康促进工作。但各组织、各利益方之间，还没有围绕幼儿健康和体质发展的标准、规划以及保障等方面进行充分、定期的协调，在职能上尚没有实现向幼儿、家长、学校、社区提供幼儿体育发展的系统化、一体化的管理与服务。

四、中国幼儿体育政策建设

新制度主义理论认为，政策是制度的输出。一项政策只有被政府制度体系内的机构采纳、实施和执行之后才能成为公共政策。政府制度赋予公共政策3个显著的特征：一是政策的合法性；二是政策的普遍性；三是政策的强制性。具体到一项政策，需要解读 3 个问题："谁得到了什么""为何得到""有何影响"。本部分将对我国幼儿体育政策进行分析，一是法理上对幼儿体育权利的确认，二是政策上对幼儿体育文本的解读。

（一）中国法律政策对幼儿体育权利的确认和保护

幼儿的体育权利是法律规定的基本权利。法律对某一特定群体，尤其是幼儿的体育权利确认和规定的状况，在一定程度上反映着国家保护这一群体基本权利的基本水平，反映了国家对幼儿这一群体生存、发展的重视程度。经过数十年法治实践，特别是社会主义法制体系的建设，目前我国基本奠定了幼儿体育权利保障的立法基础，正在形成以《中华人民共和国宪法》为核心，以《中华人民共和国体育法》为主干，以《中华人民共和国教育法》《中华人民共和国义务教育法》《中华人民共和国未成年人保护法》等相关法律法规为基础，以《中国儿童发展纲要》《关于加强青少年体育增强青少年体质的意见》等规定为补充，以《幼儿园管理条例》《幼儿园工作规程》《3～6岁儿童学习与发展指南》为指导的较全面的幼儿体育权利保障体系。幼儿作为一个特殊的、需要保护的群体，正是在这场权利保障和救济中得到前所未有的健康发展。表 10－2 列出了确认和保护幼儿体育权利的主要法律、规划和纲要。

表 10－2　我国确认和保护幼儿体育权利的主要法律、规划和纲要

序号	实施时间	名称
1	1995 年	《中华人民共和国体育法》
2	1991 年 2006 年 2013 年	《中华人民共和国未成年人保护法》
3	1992 年	《九十年代中国儿童发展规划纲要》
4	1999 年	《面向 21 世纪教育振兴行动计划》
5	2001 年	《2001—2010 年中国儿童发展纲要》
6	2007 年	《关于加强青少年体育增强青少年体质的意见》

续表

序号	实施时间	名称
7	2010 年	《国家中长期教育改革和发展规划纲要（2010—2020 年）》
8	2011 年	《2011—2020 年中国儿童发展纲要》
9	2016 年	《青少年体育“十三五”规划》
10	2016 年	《“健康中国 2030”规划纲要》

1.《中华人民共和国体育法》对幼儿体育权利的确认和保护

1995 年 8 月 29 日，经过 8 年反复酝酿起草的《中华人民共和国体育法》终于在第八届全国人大常委会第十五次全体会议上获得全票通过。《中华人民共和国体育法》的颁布，不仅填补了国家立法的一项空白，而且标志着中国体育工作开始进入依法行政、以法治体的新阶段，这是新中国体育事业发展中法制建设的一座里程碑[1]。在这部体育领域的最高法律中，对幼儿体育权利的保护集中在社会体育和学校体育相关内容的表述上。

就国家，国家对青年、少年、儿童的身体活动给予特别保障，以“增进青年、少年、儿童的身心健康”；就地方政府，“地方各级人民政府应当为公民参加社会身体活动创造必要的条件，支持、扶助群众性身体活动的开展”；就学校，“必须实施国家体育锻炼标准，对学生在校期间每天用于身体活动的时间给予保证”；就社会，“公共体育设施应当向社会开放，方便群众开展身体活动，对学生、老年人、残疾人实行优惠办法，提高体育设施的利用率”[2]。

在《中华人民共和国体育法》法律文本中，我们发现并没有明确提及“幼儿”“儿童”，但是从时间、场所等角度为作为大众体育一部分的幼儿体育提出了相关的法律保障和法律救济途径。因此，幼儿体育权利在我国还是一种推定权利。

2.《中华人民共和国未成年人保护法》对幼儿体育权利的确认和保护

1991 年 9 月 4 日，第七届全国人民代表大会常务委员会第二十一次会议通过的《中华人民共和国未成年人保护法》，是中国第一部保护儿童权益的专门法律，

---

〔1〕 中华人民共和国体育法［EB/OL］. http：//baike. baidu. com/view/113781. htm？ fromId = 161500.

〔2〕 中华人民共和国体育法［EB/OL］. http：//baike. baidu. com/view/113781. htm？ fromId = 161500.

旨在“保护未成年人的身心健康，保障未成年人的合法权益，促进未成年人在品德、智力、体质等方面全面发展，培养有理想、有道德、有文化、有纪律的社会主义建设者和接班人”[1]。《中华人民共和国未成年人保护法》在2006年、2012年先后进行了修订，新的《中华人民共和国未成年人保护法》于2013年1月1日起颁布实施。在这部法律中有多项条款涉及幼儿体育权利的维护和保障。

《中华人民共和国未成年人保护法》从家庭保护、学校保护、社会保护以及司法保护4个方面提出对包括幼儿在内的未成年人的保护，在第六章提出了相应的法律救济途径。

《中华人民共和国未成年人保护法》赋予包括幼儿在内的未成年人“优先保护”的权利：未成年人享有生存权、发展权、受保护权、参与权、受教育权、平等权等权利，国家根据未成年人身心发展特点给予特殊、优先保护，保障未成年人的合法权益不受侵犯。《中华人民共和国未成年人保护法》指出，应当遵循适应未成年人身心发展的规律和特点，教育和保护未成年人。学校应当与未成年学生的父母或者其他监护人互相配合，保证未成年学生的睡眠、娱乐和体育锻炼时间，不得加重其学习负担。各级人民政府应当建立和改善适合未成年人文化生活需要的活动场所和设施，鼓励社会力量兴办适合未成年人的活动场所，并加强管理。县级以上人民政府及其教育行政部门应当采取措施，鼓励和支持中小学校在节假日期间将文化体育设施对未成年人免费或者优惠开放。生产、销售用于未成年人的食品、药品、玩具、用具和游乐设施等，应当符合国家标准或者行业标准，不得有害于未成年人的安全和健康；需要标明注意事项的，应当在显著位置标明[2]。

《中华人民共和国未成年人保护法》是对幼儿体育权利的确认和保护最为全面的一部法律，它为之后的3部儿童发展纲要的制定提供了重要的法律基础。

3.《面向21世纪教育振兴行动计划》对幼儿体育权利的确认和保护

1993年，《中国教育改革和发展纲要》提出将中小学教育由“应试教育”转到“素质教育”的轨道上来。1999年，国务院发布《面向21世纪教育振兴行动计划》，该计划是在贯彻落实《中华人民共和国教育法》及《中国教育改革和发展纲

---

〔1〕 中华人民共和国未成年人保护法［EB/OL］. http：//baike. baidu. com/view/49278. htm？fromId = 660665.

〔2〕 贺颖清. 中国儿童的休闲和娱乐权及其法律保障［J］. 青少年犯罪问题，2006（6）：8－12.

要》的基础上提出的跨世纪教育改革和发展的施工蓝图。该计划指出，实施素质教育，要从幼儿阶段抓起，要用科学的方法启迪和开发幼儿的智力，培养幼儿健康的体质、良好的生活习惯、活泼开朗的性格[1]。在“素质教育”理念的影响下，幼儿体育教育在政策法规层面获得了更加重要的地位，“以体为先”，幼儿体育以促进健康之名排在幼儿教育的第一位。2001 年，教育部《幼儿园教育指导纲要（试行)》颁布，健康作为教育内容位列语言、社会、科学和艺术等其他教育内容之首，幼儿体育作为幼儿健康促进的重要手段和教学组织形式，获得了更大重视，幼儿体育的地位和价值进一步得以提升[2]。

4.《九十年代中国儿童发展规划纲要》《2001—2010 年中国儿童发展纲要》《2011—2020 年中国儿童发展纲要》对幼儿体育权利的确认和保护

1992 年，我国参照世界儿童问题首脑会议提出的全球目标和《儿童权利公约》，从中国国情出发，制定发布了《九十年代中国儿童发展规划纲要》[3]。2001 年、2011 年又先后发布了《2001—2010 年中国儿童发展纲要》和《2011—2020 年中国儿童发展纲要》[4]。这 3 个纲要体现了在不同的历史时期中国政府优先保障儿童权利以及我国相应的儿童政策。在 3 个纲要中，均涉及保障包括幼儿在内的儿童休闲娱乐、体育运动的权利。

5.《国家中长期教育改革和发展规划纲要（2010—2020 年)》对幼儿体育权利的确认和保护

2010 年 7 月 29 日，《国家中长期教育改革和发展规划纲要（2010—2020 年)》全文发布。这是一个指导全国教育改革和发展的纲领性文件。《国家中长期教育改革和发展规划纲要（2010—2020 年)》明确了 2010 年、2015 年、2020 年 3 个时间节点学前教育事业的发展目标：幼儿园在园人数发展目标分别是 2 658 万、3 400 万、4 000 万人；学前 1 年毛入学率分别是 74%、85%、95%；学前 2 年毛入学率分别是 65%、70% 和 80%；学前 3 年毛入学率分别是 50%、60% 和 70%。在发展任务上，基本普及学前教育。纲要重申学前教育对幼儿身心健康、习惯养成、智

[1] 面向 21 世纪教育振兴行动计划［EB/OL］. http：//baike. baidu. com/item.
[2] 陈莹，王凯珍，王沂. 建国以来我国幼儿体育教育的发展历程［J］. 运动，2011（5）：3－6.
[3] 九十年代中国儿童发展规划纲要［EB/OL］. http：//baike. baidu. com/view/3020132. htm.
[4] 2011—2020 年中国儿童发展纲要［EB/OL］. http：//baike. baidu. com/view/6256859. htm.

力发展的重要意义，指出要遵循幼儿身心发展规律，坚持科学保教方法，保障幼儿快乐健康成长。积极发展学前教育，到 2020 年，普及学前 1 年教育，基本普及学前 2 年教育，有条件的地区普及学前 3 年教育。重视 0 ~3 岁婴幼儿教育[1]。

6.《青少年体育“十三五”规划》对幼儿体育权利的确认和保护

2016 年 9 月 5 日，国家体育总局颁布了《青少年体育“十三五”规划》。从行文中可以看出，规划提到的“青少年”包含了“幼儿”这一年龄段。未来，包括幼儿在内的青少年将在体育素养的提升、身体活动体系的构建、体育组织网络的建立、体育场地设施的利用、体育公共服务水平的提高等方面获得更多的普惠性政策支持[2]。

7.《“健康中国 2030”规划纲要》对幼儿体育权利的确认和保护

2016 年 10 月 25 日，中共中央、国务院印发了《“健康中国 2030”规划纲要》，纲要提出健康中国“共建共享、全民健康”的战略主题。全民健康是建设健康中国的根本目的，全人群和全生命周期是 2 个着力点，而儿童是重点人群之一。具体实施思路是：坚持政府主导与调动社会、个人的积极性相结合，推动人人参与、人人尽力、人人享有，落实预防为主，推行健康生活方式，以减少疾病的发生[3]。同时，建立健全健康促进与教育体系，提高健康教育服务能力，从小抓起，普及健康科学知识。纲要将健康、健身、教育 3 个方面的手段紧密结合，对儿童健康促进具有政策引导的重要作用。

（二）中国相关法律法规和条例对幼儿体育和健康发展的规定和指导

中国的幼儿早期教育体系是根据全国人民代表大会批准的法律以及国务院的有关规定建立起来的，幼儿早期教育和发展跨越了营养、保健、教育和家庭福利等职能部门。表 10 – 3 列出了与幼儿体育和健康发展有关的主要的法律法规和条例。

---

〔1〕 国家中长期教育改革和发展规划纲要（2010—2020 年）［EB/OL］. http：//www. moe. edu. cn/publicfiles/business/htmlfiles/moe/moe_ 838/201008/93704. html.

〔2〕 体育总局关于印发《青少年体育“十三五”规划》的通知［EB/OL］. http：//www. sport. gov. cn/n10503/c750118/content. html.

〔3〕“健康中国 2030”规划纲要［EB/OL］. http：//news. xinhuanet. com/health/2016 – 10/25/c_1119786029. htm.

特别值得一提的是《托儿所幼儿园卫生保健工作规范》《幼儿园教育指导纲要（试行）》《幼儿园管理条例》《3～6 岁儿童学习与发展指南》《幼儿园工作规程》。本部分将对这 5 部法规和规范条例进行文本阐述和对照分析。

表 10－3　与幼儿体育和健康发展有关的主要的法律法规和条例

序号	实施时间	名称	发文机构	备注
1	1951 年	《政务院关于改革学制的决定》	政务院	幼儿园应在有条件的城市中首先设立，然后逐步推广
2	1952 年	《幼儿园暂行规程（草案）》	教育部	可办私立幼儿园，欢迎群众办园，甚至是季节性的幼儿园。对幼儿实施体、智、德、美的全面发展教育方针
3	1952 年	《幼儿园暂行教学纲要（草案）》	教育部	
4	1956 年	《关于幼儿园幼儿的作息制度和各项活动的规定》	教育部	
5	1956 年 2 月	《教育部关于颁发师范学院教育系幼儿教育专业暂行教学计划及说明的通知》	教育部	对幼儿园活动性游戏与体操教学法的目的和包含的主要内容进行了说明
6	1956 年 5 月	《幼儿师范学校教学计划》	教育部	体育及体育教学法与其他学科一样被列入其中，并且有 250 个学时，占总学时的 7.7%
7	1979 年 11 月	《城市幼儿园工作条例（试行草案）》	教育部	在“卫生保健与体育锻炼”一章中强调幼儿健康的重要性。幼儿教育的主要目标是：供给幼儿必需的营养，培养他们良好的生活习惯和卫生习惯，发展他们体育运动方面的基本动作，锻炼身体，以增强他们的抵抗力，保证身心健康发展

续表

序号	实施时间	名称	发文机构	备注
8	1980 年 10 月 1985 年修订 2012 年 5 月修订	《托儿所幼儿园卫生保健制度（草案）》 ——《托儿所幼儿园卫生保健制度》 ——《托儿所幼儿园卫生保健工作规范》	卫生部 教育部 卫生部	
9	1981 年 10 月 2001 年 7 月修订	《幼儿园教育纲要（试行草案）》 ——《幼儿园教育指导纲要（试行）》	教育部 教育部	
10	1983 年	《关于发展农村幼儿教育的几点意见》	教育部	
11	1986 年 1992 年修订 2012 年修订	《幼儿园玩教具配备目录》	国家教委	将幼儿体育器材和游戏教具划分为 3 类，并罗列幼儿体育器材的名称。在一定程度上规范了幼儿体育教育工作
12	1988 年	《城市幼儿园建筑面积定额（试行）》	国家教委、建设部	室外活动场地，包括分班活动场地和共用活动场地两部分。分班活动场地每个学生 2 平方米；共用活动场地包括设置大型活动器械、嬉水池、沙坑以及 30 米长的直跑道等，每个学生 2 平方米
13	1989 年 6 月 1996 年修订 2016 年修订	《幼儿园工作规程（试行）》 《幼儿园工作规程》 《幼儿园工作规程》	国家教委 国家教委 教育部	

续表

序号	实施时间	名称	发文机构	备注
14	1990年2月施行	《幼儿园管理条例》	国家教委	
15	1991年	《关于改进和加强学前班管理的意见》	国家教委	
16	1994年12月 2010年9月修订	《托儿所幼儿园卫生保健管理办法》	卫生部 教育部	
17	1995年6月 2017年修订	《中华人民共和国母婴保健法》	全国人民代表大会常务委员会	
18	1996年1月	《全国幼儿园园长任职资格、职责和岗位要求（试行）》	国家教委	
19	2003年1月	《关于幼儿教育改革与发展的指导意见》	教育部等	
20	2006年6月	《中小学幼儿园安全管理办法》	教育部等十部门	
21	2010年2月	《全国家庭教育指导大纲》	全国妇联、教育部等九部门	
22	2010年11月	《国务院关于当前发展学前教育的若干意见》	国务院	
23	2012年10月	《3～6岁儿童学习与发展指南》	教育部	
24	2017年4月	《关于加强中小学幼儿园安全风险防控体系建设的意见》	国务院	

1.《托儿所幼儿园卫生保健工作规范》对幼儿体育和健康发展的规定和指导

1985年12月，中华人民共和国卫生部颁布了《托儿所幼儿园卫生保健制度》（以下简称“1985年制度”）。

2012年5月，为贯彻落实《托儿所幼儿园卫生保健管理办法》，加强托儿所、幼儿园卫生保健工作，切实提高托幼机构卫生保健工作质量，中华人民共和国卫生部对“1985年制度”进行了修订，形成了《托儿所幼儿园卫生保健工作规范》（以下简称“2012年规范”）。

“2012年规范”要求托幼机构在安排幼儿一日生活日程中，要保证儿童每日充足的户外活动时间。全日制儿童每日不少于2小时，寄宿制儿童每日不少于3小时户外活动时间，寒冷、炎热季节可酌情调整。

“2012年规范”单列“体格锻炼”部分，从4个方面对托幼机构开展身体活动进行指导[1]。相比于“2012年规范”，“1985年制度”对幼儿体格锻炼方法和锻炼次数的规定较为详细[2]。

2.《幼儿园教育指导纲要（试行）》对幼儿体育和健康发展的规定和指导

1981年，教育部颁发《幼儿园教育纲要（试行草案）》，将“生活卫生习惯”部分从“体育”中剥离出来。根据小、中、大班3个年龄段进行幼儿体育内容的设置。纲要指出幼儿“体育”目的是：“锻炼幼儿的身体，促进其正常发育，提高他们对自然环境的适应能力，增强其体质。发展幼儿的基本动作，使他们动作灵敏、协调、姿势正确。培养他们机智、勇敢、遵守纪律等优良品德和活泼开朗的性格。”2001年7月，教育部修订《幼儿园教育纲要（试行草案）》，颁布《幼儿园教育指导纲要（试行）》（以下简称《指导纲要》），指出幼儿园的教育内容包括健康、语言、社会、科学、艺术五大领域，“健康”居首[3]。《指导纲要》将幼儿健康的目标分为4个层次：第一层次是幼儿身体健康。充分尊重幼儿生长发育的规律，不得进行有损于幼儿健康的比赛、表演或训练。第二层次是幼儿生活、卫生习惯良好。幼儿园要鼓励并指导幼儿进行自理、自立的尝试，避免过度保护和包

〔1〕 托儿所幼儿园卫生保健工作规范［EB/OL］. http：//baike. baidu. com/item.

〔2〕 卫生部托儿所、幼儿园卫生保健制度［EB/OL］. http：//www. chinalawedu. com/news/1200/22598/22621/22901/2006/3/sl00757151360020 - 0. htm.

〔3〕 陈莹，王凯珍，王沂. 建国以来我国幼儿体育教育的发展历程［J］. 运动，2011（5）：3 - 6.

办代替。第三层次是幼儿学会保护自己。幼儿园必须把保护幼儿的生命和促进幼儿健康放在工作首位。第四层次是幼儿喜欢参加身体活动，动作协调且灵活。在身体活动中，培养幼儿坚强、勇敢、不怕困难的意志品质和主动、乐观、合作的态度。

在此基础上，2003 年教育部等部门发布《关于幼儿教育改革与发展的指导意见》[1]，指出幼儿园要认真贯彻原国家教委《幼儿园工作规程》和教育部《指导纲要》，积极推进幼儿教育改革，摆脱“保姆式”的教育模式，防止“应试教育”的消极因素向幼儿教育渗透，全面实施素质教育。要尊重儿童的人格尊严和基本权利，为儿童提供安全、健康、丰富的生活和活动环境，满足儿童多方面发展的需要；尊重儿童身心发展的特点和规律，关注个体差异，使儿童身心健康成长，促进儿童体、智、德、美等全面发展。

3.《幼儿园管理条例》对幼儿体育和健康发展的规定和指导

1990 年 2 月，国家教育委员会发布施行《幼儿园管理条例》作为指导幼儿园管理工作的部门规章制度，将幼儿体育置于智育、德育、美育之前，指出，“幼儿园应当保障幼儿的身体健康”“幼儿园应当以游戏为基本活动形式。幼儿园可以根据本园的实际，安排和选择教育内容与方法，但不得进行违背幼儿教育规律，有损于幼儿身心健康的活动”。

4.《3 ~6 岁儿童学习与发展指南》对幼儿体育和健康发展的规定和指导

为深入贯彻《国家中长期教育改革和发展规划纲要（2010—2020 年）》和《国务院关于当前发展学前教育的若干意见》（国发〔2010〕41 号），指导幼儿园和家庭实施科学的保育和教育，促进幼儿身心全面和谐发展，教育部于 2012 年 10 月 9 日正式颁布了《3 ~6 岁儿童学习与发展指南》（以下简称《指南》），《指南》对防止和克服学前教育“小学化”现象提供了具体方法和建议。

《指南》从健康、语言、社会、科学和艺术 5 个领域描述幼儿的学习与发展。就“健康”这一领域而言，《指南》指出幼儿阶段“发育良好的身体、愉快的情绪、强壮的体质、协调的动作、良好的生活习惯和基本生活能力是幼儿身心健康

〔1〕 国务院办公厅转发教育部等部门（单位）关于幼儿教育改革与发展的指导意见的通知[EB/OL]. http：//www. moe. edu. cn/publicfiles/business/htmlfiles/moe/moe_ 35/200303/61. html.

的重要标志，也是其他领域学习与发展的基础”[1]。

健康领域分为“身心状况”“动作发展”“生活习惯与生活能力”三大部分，每一部分分别设定3个发展目标。在“身心状况”部分，根据《2006年世界卫生组织儿童生长标准》中“3～6周岁幼儿的身高和体重”规定了中国不同年龄段幼儿的身高和体重，强调保证幼儿每天11～12小时的睡眠时间（其中午睡一般应达到2小时左右），每天的户外活动时间一般不少于2小时，其中身体活动时间不少于1小时，季节交替的时候要坚持。提醒幼儿要保持正确的站、坐、走姿势。在“动作发展”部分，提出了3个目标，并就3个目标提出了相应的分目标和教育建议[2]。

5.《幼儿园工作规程》对幼儿体育和健康发展的规定和指导

1996年，国家教委发布了《幼儿园工作规程》，这是我国第一部规范幼儿园内部管理的规章，也是基础教育领域比较早的一部管理规章，下发20多年来对加强各级各类幼儿园的规范管理发挥了重要作用。

2016年3月，为进一步规范办园行为，提高保育和教育质量，促进幼儿身心健康，教育部修订颁布了《幼儿园工作规程》，修订之后的《幼儿园工作规程》（以下简称《规程》）与《幼儿园教育指导纲要》《3～6岁儿童学习与发展指南》《托儿所幼儿园卫生保健管理办法》保持衔接和一致性。

新修订的《规程》调整了“以体为先”的幼儿教育理念，将体育的首要位置下移到幼儿教育的第三，削弱了体育在幼儿成长与发展中的重要价值和意义，在幼儿教育实践中客观上降低了幼儿体育的难度。

在幼儿身体活动时间上，新修订的《规程》与《3～6岁儿童学习与发展指南》保持了法定时间长度的一致性，增加了对“寄宿制幼儿园不得少于3小时”这一规定。在场地设施方面，2016年的《规程》比1996年的《规程》体现出对幼儿园开展体育、游戏活动的硬件设施的优先关注。在幼儿体质管理方面，将幼儿体质检测纳入幼儿园的日常工作中，并且在法律上予以保障。

---

〔1〕 中华人民共和国教育部．2016版《幼儿园工作规程》＋《3～6岁儿童学习与发展指南》［M］．北京：首都师范大学出版社，2016：41.

〔2〕 中华人民共和国教育部．2016版《幼儿园工作规程》＋《3～6岁儿童学习与发展指南》［M］．北京：首都师范大学出版社，2016：47.

（三）政府是我国幼儿体育和健康促进教育政策、行政和服务的提供者

中华人民共和国成立后，我国实行民主集中制的人民代表大会制度，中央集权和地方分权相结合，既保证中央统一领导，集中处理国家事务，同时又充分发挥地方的主动性和积极性，使地方享有一定的自主权。因此，在幼儿体育制度的制定、组织管理过程中，我国中央和地方政府承担着国家幼儿体育和健康促进教育政策、行政和服务提供者的角色。

五、中国幼儿体育制度发展成就

中华人民共和国成立以来，我国体育事业发生了翻天覆地的变化，在幼儿体育方面，也取得了前所未有的成就。本部分将结合幼儿体育发展的三大亮点阐述我国幼儿体育制度发展的成就。

（一）中国幼儿体育政策取得的成就

体育是幼儿教育之首，大量的幼儿体育政策法规蕴藏于幼儿教育政策中，本研究即从相关的幼儿教育政策和幼儿体育专项政策中解读中华人民共和国成立以来我国幼儿体育政策取得的主要成就。

1. 幼儿教育政策的颁布使幼儿园接收幼儿的年龄前移，更多的学龄前儿童体育权利得到了法律的保障

2003 年 3 月，教育部等部门发布的《关于幼儿教育改革与发展的指导意见》明确提出：“为 0 ~ 6 岁儿童和家长提供早期保育和教育服务”“全面提高 0 ~ 6 岁儿童家长及看护人员的科学育儿能力”“教育部门与卫生部门合作，共同开展 0 ~ 6 岁儿童家长的科学育儿指导”。2006 年，《国务院办公厅关于印发人口发展“十一五”和 2020 年规划的通知》中写道：“大力普及婴幼儿抚养和家庭教育的科学知识，开展婴幼儿早期教育。”这 2 份文件对 3 岁前婴幼儿教育有了明显的倾向性，使 0 ~ 3 岁婴幼儿教育有了政策上的依据和法律上的保障；同时，0 ~ 3 岁婴幼儿教育还随着我国幼儿园接收年龄的前移而不断深化和规范。这些都在客观上加强了幼儿体育权利的法律保障和制度规范。

2. 幼儿教育政策的颁布使全国各地幼儿园数量不断增加，办学规模不断扩大，幼儿参与游戏和身体活动的时间总量增加，空间范围扩大

我国东西部经济发展水平不一，幼儿学前教育年限 1 ~ 4 年不等。政府鼓励农

村和欠发达地区举办学前 1 年的学前班教育；继而逐步提高年限，向 2 ~ 3 年过渡。《全国幼儿教育事业“九五”发展目标实施意见》规定，发达地区的农村要“积极发展学前 2 年或 3 年教育”，发达省市在“九五”期间学前 3 年教育要达到 75% 以上，进而“十五”期间达到 90% 以上。可以看出，让更多的儿童接受 3 年足量的幼儿教育是我国幼儿教育政策的一个基本目标。

3. 幼儿体育政策从理念突破逐步深入对整个体育过程、体育质量的优化，幼儿体育权利的保障获得实质性进展

随着学前教育理论与实践的不断深入，有关幼儿体育的政策则更加具有针对性、更关注幼儿体育教育过程，如《关于发展农村幼儿教育的几点意见》（1983 年）、《关于改进和加强学前班管理的意见》（1991 年）以及有关企业办园、民办园文件中针对幼儿体育发展的薄弱环节提出了相应的指导性规范。此后，为提高幼儿教育的整体质量，促进幼儿身心的全面发展，《幼儿园工作规程》（1996 年、2016 年）、《幼儿园管理条例》（1990 年）、《幼儿园玩教具配备目录》（1986 年、1992 年、2012 年）、《幼儿园教育指导纲要（试行）》（2001 年）等政策相继出台，同时全国掀起了幼儿园分级定类、检查验收和认证工作的热潮，进一步促进了幼儿体育教育的全面发展。

4. 幼儿体育政策要求幼儿体育因材施教、分级分类，幼儿园深刻挖掘多种体育、游戏运动项目，促进幼儿的身心全面发展

1996 年，国家教委颁布的《幼儿园工作规程》指出幼儿园教育工作的原则是：“体、智、德、美诸方面的教育应互相渗透，有机结合。”第 27 条进一步强调：“幼儿园应在各项活动的过程中……尤应注意根据幼儿个体差异，研究有效的活动形式和方法，不要强求一律。”在具体的体育实践活动中，幼儿园主要以运动课程为蓝本，选取跳绳、体操、武术、球类等多种运动项目培养幼儿的平衡性、敏捷性、协调能力、爆发力、耐力、速度以及柔软性，促进幼儿身心的全面发展，从实质上保障幼儿体育权益。

5. 幼儿体育政策的颁布促进了幼儿园和家庭、社区三方的全面互动，从时间、空间上保证幼儿身体运动的连续发展，为幼儿体育权利的获得保驾护航

1996 年，《幼儿园工作规程》专设一章为“幼儿园、家庭和社区”，积极引导幼儿园、家庭和社区的有效互动。2003 年，《关于幼儿教育改革与发展的指导意

见》提出的一项目标即是“逐步建立以社区为基础的以示范性幼儿园为中心，灵活多样的幼儿教育形式相结合的幼儿教育服务网络，为0~6岁儿童及其家长提供早期保育和教育服务”。这些教育政策的提出从时间、空间上保证了幼儿身体运动的连续发展，加强了幼儿园、家庭、社区三方的全面互动，为幼儿体育权利的获得保驾护航。

（二）中国幼儿体育培训业取得的成就

在国家体育产业政策井喷和体育产业市场快速成长的大背景下，中国幼儿体育培训市场呈现出前所未有的繁荣景象，分得幼儿教育市场的“半壁江山”，这一现象在本研究的问卷调查中同样有所体现。本研究调查显示，幼儿参加的社会培训班共计有54种，其中体育类占44种之多，涉及跑、跳、攀、爬、钻等身体锻炼活动。有传统的幼儿体育项目，如跑步、拍球、投掷、踢球等；也有经典的特色体育项目，如放风筝、抖空竹、荡秋千、跳皮筋等；还有对技术、场地要求比较高的高端体育项目，如冰球、棒球、击剑、拓展、蹦极等项目（表10-4）。

在44种幼儿喜欢的体育项目中，攀爬、跳跃、游泳、冰球、滑板车、跑步、篮球、排球、爬山、投掷位列前10。从这些幼儿喜欢的体育项目中，基本可以折射出我国幼儿当前主要从事的身体活动项目。

表10-4　幼儿身体活动的频数

序号	身体活动内容	频数	响应百分比/%	个案百分比/%
1	攀爬	945	13.5	23.7
2	跳跃	857	12.2	21.5
3	游泳	559	8.0	14.0
4	冰球	521	7.4	13.1
5	滑板车	498	7.1	12.5
6	跑步	447	6.4	11.2
7	篮球	378	5.4	9.5
8	排球	303	4.3	7.6
9	爬山	293	4.2	7.4

续表

序号	身体活动内容	频数	响应百分比/%	个案百分比/%
10	投掷	290	4.1	7.3
11	踢皮球	264	3.8	6.6
12	足球	236	3.4	5.9
13	羽毛球	207	3.0	5.2
14	游戏	173	2.5	4.3
15	轮滑	152	2.2	3.8
16	武术	109	1.6	2.7
17	舞蹈	96	1.4	2.4
18	健身器材	96	1.4	2.4
19	滑雪	96	1.4	2.4
20	跳绳	95	1.4	2.4
21	平衡木	84	1.2	2.1
22	跳远	49	0.7	1.2
23	跆拳道	46	0.7	1.2
24	乒乓球	40	0.6	1.0
25	滑梯	22	0.3	0.6
26	踢毽子	15	0.2	0.4
27	跳皮筋	14	0.2	0.4
28	放风筝	14	0.2	0.4
29	滑冰	14	0.2	0.4
30	围棋	12	0.2	0.3
31	拍球	10	0.1	0.3
32	拓展	9	0.1	0.2
33	击剑	9	0.1	0.2
34	网球	9	0.1	0.2
35	空竹	7	0.1	0.2

续表

序号	身体活动内容	频数	响应百分比/%	个案百分比/%
36	户外运动	6	0.1	0.2
37	荡秋千	6	0.1	0.2
38	球类	6	0.1	0.2
39	象棋	5	0.1	0.1
40	仰卧起坐	5	0.1	0.1
41	棒球	5	0.1	0.1
42	蹦极	4	0.1	0.1
43	台球	3	0.0	0.1
44	拔河	2	0.0	0.1
总计		7 011	100.0	176.2

根据德勤2016年的教育产业报告，2015年中国K12培训产业市场规模已超过1 800亿元，并预计在2020年市场规模将超过5 000亿元。随着传统幼儿体育培训项目市场规模的扩大，一些小众幼儿体育培训项目正在逐渐形成：在传统的篮球项目上，如成立于2014年的YBDL（青少年篮球发展联盟），目前已进入19个城市，共培训7 000多名学员；而更有代表性的是一些以前的小众项目的发展，如成立于2015年年底，从事橄榄球少儿培训的天行达阵，目前在上海、广州、深圳、佛山四地学员数量均超过2 000名；而从2011年开始滑雪培训业务的魔法学院，2016年冬季业务的营业收入也超过了1 500万元[1]。根据懒熊体育的梳理数据，我们从2016年我国幼儿体育培训机构融资情况就不难发现幼儿体育培训市场的繁荣和巨大前景（表10-5）。

---

〔1〕 最能代表当下体育行业变化的赛道儿童培训在过去一年经历了什么？ [EB/OL]. http://finance.jrj.com.cn/tech/2017/01/04131721924138.shtml.

表 10－5　2016 年幼儿体育培训机构融资情况

项目名称	所属运动	融资时间	融资金额	融资轮次	投资机构
恒圣体育	足球	2016 年 1 月	1 000 万元人民币	Pre－A 轮	熠帆资本
董育青少儿足球会	足球	2016 年 3 月	500 万元人民币	天使轮	未透露
YBDL（青少年篮球发展联盟）	篮球	2016 年 4 月	千万级人民币	Pre－A 轮	磐石资本和 2345 投资基金
果辉足球俱乐部	足球	2016 年 5 月	1 000 万元人民币	A 轮	广东文投国富股权投资基金
翼翔冰雪	冰雪	2016 年 5 月	数百万元人民币	天使轮	浙江华策影视有限公司和宁波道简投资合伙企业
汉为体育	足球	2016 年 6 月	1 亿元人民币	51% 股权	当代明诚
钟灵毓秀俱乐部	艺术体操	2016 年 8 月	千万级人民币	天使轮	熠帆资本
新梦想体育	足球	2016 年 9 月	百万级人民币	天使轮	探路者
宏远时代体育	篮球、足球等 5 项运动	2016 年 9 月	3 亿元人民币	首轮	尚雅投资、品清资本及多位个人投资者
帝立奥巴	篮球	2016 年 12 月	2 000 万元人民币	A 轮	未透露
激战联盟	足球	2016 年 12 月	数千万元人民币	A 轮	耀途资本、知桌资本和战略资源合伙人陈狄奇
咕噜咕噜体育	综合	2016 年 12 月	3 800 万元人民币	A 轮	荣正国际领投、青松基金跟投

转引自：最能代表当下体育行业变化的赛道儿童培训在过去一年经历了什么？[EB/OL]. http：//finance. jrj. com. cn/tech/2017/01/04131721924138. shtml.

本研究将从 4 个方面分析我国幼儿体育培训业取得的成就。

1. 2022 年北京冬奥会的成功申办使幼儿冰雪项目获得前所未有的大发展

2013 年，北京启动了 2022 年冬奥会的申办，2015 年年中成功获得申办权。在成功申办冬奥会这一背景下，以国发 46 号文件《关于加快发展体育产业促进体育消费的若干意见》为先导，国家先后颁布了 33 部体育产业政策，与冰雪运动有关的政策就包括《冰雪运动发展规划（2016—2025 年）》（体经字〔2016〕645 号，2016 年 8 月 29 日）、《关于加快发展健身休闲产业的指导意见》（国办发〔2016〕77 号，2016 年 10 月 25 日）、《群众冬季运动推广普及计划（2016—2020 年）》（二十三部门联合发布，2016 年 11 月 2 日）、《全国冰雪场地设施建设规划（2016—2022 年）》（国家体育总局等七部门联合印发，2016 年 11 月 2 日）。中国奥委会在冬奥会申办报告的第一卷中明确提出“北京 2022 将直接带动中国北方地区 3 亿人参与冬季运动，大幅度提高青少年冬季运动的参与度和普及率”的目标，这让包括魔法学院在内的冰雪项目培训机构一时受到追捧，甚至如魔法学院 CEO 张岩所说，“很多家长认为如果孩子不会滑雪就落伍了”。据张岩估算，2016 年魔法学院的学员数量是 2015 年的 300% 左右〔1〕。

2. 青少年校园足球政策的出台为幼儿足球项目的发展再添助力

近年来，受政策惠及的另一项目便是足球。随着 2015 年《关于加快发展青少年校园足球的实施意见》和 2016 年《青少年体育“十三五”规划》的公布，青少年足球训练得到了广泛关注和井喷式发展，这一发展同时也带动了篮球和排球的迅速成长。阿森纳（中国）足球学校上海分校归属的上海申梵足球俱乐部，已经与 30 多所学校达成了合作，遍布上海 14 个区，服务学生近 2 万名。阿森纳（中国）足球学校上海分校校长翟萌同时表示，2016 年参与足球项目培训的孩子依旧有增多的迹象〔2〕。随着 2017 年中超职业化加速，足球依旧会是热门幼儿培训项目。

---

〔1〕 最能代表当下体育行业变化的赛道儿童培训在过去一年经历了什么？［EB/OL］. http：//finance. jrj. com. cn/tech/2017/01/04131721924138. shtml.

〔2〕 最能代表当下体育行业变化的赛道儿童培训在过去一年经历了什么？［EB/OL］. http：//finance. jrj. com. cn/tech/2017/01/04131721924138. shtml.

3. 高中会考和中考体育课程改革催生了包括幼儿在内的青少儿体育培训市场的繁荣发展

高中会考是考查学生体育与健康学科学习是否达到国家要求的高中毕业合格标准的学业水平考试，也是检查和评价高中体育学科教学质量的手段之一。在高中会考中体育成绩达到合格以上等级是学生获得高中毕业证的必要条件之一。同时，体育学科会考成绩会计入高中学生综合素质评价手册中，为高等院校招生提供重要的基础性信息。

2016 年 9 月 20 日，教育部发布《关于进一步推进高中阶段学校考试招生制度改革的指导意见》（以下简称《指导意见》）。《指导意见》明确指出，语文、数学、外语为基础学科，统一作为高中招生录取计分科目。同时，将体育纳入录取计分科目，计 40 分，包括现场考核 30 分、过程考核 10 分，目的是引导学生加强体育锻炼[1]。也就是说，体育这门课程已经从过去与音乐、美术并列称为“小三门”的窘境中走出来，成为与语文、数学、外语并列的“主科”科目。《指导意见》一方面调动学生参与体育锻炼、学校开展的各类身体活动的积极性，另一方面为体育培训班、体育俱乐部的发展提供了市场。

再者，随着小升初升学制度的改革，小升初体育特长生招收数量逐渐减少，但并未全部取消，传统体育培训中仍然保留有一定的体育特长生培训项目，机构往往会以强大的职业教学能力作为卖点，以此来吸引家长报名，目的是通过培训使孩子拥有某项体育特长以便获得升学考试的加分，甚至进入职业队。

因此，可以说高中会考和中考体育课程改革催生了包括幼儿在内的青少儿体育培训市场的繁荣发展。

4. 新生代家长教育理念的提升促进了幼儿教育的消费升级

根据艾瑞咨询的数据，在月教育产品支出超过 2 000 元的家庭中，月收入超过 2 万元的家庭接近 70%。元迅投资合伙人何骁军认为，中高端家庭无疑会成为儿童体育培训市场的主要客户。新一代以“80 后”“90 后”为代表的家长，他们对于孩子的教育相较以往有了很大的不同，他们更看重孩子综合的社交能力、团队能

〔1〕 2018 中考新规：体育确定“主科地位”［EB/OL］. http：//sports. sohu. com/20160926/n469210547. shtml.

力、为人处世的领导力以及健全的人格等综合素质，他们关注更多的是体育带给孩子身体素质的提高和精神意志品质的提升，体育培训的目标也正在从“学会什么”逐渐向“学得快乐”转变。应家长市场的需要，许多幼儿培训机构将国外幼儿活动课程体系引入中国，如从事少儿体能培训的斯巴顿，在 2015 年 5 月从阿根廷引进了名为“RADKIDZ”的幼儿体能课程，课程结合了游戏和体适能训练，并在每节课配有音乐，深受幼儿的喜欢。本研究根据调查，获得不同年龄段幼儿喜欢的身体活动项目，调查结果也将成为未来幼儿体育培训市场细分的一个参考依据。

2.5 岁以下幼儿喜欢的身体活动依次为跳跃、小足球、攀爬。

2.5～3.0 岁幼儿喜欢的身体活动依次为攀爬、跑步、踢球、滑板车、爬山、游泳、冰球、跳跃、投掷、滑雪等。

3.0～3.5 岁幼儿喜欢的身体活动依次为攀爬、跑步、滑板车、爬山、踢球、排球、冰球、跳跃、投掷等。

3.5～4.0 岁幼儿喜欢的身体活动依次为攀爬、跑步、篮球、投掷、滑板车、冰球、排球、爬山、游泳等。

4.0～4.5 岁幼儿喜欢的身体活动依次为攀爬、冰球、游泳、跑步、滑板车、投掷、篮球、爬山、踢球等。

4.5～5.0 岁幼儿喜欢的身体活动依次为攀爬、跳跃、游泳、冰球、滑板车、篮球、跑步、爬山、投掷等。

5.0～5.5 岁幼儿喜欢的身体活动依次为攀爬、跳跃、游泳、冰球、滑板车、投掷、篮球、跑步、排球等。

5.5～6.0 岁幼儿喜欢的身体活动依次为跳跃、游泳、攀爬、冰球、滑板车、篮球、足球、羽毛球、排球等。

6.0～6.5 岁幼儿喜欢的身体活动依次为跳跃、游泳、冰球、攀爬、滑板车、篮球、足球、羽毛球、轮滑等。

6.5 岁以上幼儿喜欢的身体活动依次为跳跃、攀爬、游泳、滑板车、冰球、踢球、足球、投掷等。

从以上分析可以看出，跑、跳、攀爬等身体活动是幼儿喜欢而且能胜任的身体活动。随着年龄的增长，幼儿的活动项目趋向于精巧性、技术性，如3.0～3.5

岁，排球开始成为幼儿喜欢的前10项体育项目之一；3.5~4.0岁，篮球开始成为幼儿喜欢的前10项体育项目之一；5.5~6.0岁，足球和羽毛球进入幼儿喜欢的前10项体育项目中；6.0~6.5岁，轮滑进入幼儿喜欢的前10项体育项目中。

随着北京冬奥会主办权的获得，中国冰球市场急速扩大，青少儿冰球运动正如雨后春笋般蓬勃发展起来。本次调研发现，2.5~3.0岁的幼儿就已经开始进入冰球项目的学习，并且逐渐喜欢这一项目。随着年龄的增长，参与冰球运动的人数增加，且女孩人数多于男孩。

幼儿喜欢的身体活动前5项分别为攀爬、跳跃、游泳、冰球和滑板车，且随着幼儿年龄的增长，喜欢的体育项目如游泳、冰球和滑板车等，技术含量逐渐增加。

随着教育的逐步公平化以及少子化现象的出现，未来孩子的学业压力将逐渐得到缓解，个人素养的提升将得到家长的普遍重视，幼儿体育培训市场也将进一步扩大，这一现象在日本、韩国等出生率低的国家和地区已经开始显现。

（三）中国幼儿体质调查与监测发展路径与成就

1. 中国幼儿体质调查的区域性发端

中华人民共和国成立以来，我国幼儿体质调查和监测工作以零星、区域性、合作性的形式和特征出现，如中国医科大学公共卫生学系学校卫生教研组1953年进行的沈阳市中、小学生及保育机构儿童之身体发育调查[1]，李宝文进行的北京市学生青春发育期机能发育的调查[2]等。较早具有一定规模的监测工作始于1975年九市7岁以下儿童体格发育调查研究。

中国九市7岁以下儿童体格发育调查研究是由卫生部妇幼保健与社区卫生司直接组织领导，首都儿科研究所牵头，九市儿童体格发育调查研究协作组进行的一项连续性科学调研工作。该工作从1975年开始，每隔10年对我国北京、哈尔滨、西安、上海、南京、武汉、福州、广州、昆明9个主要城市及其郊区的儿童生长发育状况进行抽样调查，至2005年共进行了4次，时间跨度30年。这一定时、定范围、大规模的人群调查为儿童保健、医疗、教学、科研等工作提供了可靠的参考

---

〔1〕 中国医科大学公共卫生学系学校卫生教研组．沈阳市中、小学生及保育机构儿童之身体发育调查［J］．中华卫生杂志，1954（6）：470－477.

〔2〕 李宝文，林琬生，叶恭绍，等．北京市学生青春发育期机能发育的调查［J］．中华卫生杂志，1966（2）：106－108.

数据[1]。调查同时也发现了一些值得关注的问题：一是城乡差异仍然存在，农村儿童生长发育水平仍然低于城市儿童；二是中西部地区部分农村中，营养不良仍是影响儿童生长发育和健康的主要原因；三是城市中儿童青少年超重和肥胖呈快速上升趋势，城市居民中不良的生活方式和行为对儿童的生长发育和健康造成一定的影响[2]。

1984 年，中央教科所佟静洋倡导、主持全国 16 个省（自治区、直辖市）的“我国幼儿形态、机能、基本身体活动能力的调查研究”。该课题成果获全国首届教育科学优秀成果一等奖，研究成果传播了幼儿园体育的基本理论、体质测量和评价方法，建立了我国幼儿体质监测的第一套评价标准。

2. 中国幼儿体质调查由区域化走向全国化

我国全国范围的国民体质监测始于 2000 年，教育部、国家体育总局等 10 个部委局在全国 31 个省（自治区、直辖市）建立了国民体质监测系统，至此，我国青少年体质监测工作走上了系统、科学发展的道路。2001 年，国家体育总局出台《国民体质监测工作规定》，按年龄将国民体质监测对象分为幼儿、儿童青少年（学生）、成年和老年 4 个人群，每 5 年为 1 个周期。2003 年，国家体育总局编写了《国民体质测定标准手册（幼儿部分）》，至此，幼儿体质测定有了专门的标准，为幼儿体质监测提供了科学依据，有效地指导和规范了我国幼儿体育的发展。

值得欣慰的是，由国家体育总局发布的《2014 年国民体质监测公报》显示，3 ~6 岁幼儿达到国民体质测定标准“合格”等级以上的百分比为 93.6%，比 2010 年增长了 0.7 个百分比。从总体来看，幼儿的体质水平增长幅度明显。部分指标“止跌回升”，出现积极变化。

在学术研究领域，有学者对 1962—2011 年 3 ~6 岁幼儿体质健康促进的学术成果进行分析，指出 1997—2011 年是幼儿体质健康研究的鼎盛时期，研究者将视角聚焦于幼儿体质现状、体质影响因素、体质评价指标以及干预手段等领域，研究

---

〔1〕 中华人民共和国卫生部妇幼保健与社区卫生司、九市儿童体格发育调查研究协作组、首都儿科研究所．2005 年中国九市 7 岁以下儿童体格发育调查研究［M］．北京：人民卫生出版社，2008：1.

〔2〕 卫生部第四次儿童体格发育调查报告．2005 年“中国九市 0 ~7 岁正常儿童体格发育调查”调查研究报告［N］．健康报，2006 -12 -30（1）.

集中在幼儿体质现状和体质影响因素 2 个方面[1]。

通过以上分析，可以看出未来幼儿体质健康促进将更多地依赖于政府的支持以及幼儿园管理人员与教师的科研水平，同时幼儿园、高校、企业的深度合作将愈发重要。目前，为更好地了解幼儿市场需求，一些企业也联合幼儿园、高校进行了全国范围的体质监测。

〔1〕 张莹，郑秀英，许剑．我国 3 ~ 6 岁幼儿体质健康促进的研究现状与发展策略［J］．青少年体育，2012（10）：106 – 108.

第11章　各国幼儿体育制度的特点及其对我国幼儿体育制度构建的启示

新制度主义理论的出现，为幼儿体育的发展提供了理论视角。新制度主义强调制度构建的合法性、制度构建路径选择的科学性以及制度构建权力与权益的平衡性，对幼儿体育制度化建设富有启示价值。本部分首先结合中国幼儿体育的发展对各国幼儿体育制度的特点进行梳理，然后进一步探讨各国幼儿体育制度对中国幼儿体育制度构建的启示。

一、各国幼儿体育制度的特点

（一）各国构建了较为完备的幼儿体育社会生态理论体系和操作体系

美国等国幼儿体育制度是建立在相互联系、相互支撑、相互补给的社会生态模型基础上的相对完备的体育教育制度。其政策是幼儿体育制度的基石，各州、组织和研究所的指南、计划和方案是幼儿制度得以实施的保障，科学研究是幼儿体育制度的先导。就美国儿童身体活动计划而言，其并不依托于地区或者州，而是聚焦于工商业、公共健身娱乐、教育、健康保健、公共健康、交通土地与社区设计、大众传媒、非营利组织志愿者以及个人宗教信仰九大领域，在制订计划过程中，委员会委托九大领域专家就促进身体活动实践进行总结和提出建议，并以白皮书的形式公之于众。为保证国民身体活动计划在幼儿阶段的推广和实施，计划提出相应的教育战略策略，这不仅对幼儿，同时对服务和照顾他们的政策制定者、社区组织者、保健工作者、教育者以及家长都具有潜在而终身的影响。

我国幼儿保育体系是根据全国人民代表大会通过的法律以及国务院的有关规定建立起来的，幼儿早期教育和发展跨越了营养、卫生保健、教育、体育和家庭福利等职能领域，但在广度和深度上、在理论引导和实践操作上还没有构筑起全方位的社会生态体系和操作系统，幼儿体育工作的开展仍呈现为点状和线状，没有形成网状的社会支持保障系统。

（二）各国政府对幼儿体育的干预、指导和示范作用明显

美国就幼儿体育和健康出台了多项政策，这些政策在美国本土，甚至在国际范围内都具有引领性的标杆作用，如美国幼儿身体活动报告卡制度，这一制度在国际上产生了很大的反响，《加拿大幼儿身体活动指南》就是在借鉴美国研究成果的基础上制定出来的[1]。美国对幼儿体育的干预、指导和示范作用明显，一方面确立了幼儿体育的重要地位，另一方面为家长和看护者提供了标准和策略，为幼儿的体质健康提供了强有力的政策支持和实践指导。

我国目前尚未有幼儿体育的专门法规或条例，有关幼儿体育的规定均出现在幼儿教育法规中，如《幼儿园管理条例》《幼儿园工作规程》《3～6 岁儿童学习与发展指南》等。2016 年 3 月，教育部对《幼儿园工作规程》进行了修订，第 3 条将“实施体、智、德、美诸方面发展的教育”改为“实施智、德、体、美诸方面发展的教育”，摒弃了“以体为先”的指导思想，在实践中弱化了体育在幼儿发展中的功能和价值。

（三）多领域、多部门交叉协同，从理论研究、实践操作等多方面促进各国幼儿健康发展

加拿大、英国、美国、日本等国注重多领域、多部门交叉协同，从理论研究、实践操作等多方面促进幼儿健康发展。以美国为例，美国幼儿体育是在美国教育部、美国健康与公共事业部（HHS）、美国卫生署（USPHS）、美国疾病控制与预防中心（CDC）、交通部以及房屋和城市发展部等多个领域、多个部门的配合与协作中发展的，在理论研究和实践操作中，将幼儿的教育、饮食、睡眠、心理与身体活动相结合，共同促进幼儿的健康和幼儿体育发展。例如，早在 20 世纪 90 年

〔1〕 郝晓岑，王婷．幼儿体育概念辨析［J］．首都体育学院学报，2017（1）：26－30.

代，美国联邦卫生研究院就资助了首个幼儿园健康干预研究项目——Healthy Start。Healthy Start 项目提出预防肥胖的口号是“我运动，我学习（I am Moving，I am Learning，IM / IL）”[1]。IM/IL 的目标是增加幼儿每天进行中等身体活动的次数；提高由教师和其他成人帮助的幼儿结构化运动的质量；促进幼儿选择健康食品，内容涵盖教育、体育、饮食领域等，而幼儿教师提供高质量的儿童体育教育便成为幼儿健康链条上的重要一环。

我国幼儿保育政策来源于教育部、民政部、全国妇联等多部门，在理论研究和实践操作方面取得了大量的成果，但各领域、各部门的相互协作能力尚待提高，管理职能还需分化，在幼儿教师任用上还需有大的突破和改革。当前，体育师范类院校毕业生难以获得公办幼儿园教师编制的人事管理制度在一定程度上造成了幼儿体育实践工作的滞后。我国幼儿园教师大多毕业于学前教育专业，缺乏体育方面的知识和技能。未来，幼儿教师的体育素养应成为教师职前和职后培训的重要内容，体育院校专职教师在幼儿园任教应扫除人事制度障碍。

二、各国幼儿体育制度对我国幼儿体育制度构建的启示

（一）加强幼儿体育制度构建的合法性，强化政府以及相关政策在幼儿体育制度建设中的保障功能

1. 突出政府的主导作用，地方行政部门注重和幼儿园、企业的联动与合作

纵览学前教育管理制度的发展路径和形成格局，美国、加拿大、英国、澳大利亚等国均形成了“强地方、弱中央”学前教育权力分配格局，体现在幼儿体育管理方面，表现为中央政府在幼儿体育管理体系中的权限相对较小，主要负责业务协调和财政拨款等事务。但中央政府正发挥着不可替代的一个国家幼儿体育发展的关键性指导作用：提供强大而清晰的政策保证幼儿健康和幼儿身体活动的质量；建立稳固的法律法规体系保证幼儿接受健康和体育教育的权利和连续性；提供幼儿卫生和体育教育的合理而可靠的资金支持。以地方为主导的幼儿体育管理体系确保了各州、省、特区幼儿体育政策的稳定性和连贯性，这在一定程度上缓

---

〔1〕 I am Moving，I am Learning：Early Findings from the Implementation of an Obesity Prevention Enhancement in Head Start Region III［EB/OL］. https：//www. acf. hhs. gov/opre/resource/i – am – moving – i – am – learning – early – findings – from – the – implementation – of – a.

和了国家层面执政党更迭、财政状况恶化对幼儿体育、幼儿健康造成的冲击[1]。同时，这种管理体系的构建也激励各州、省、特区积极探索具有区域特点的幼儿体育政策，协调企业和幼儿园在中央政府的引导下合作、交流、推广项目，促进幼儿体育实践的推广。

我国学前教育行政管理力量严重不足，2012 年，教育部为加强对学前教育管理成立了学前教育办公室，但人员编制少；而全国仅北京、天津保留有学前教育管理机构，其他省、自治区、直辖市在机构改革中将学前教育管理部门撤并入基础教育处，同样面临着人员编制缺乏的问题，难以有效履行基本的行政管理职能。政府在发展学前教育中的职责不足，难以有效地促进学前教育的发展，包括幼儿体育在内的幼儿教育事业发展群龙无首，难有作为。

2. 幼儿体育政策是幼儿体育制度建设的政策保障

发展学前教育，就是孕育国家的未来。纵观世界各国学前教育发展史，学前教育立法成为一个不可阻挡的国际趋势。学前教育立法作为政策保障的重要手段，对幼儿体育的发展起到有力的保障作用。美国，1979 年的《儿童保育法案》，1990 年的《儿童早期教育法案》，1990 年制定、1995 年修订的《儿童保育与发展基金法案》；英国，1989 年的《儿童法案》；澳大利亚，1972 年的《儿童保育法案》；葡萄牙，1997 年的《学前教育法》；等等。这些国家均采用政府立法的形式促进和保障本国学前教育的发展。此外，各国政府增加对学前教育的财政投入，将学前教育预算在政府财政预算中单列也是强化政府职责的重要内容和手段之一。

在中国，面对《中华人民共和国教育法》《中华人民共和国义务教育法》《中华人民共和国高等教育法》《中华人民共和国职业教育法》等多项教育法律，我国尚未出台一部同等位阶的保护幼儿的专门的学前教育法，现有的《幼儿园管理条例》法律位阶低、法律规范效力不足，在办园准入、办学体制、财政投入、管理体制、幼儿园教师队伍建设等方面都难以进行法律的规范和调节。在财政投入上，学前教育事业在中央财政性教育预算中没有单项列支，而是包含在中小学教育预算中；学前教育经费在全国教育事业财政经费总量中仅占 1.2% ~1.3%，这与 1.3

〔1〕 吴小平，赵景辉．加拿大学前教育政策：历史、经验与走向［J］．外国教育研究，2015（4）：55 - 65.

亿幼儿规模极不相称。经费不足是导致学前教育资源严重缺乏、入园难、入园贵的根本性原因。

2007 年 11 月，教育部将学前教育立法纳入 5 年工作重点，并明确列入 2008 年和 2009 年的工作要点，但时至今日，学前教育相关法律仍处于研究和起草阶段。《国家中长期教育改革和发展规划纲要（2010—2020 年)》第二部分第三章提出基本普及学前教育、明确政府主导学前教育的职责以及重点发展农村学前教育。具体内容为："积极发展学前教育，到 2020 年，普及学前一年教育，基本普及学前两年教育，有条件的地区普及学前三年教育。重视 0 ~ 3 岁婴幼儿教育。"[1]虽然纲要的出台推动了学前教育的普及，但缺乏相应的法律实施和指导意见。法治保障缺乏制约了包括幼儿体育在内的学前教育的发展。中国工程院院士钟南山曾呼吁，应采取强制化的政策促进青少年体质健康，以遏制青少年体质不断下滑的趋势。因此，要切实保证幼儿体育政策在幼儿体育制度建设中的政策保障功能。

3. 幼儿体育政策执行与评估，是幼儿体育良性运行的制度保障

美国各州对政策的执行、实施有相应的监管措施。2008 年，美国政府委托研究机构发表了题为《学前儿童应该评估什么，如何评估》的研究报告，促进学前教育质量的提升。美国有 29 个州的幼儿保育中心，每年有 1 次常规性检查，16 个州每年检查 2 次，6 个州每年检查 3 次或者 3 次以上。美国的国家身体活动计划，不仅规定了计划的实施策略，同时制定了全面的监察制度，建立了全面的监察系统。美国的身体活动报告卡，更是通过久坐不动行为、上学交通方式、社区和建筑环境、政府投资等 10 项要素评估美国不同年龄段人群在政策指导下的身体活动情况，以保障体育健康政策的良性运行。

英国之所以获得高质量的学前教育同样离不开本国完善的教育评估机制。宏观制度方面，1992 年，英国政府将教育标准办公室从教育部中独立出来，作为全国教育督导部门，任务是建立全国统一有效的评估标准和评估体系，评价由原来的抽样检查到现在的每校必查。教育标准办公室的成立以及全国统一评价标准的建立，促进了包括学前教育在内的教育质量的全面提升。微观方面，英国整合

〔1〕 国家中长期教育改革和发展规划纲要（2010—2020 年）［EB/OL］. http：//www. moe. edu. cn/publicfiles/business/htmlfiles/moe/moe_ 838/201008/93704. html.

《0～3 岁很重要》《8 岁以下儿童日托和居家保姆全国标准》《基础阶段课程指导》颁布了《儿童早期奠基阶段》，为 0～5 岁幼儿建立了一整套关于学习、发展、保育的统一标准和评估方案，全面促进了英国学前教育质量的提升。

日本于 1978—1988 年开展了第一次国民健康运动，之后逐渐完善了从幼儿到老年人的体质健康测试、评估和健康指导体系。日本文部科学省对每年的测试数据进行分析，将分析的结果概要公布在官方网站上，并将具体的分析结果装订成册分发到各相关部门，评估和指导包括幼儿在内的不同人群的体质健康促进工作。

我国现有的幼儿政策多为“号召性政策”，“软化”现象明显，评估研究远远落后于实践。虽然每年向社会发布幼儿体质监测数据公告，但仍然缺乏有效的监督管理和评价反馈机制，家长和教育机构难以客观地认识到幼儿体质问题以及问题原因和解决之道。在政策中提及的第三方参与审核也因为机制不完善而影响了评估机构的独立性和权威性。英、美两国幼儿教育政策的执行和评估等方法，值得我们学习和借鉴。

4. 政府和相关政策要保证以科研为先导，带动不同领域力量推动幼儿健康发展

在推动本国幼儿健康发展和指导幼儿身体活动的过程中，各国政府均清晰地认识到获得公众支持对推动幼儿健康发展和提高幼儿身体活动质量具有重要意义。为了提高公众对幼儿健康和幼儿身体活动的认同程度，尤其是从纳税人的角度客观审视幼儿健康的价值，各国政府纷纷投资幼儿健康学术研究，组织大学、研究机构、行业协会等不同领域的专家学者，通过专项课题攻关幼儿健康和身体活动指标问题，并阶段性地公布科学研究成果，形成由家长、早期教育工作者、保育者以及协会、企业等相关组织构成的庞大的推动幼儿健康发展和指导幼儿身体活动的社会舆论力量，从而实现国家对幼儿健康促进的宏观调控。以《2000 年目标：美国教育法》为例，第 931 条第 3 款明确规定，美国政府每年应以不少于 150 万美元的资金支持国家儿童早期发展与教育的基础研究、应用研究和推广、开发活动[1]。

再以美国儿童与青少年身体活动报告卡制度为例，负责美国儿童和青少年身

〔1〕 刘小蕊，庞丽娟，沙莉．美国联邦学前教育投入的特点及其对我国的启示［J］．学前教育研究，2007（3）：3－9.

体活动报告卡制度的咨询委员会是美国国民身体活动计划联盟（NPAPA）的一个小组委员会，咨询委员会是一个独立的、值得信赖的专业委员会。委员会的成员包括全美研究身体活动和健康行为等不同领域的专家学者。专家委员会领导九大工作小组根据既定的搜索策略在指定的数据库中检索文献，并进行系统评议，开展研制工作。整个研制过程包括预热、启动、选聘人员、文献评议、合成评议、撰写报告、编辑与制定指导意见、评估、发布等环节，不同阶段采用不同的方法和工具规范研究过程，采用多种评价手段评价研制质量，保证课题研究方法科学，研制过程透明，且注重与国际上其他国家的研究保持一致。美国儿童与青少年身体活动报告卡同时也是一种重要的宣传工具，它呼吁家长、教师、医护人员、社区人员以及政策制定者帮助实施新举措或新政策，以提高儿童和青少年的身体活动水平和健康水平，预防疾病，提高大众生活质量。

1994 年，加拿大成立了“加拿大活力健康儿童”慈善组织，这一组织致力于从政策、环境和行为 3 个维度对儿童身体活动和体育环境进行研究；而 2011 年加拿大卫生部出台《加拿大身体活动指南》（修订版）的研制过程也是如此[1]。

这些科研课题均在反思幼儿健康促进的根本手段、问题，力求通过数据收集和实证研究为政府决策者提供解决之道，调整本国宏观和微观的发展方向。研究成果不仅促进了本国幼儿的健康和身体活动能力，而且对世界其他国家幼儿健康产生重要的影响并与之互动。

我国在增强全民体质、提高幼儿健康水平方面，先后出台了一系列的文件、纲要，但宣传力度不大，了解者甚少。当前，随着“大部制”改革，多部委、多学科领域专家参与儿童和青少年健康促进工作，借鉴相关国家研制工作的手段和方法，以科研为先导，在保证研究项目科学性和高质量的同时，不仅可以节省人力、物力、财力，提高效率，而且能够最有效地送达信息，指导幼儿健康发展的理论与实践。

（二）幼儿保育机构、家庭和社区是开展幼儿身体活动的三大领地，科学选择幼儿体育制度的建构路径

1. 幼儿保育机构是幼儿参与身体活动的重要场所

（1）幼儿体育课程设置是提高幼儿健康水平的重要载体

---

〔1〕 董如豹．美国、加拿大身体活动指南研制方法探析［J］．体育学刊，2015（4）：45－50.

幼儿园是开展幼儿体育、增强幼儿体质的重要机构。对于幼儿而言，幼儿园开展的身体活动、游戏活动是具有法定性质的学习任务。全美幼儿教育协会颁布的《美国 0～8 岁幼儿适宜性教育实践方案》（以下简称《方案》），指出幼儿早期课程设计必须以对幼儿发展的认识和了解为基础，《方案》的颁布就是方便幼教机构在进行幼教课程时有据可依。《方案》提供了大量的名为“教师工作示例（Teacher Work Sample）”的综合设计方案，教师工作示例以幼儿教学内容为起点，以教师的课程反思为结束，包括教学情境因素、学习目标的设置、评估计划、教学顺序、对幼儿能力的分析以及评价和反思等。

我国幼儿体育课程内容兼顾中国传统文化、地域文化等特征，是幼儿健康成长的重要载体。但目前其尚处于摸索、实践阶段，课程设置的科学性和系统性上还需要进一步评估和研究论证。

（2）幼儿教师体育素养是幼儿园教师职前和职后培训的重要内容

我国幼儿园聘任幼儿教师，需要具备 2 项资格：一是幼儿园教师资格证；二是幼儿师范专业。越是优质的幼儿园对准入教师的 2 项资格要求越严格，缺一不可。幼儿教师的资格条件在事实上造成了有志于从事幼儿教育的体育院校学生难以进入幼儿园成为幼儿园教师；另外，学前专业的教师没有掌握系统的幼儿身体教育的专业知识，在幼儿体育教学方面知识和能力储备不足。目前我国大部分已经开展幼儿体育课程的幼儿园，幼儿身体教育课程或者由学前专业教师利用自身经验和继续教育培训知识进行教学，或者由校外幼儿体育俱乐部承担，对幼儿园每个班级进行每周 1 课时的教学。这些手段在一定时期缓解了幼儿教师体育素养缺乏的困难，但在专业性和可持续性上后劲不足，在实践中也弱化了身体活动在幼儿教育中的重要地位。

幼儿在运动发展和体育意识发展的关键期更需要体育专业教师的引导和培养。

具有体育专业资质的幼儿教师究竟有多重要？程妍涛曾引用了艾伦・南希的一项调查研究指出，获得美国国家委员会资格的教师比没有获得该资格的教师，更能将发展适宜性实践融入日常的教育教学过程中[1]。发展适宜性就是幼儿的运动、认知、情感等方面的发展是适宜的，幼儿的身体活动能力发展尤其需要关注

---

〔1〕 程妍涛．美国《3～5 岁儿童运动课程的适宜性实践》的内容、特色及启示［J］．体育文化导刊，2016（3）：161－166.

其适宜性问题。在美国，幼儿教师的来源有二：一是国立师范学院毕业后获得学时学位资格或在州立师范学院毕业后获得教师资格证书；二是特设“儿童发展工作人员合格证”授予制度，未经正规幼教专业训练的工作人员，可以根据自己的工作申请这种合格证[1]。

因此，为了保证幼儿体、德、智、美的全面发展，我国师范院校应在学前专业课程中设置幼儿体育的理论和实践课程，使其在入职准备阶段获得幼儿运动适宜性课程的基本知识。同时，幼儿园应扩大幼儿教师的准入口径，吸纳具有体育专业背景的师范生进入幼儿园，补齐幼儿园缺乏具有体育素养的幼儿教师的短板。此外，对于已经入职的幼儿园教师，应通过职后继续教育的方式进行身体运动专题培训，使其获得幼儿动作发展的基本理论，掌握幼儿动作发展的实操练习技能，为幼儿身体动作技能的培养、身体活动习惯的养成、体育精神的塑造打好基础。

2. 家庭在塑造幼儿健康行为方式中起着潜移默化的重要作用

当前，久坐不动越来越成为现代儿童和青少年倾向的生活方式。

家庭在塑造幼儿健康行为方式中起着潜移默化的重要作用，蒙台梭利曾说过：“儿童对活动的需要几乎比对食物的需要更为强烈。”[2]家庭对幼儿身体活动的影响表现在2个方面：一方面是有形的支持，另一方面是无形的支持。有形的支持表现为身体力行的模范作用、观看或者直接参与幼儿的游戏和活动、提供体育消费方面的经费支持等。巴西V. 马特苏道教授团队研究表明，家庭成员的生活方式对儿童有着显著性影响：母亲经常参加运动的儿童，参加运动的可能性是普通儿童的2倍；父亲经常参加运动的儿童，参加运动的可能性则是普通儿童的3倍；若父母都热爱运动的儿童，则参加运动的可能性5.8倍于普通儿童[3]。根据研究，父亲对儿童运动的带头和榜样影响作用大于母亲，这可以归因于人类运动文化生命

---

〔1〕 赵华民．当代美、日、中幼儿教育法规与政策的比较研究［D］．西安：陕西师范大学，2000：27.

〔2〕 胡爱武．家庭体育奠定儿童终身体育基础的研究［J］．北京体育大学学报，2001（4）：462－463，472.

〔3〕 韩丹．世界体育发展趋势的启示与借鉴——评价《世界体育教育峰会主报告论文》［J］．体育与科学，2005（3）：52－56，62.

史特征的形成和发展过程[1]。无形的支持，主要表现为语言的激励、认真的倾听和反馈，以提升幼儿参与身体活动的自信心和积极性。根据胡爱武的调查，由于工作、家务、体力、场地等原因，我国经常锻炼的家长（3 次/周，30 分钟以上/次）只占调查人数的 23.6%[2]。这一比例很低。

同时，家庭结构的改变也可能会造成幼儿生活方式、行为习惯以及身体活动模式发生变化，如单亲家庭由于缺乏家长的陪伴和监督，会出现久坐行为（看电视、玩电子游戏）增长的问题；低收入家庭父母与幼儿直接体育行为频繁，高收入家庭幼儿更容易获得充裕的体育资源和机会支持，中产阶级家庭在时间、精力和财力上都会存在较大的限制和矛盾[3]。英国儿童、学校与家庭事务部制定了《儿童计划：构建光明未来》(*The Children Plan: Building Brighter Futures*)，这一政策的首要目标就是促进家庭与家长的参与，实现 0 ~ 18 岁孩子的身体健康。[4]2016 年 11 月全国妇联联合教育部、中央文明办等九部门出台了《关于指导推进家庭教育的五年规划（2016—2020 年）》，规划提出了促进儿童全面健康成长的 18 条措施[5]，但通篇缺少儿童体育的家庭指导措施和意见，这不能不说是一种遗憾。

家庭体育环境反映了一个家庭的教育特点，更能折射出一个社会、一个国家的文化特质。兄弟姐妹的支持对幼儿体育促进中的作用不可忽视。可以预期，随着 2016 年中国“二孩”政策的放开，中国幼儿体育参与比例将会有较大统计学意义上的增长。

3. 社区环境和资源为幼儿体育的开展提供软硬件保障

各国深刻认识到社区环境对儿童健康成长的重要性并积极完善社区环境促进健康。根据张加林等的引用数据，85% 的澳大利亚儿童青少年及家长认为，所在社区的健身场所能满足需求；90% 的加拿大家长对社区的基础设施表示满意，63%

---

〔1〕 孙科．幼儿体育：认知·成长·生命——中外学者访谈录［J］．体育与科学，2017（1）：27 - 36.

〔2〕 胡爱武．家庭体育奠定儿童终身体育基础的研究［J］．北京体育大学学报，2001（4）：462 - 463，472.

〔3〕 韩慧，郑家鲲．西方国家青少年体力活动相关研究述评——基于社会生态学视角的分析［J］．体育科学，2016（5）：62 - 70.

〔4〕 张文鹏．英国青少年体育政策的治理体系研究［J］．北京体育大学学报，2017（1）：71 - 77.

〔5〕 关于指导推进家庭教育的五年规划（2016—2020）［EB/OL］. https：//www. myzaker. com/article/582aeee57f780b6d7f0082a0/.

的美国家长认为社区的基础设施和活动组织可以满足孩子们的日常体育锻炼；60%的英国儿童青少年对社区体育锻炼的便利性表示满意[1]。

我国也做过相类似的数据调查，2012 年《中国城市儿童户外活动蓝皮书》调查数据显示，儿童参加户外活动的阻碍因素分别为安全因素 47.7%、场地因素 14.5%、器材因素 12.0%和玩伴因素 11.9%。这说明活动空间的匮乏是影响我国儿童参加体育锻炼的一个重要因素[2]。我国社区基础设施建设是以建设“健身路径”为主要发展思路，体育健身器材的建设大多针对成人而建，目前的瓶颈主要是“有设施、缺组织、活动少”，针对幼儿的基础设施不足。在中华人民共和国成立初期，宋庆龄就曾呼吁过要把“最宝贵的东西给予儿童”，她指出应该把最好的建筑物作为儿童校外活动的场所，并且动员各方面的力量来充实儿童活动场所的设备[3]。

当然，我国缺乏宽松的教育环境也是主要原因之一。2017 年 1 月中国首份“儿童成长状况大数据”显示，孩子们周末最常去的地方里，培训班仍然以 26.3%的占比位列榜首，其次才是待在家中或去亲戚家，各地孩子们的学习压力是影响孩子参与身体活动的主要原因。就城市而言，北京与上海 2 个城市的孩子周末时间分别有 41%与 42%被各类培训班所占据，留给去广场、公园和游乐场的时间分别仅有 9%和 13%[4]。

（三）我国幼儿体育制度的构建、幼儿体育的发展应立足于本国实际，吸纳国外成功经验

幼儿体育有其自身的目的、任务和手段。本研究认为，幼儿体育的全球化趋势日趋明显，我国幼儿体育制度应立足于幼儿身体发展规律，立足于本国实际，吸纳国外成功经验。

1. 幼儿体育的目的和任务更趋于幼儿终身素质的养成

幼儿体育不是对幼儿进行专项体育训练，必须防止违背幼儿生长发展规律的

---

〔1〕 张加林，唐炎，胡月英，等. 基于人类发展指数的儿童青少年身体活动国际比较［J］. 体育科学，2016（1）：3－11.

〔2〕 吕和武，王德涛. 日本儿童的体力活动及其启示［J］. 体育文化导刊，2015（12）：84－87.

〔3〕 宋庆龄. 宋庆龄论儿童教育和儿童工作［M］. 上海：上海教育出版社，1992：103.

〔4〕 国内首份“儿童成长状况大数据”发布［EB/OL］. http：//www.tongnian.com/blog/blogdetail?blogId=517972.

身体专项训练。幼儿体育的目的是通过让幼儿接触自然、体验运动的乐趣，在身体活动中培育意志、品质，从而培育体育精神。在这一过程中，幼儿对一两项身体活动产生兴趣，并使之成为陪伴终身的体育健身项目。这样幼儿长大后因爱好而坚持某项体育项目，因坚持某项体育项目而成为专长，这也正是国家体育后备人才的源泉。世界上体育发达国家的竞技后备人才无不来源于这一良性互动。例如，法国开展儿童和青少年体育工作主要建立在俱乐部体制的基础之上，俱乐部大部分采用市场化的运作方式，自负盈亏，仅有部分运动项目的俱乐部可能得到市政府的财政补贴。家长交纳费用将孩子送到俱乐部参加运动项目，具有培养前途的少年选手会被选拔进入各地区的运动训练中心，这种做法使群众体育、学校体育和竞技体育成为良性循环的整体〔1〕。

2. 幼儿体育的手段更趋于多样化和多要素的协同达成

幼儿体育的手段呈现出多样化的特点，在内容上，可以分为侧重于竞争的幼儿体育、侧重于娱乐的幼儿体育以及侧重于教育的幼儿体育。在空间上，可以分为户内体育和户外体育。在课程上，可以分为早操活动、体育课、户外体育以及运动会形式。现代幼儿体育更关注幼儿体育开展的环境和在幼儿性格养成上的重要价值，因此推陈出新，设计不同的体育教育环境，辅之以幼儿健康测评，实现幼儿体育的目的和任务。通过国际上幼儿体育的发展轨迹，我们不难发现，幼儿体育从未独立于幼儿教育、幼儿心理、幼儿健康以及幼儿卫生等之外，多样化和多要素的协同促进了幼儿体育的大发展，促进了幼儿身心素质的全面发展。

3. 我国幼儿体育制度应立足于幼儿身体发展规律，立足于本国实际，吸纳国外成功经验

陈鹤琴在《我们的主张》中曾经有一段话非常值得我们思考：什么是幼稚园应当教的，什么是幼稚园不应当教的。这个问题是我们办幼稚园的人首先要注意的〔2〕。台湾学者张宗麟也曾针对幼儿园课程建设指出：一切课程是儿童自己的，不是教师的，更不是父母或社会上其他的装饰品与利用的工具；一切课程是由当地当时儿童自发的，不能抄袭任何人家的课程〔3〕。幼儿课程如此，幼儿教育如此，

〔1〕 汪颖．西方主要发达国家青少年体育政策规划研究［J］．青少年体育，2015（2）：18－21.

〔2〕 北京市教育科学研究所．陈鹤琴教育文集：下卷［M］．北京：北京出版社，1985：126.

〔3〕 张宗麟．怎样编制幼稚园的课程［J］．教育杂志，1927，19（2）：58－62.

幼儿体育制度更是如此。当前，教育的国际化已经是一个不可改变的客观事实[1]。各国在幼儿教育学术与实践领域相互切磋、互通有无，共同谋求幼儿健康、快乐地成长，但其前提是要立足于本国国情，继承优秀的教育、文化成果，不能全盘照搬国外经验，而需要对国外的成功经验经改造、经论证后为我所用。

在当代社会、经济全球化的情况下，正式制度的建立通过借鉴国外经验，从而可以降低正式制度建立的成本。从制度的可移植性来看，一些正式制度尤其是具有国际管理性质的正式制度是可以从一个国家移植到另一个国家的。例如，《加拿大幼儿身体活动指南》就是在借鉴美国研究成果的基础上制定出来的，而澳大利亚的身体活动报告卡制度又是在模拟修正加拿大相关制度上建立起来的。但是这种修正有时会导致正式制度的内在不一致，从而大大降低正式制度的有效性。制度本身就具有民族性和地域性的特点，幼儿体育制度更是如此。中国的幼儿体育是在特定的文化基础、社会基础、经济类型和地理环境的基础上形成和发展的，它经过漫长的历史积淀和社会融合，形成今天的幼儿体育制度。

对国外幼儿体育制度研究，目的不是照搬国外幼儿教育体系、政策和课程教法，目的是以宽广的胸怀学习和借鉴国外幼儿健康和幼儿体育促进的先进经验，但同时也要立足于我国国情的根本，走借鉴和融合的道路，才是中国特色的幼儿体育发展之路。幼儿体育的中国化需要对东西方教育文化、体育文化、儿童观进行博观通考、科学总结、批判性选择、大胆创新，使之适合当代中国幼儿教育发展的实际。

---

〔1〕 谭次平，马卫平．我国借鉴国外学校体育的思考［J］．体育学刊，2009（12）：53－55.